子どもがつながる 社会科の展開

〜地域・世界と共に〜

編著

土屋武志
真島聖子
白井克尚

日本文教出版

はじめに

　本書は、現在のグローカル時代に求められる資質・能力を育成するための社会科を提案するものである。新進気鋭の研究者と、日本文教出版教科書『小学社会』の監修者陣、学校現場で子ども主体の実践を積み重ねている社会科教師など、様々な立場から多様性を尊重する活動に取り組む人々が執筆している。社会科学習の特徴の一つは、学習過程で子どもたちが地域・世界とつながることである。しかし、教師をめざす学生や教職をスタートさせたばかりの初任者には、どのような方法でそれを実践できるのか不安があるだろう。なぜなら、現実の社会科学習は、用語の暗記が求められるいわゆる「暗記学習」になっているため、「暗記学習」の経験は豊富であっても、地域・世界とつながって、子どもたち自身が学習を深める社会科体験が彼ら自身には少ないという背景があるからである。

　「暗記学習」の最大の特徴は、教師が正しいと見なしていることを、「正答」と意識させる点である。答えの出ない事態や答えがいくつかある状況に対応することは想定されていない。「暗記学習」においては、教師は、情報を整理して関係性を見出したり何が重要かを判断する方法（プロセス）を子どもたちと考える立場というよりも、結果としての「教師の結論」を教える立場になりがちである。「暗記学習」は、子どもたちが暗記できたことを教師が認めて自信をもたせることによって、彼らを暗記という活動に取り組ませるのであるが、それは答えのない事態や、答えが複数ある状況に取り組む意欲を高めることには向いていない。

　社会科においては、同じ問題でも立場によって異なる見方があったり、複数の解決方法があることが前提となっている。社会科では現実の社会を前提とした学習が「問題解決学習」と呼ばれ、本来はこの方法が重視

されてきた。また、問題は一人では解決できないので、現実の社会では、立場の異なる複数の人々の対話と協働が必要である。したがって、「問題解決学習」では、子ども同士の「対話」「討論」が基本的な学習活動となる。「問題解決学習」では、結論に至るまでの多様なプロセスと多様な立場があることを、教師や子ども同士が認めることによって、多様性を理解し、他者を尊重できる人を育てることができるのである。

　このような学習活動では、教師自身も、子どもたちに「教えられる＝気づかされる」経験を積む。子どもの意見には、教師の想定を超える気付きがあって、子ども同士が対話を進めることによって、さらに明確な説明になり、教師自身が「そうなのか」と納得させられることもある。このとき、教師は「教えてあげる」立場でなく、ともに「考える」立場になっていく。「問題解決学習」では、教師自身も成長する場面が訪れるのである。

　本書は、教師がその楽しさを味わえるように、子どもが主体的に地域・世界とつながって学習する社会科実践へのガイドブックとなることをめざしている。ただし、執筆者それぞれの社会観・子ども観からの個性的な見方・考え方も大切にしているので、読者にはそれぞれの違いも楽しんでほしい。それぞれが興味あるところから、どの頁から読み始めていただいても結構である。本書をヒントとして新たな実践にチャレンジしていただければ幸いである。

土屋　武志

目 次

第 **1** 章

子どもが地域・世界と共につながる

社会科学習の理論

子どもが地域・世界と共につながる社会科学習の意義

土屋　武志（愛知教育大学）

1. 変化する「地域」

　日本には、現在約300万人の外国人が在留している（出入国管理庁2022年6月末中長期在留者統計）。その内訳は、永住者が約3割で最も多く、次に技能実習生が約1割、技術・人文知識・国際業務の就労者が約1割である。国際協力機構（JICA）の2022年の調査では、日本が持続的に経済成長するには、今後さらに多くの外国人材が必要であること、また、その人材の定住化を促進する必要があることが明らかになった[1]。地域差はあるが、日本国内では農業や水産業なども労働人口の減少によって人手不足・後継者不足が深刻になっており、今後、どの地域でも外国人との共生が地域の大きな課題となると考えられている。

　たとえば愛知県知立市は、約7万2千人の住民のうち7.5％にあたる約5千4百人が外国人である。同市は、2021年に住民調査を実施し、それをもとに2022年3月『知立市多文化共生推進プラン　2022－2026』を策定した[2]。資料①は、この調査での「外国人市民・日本人市民の相互が良い関係を築くために期待すること」という質問への回答結果である。日本人は外国人に何を期待しているか、逆に外国人は日本人に何を期待しているかが分かる。これによれば、外国人市民が日本人市民に期待することは「生活習慣や文化を教えてもらうこと」であり、日本人市民が外国人市民に期待することは「法律や生活習慣、文化を理解すること」である。日本で生活するうえで、生活習慣や文化を理解することが必要であると双方で意識されていることがわかる。

資料① 外国人市民・日本人市民と良い関係を築くためにお互いに期待すること(複数回答可)

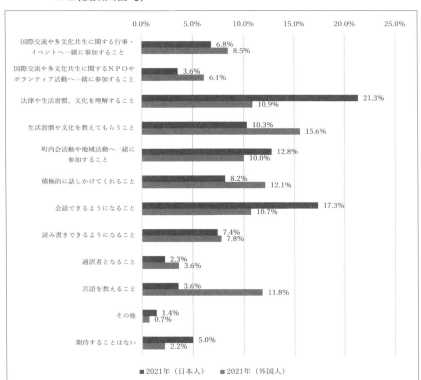

日本国内であっても地域で文化や習慣が異なることはあるが、外国人市民との関係では、それに加えて言語の違いが相互理解の障害になっている。この調査では、外国人は日本人に対して「言葉を教えること」を期待し、日本人は外国人に対して「会話できるようになること」を期待している。文化や習慣の違いを乗り越えるために、言語によってコミュニケーションできるようになることが課題となる。ただし、文化や生活を理解するためには、その地域の言語習得が不可欠かというと、必ずしもそうとは限らない。外国人にとって、母語での説明が日本語以上に有効であることは多い。筆者(土屋)も、海外情報をもっぱら日本語情報

で得ている。知立市もホームページを多言語化するなど言語による障壁を低くする施策を進めている[3]。そのとき、必要なのは「文化」の通訳者である。単純な翻訳では伝わらないことを相手の立場に立って分かりやすい翻訳ができる「文化の通訳」が必要となる[4]。

　現在、日本では、グローバルな状況とローカルな課題とが結びついて進むいわゆるグローカルな状況が進んでいる。このことを踏まえるならば、「文化の通訳」の発掘と学校教育での協働そして教育を通じての育成が期待されるのである。地域と世界とを教材としてきた社会科教育は「文化の通訳」育成に役割を果たすことができる。では、「文化の通訳」は、どのようにすれば育つのだろうか。次節からそのための重要なポイントを整理して述べることとする。

2. 社会科学習は実技教科

　「社会科は実技教科だ」というと納得しない人も多いのではないだろうか。一方で「暗記教科だ」というと、納得する人が多い。しかし、本来、社会科は実技教科なのである。机に座って教師の話を聞いて教師の板書をノートに写し取ることだけになりがちな授業では、自分の意思を決める必要はない。逆に、子ども自らが体験する活動（体験学習）では、考えを整理し、自らの意思を決めざるを得なくなる。つまり「意思決定」が必要になる。「意思決定」が民主社会を創り出す市民教育に不可欠なことは、社会科教育研究で常に強調されている。体験学習は、それを伴う学習であり、社会科は、まさに体験学習が不可欠な実技教科なのである。

　一般的に体験学習は、①臨場的体験学習（キャンプなどの場で実際に行なう体験）②飼育的体験学習（動物を実際に飼う体験）③栽培的体験学習（植物を栽培する体験）④製作的体験活動（ものを作ってみる体験）⑤模擬的体験学習（ごっこ活動やシミュレーション・ロールプレイングなどの体験）⑥調査的体験活動（出かけて行って調査する体験）⑦交流

的体験学習（人々と交流する体験）がある[5]。これらの体験活動を社会科カリキュラムに取り入れる、あるいは社会科と他教科とを関連させてこれらの体験活動を含むカリキュラムをつくること（カリキュラム・マネジメント）によって、「社会科は実技教科だ」と子どもたちに意識させることができる。

　暗記イメージが強い歴史学習でも、地域の歴史ガイドマップづくりや博物館と協働した解説ボランティア体験学習で、インタビューをしたり作品の製作をするなど、上記の④から⑦の体験活動を伴う活動ができる。主体的・対話的で深い学びの実践が求められている現在、社会科歴史学習も「実技教科」だと認識されつつある。たとえ教室の中にとどまる学習であっても、子ども自身が教科書を調べ、比較分類したりして整理し、協力して作品に仕上げる学習が、資料②のように社会科の基本的な学習スタイルとしてモデル化されている[6]。

資料②　小学校社会科教科書での学習モデル

			想像図①	想像図②
人物	服装		白い服・アクセサリー	色のついた服装をしている人もいる。
	食べ物		動物・魚・木の実・くだもの・保存食	
建物	住居		三角の建物	木でつくられている。
	その他		倉庫・見はり台	さく・宮殿のようなもの・見はり台
道具			木の船・弓矢・かご・火・かざりのついた土器	はた織り・火・きね・うす・土器・スコップ・武器
その他				落とし穴のようなもの

学習の計画

● 調べたいこと
・①の想像図のころのくらしのようす（衣食住）
・②の想像図のころのくらしのようす（衣食住）
・くらしが変わるきっかけ
・その時代にかつやくした人物
● 調べ方
・教科書や資料集などで調べる。
・図書室で本やインターネットを利用して調べる。
・地域の遺跡などに行って調べる。
● まとめ方
・調べたことをノートやカードなどに整理する。
・自分が考えたことやその理由を書く。
・調べたことや考えてことを新聞にまとめる。

🔺④れんさんのノート

（『小学社会6年』日本文教出版、2024年、P.71）

3. 社会科における「対話」

（1）重視される「対話」

　経済産業省が2022年5月に発表した『未来人材ビジョン』では、日本の18歳の「社会への当事者意識」の低さが課題とされた。すなわち、「将来の夢を持っている（60％）」「自分で国や社会を変えられると思う（18％）」「自分の国に解決したい社会課題がある（46％）」という割合が、韓国・中国・イギリス・アメリカ・ドイツと比較していずれも最も低い数字だったことから、学校教育がめざしてきた理想と今の現実とのギャップをどう解消するかが課題とされた。そこでは、答えのない問題への主体的探究的学びが重要であると指摘された。

　新しい学習指導要領でも「主体的・対話的で深い学びの実現に向けた授業改善」が求められている。学校は、複数の子どもたちがいるところであり、一人だけで学ぶ環境ではなく、もともと「対話的な学び」が前提となっている。しかしながら、教師が一方的に講義し、生徒が考えることなく教師が整理した板書を書き写す学習活動が、特に中学校以上の学校であまりにも普通になったため、教師自体もその方法しか知らないという隘路に陥った。「主体的・対話的で深い学び」は、その危機感からあえて提案されたといえる。

　「主体的で対話的な学び」は、研究委嘱校や大学の附属学校などで実践研究として試みられ、そのノウハウも蓄積され有効性も明らかになっている。選挙権年齢及び成年年齢の引き下げなど、政治や社会が子どもたちに一層身近なものとなるなか、社会科はこれまで蓄積されてきた優れた実践を生かし、「主体的・対話的で深い学び」に改善することが必要とされている。

　その基本となる学習ステップは、【問題発見】【集団思考】【意味創造】の3つである。

（2）主体的・対話的深い学びへのステップ

❶【問題発見】人間の行為に注目する

社会科は、人間が創造した社会を学ぶ教科である。人間社会は、誰か（あるいは集団）が何かをおこなってできあがっている。だからその行為に注目すると「なぜそうしたか？」という問題（問い）を立てることができる。

例えば、「なぜ太陽光発電所をつくるのか？」という問いは、発電所をつくるという行為に対して「なぜそうするのか？」という意図（目的）を問う問題である。この問いに答えるために「いつつくるのか？」「どこにつくるのか？」「だれがつくるのか？」「どのようにつくるのか？」という事実確認が必要になる。この事実から、「その結果どうなるのか？」という第3ステップ【意味創造】を導く問いに深化していく。この過程で、子どもたちは、つくる立場にもいくつかの立場があることや、反対する立場もあることに気づく。一つの問いに対して複数の答えがあり得ること、それを前提とした対話が必要なことに気づくことになるのである。

これは、歴史学習も同様である。例えば、西暦1600年に石田三成と徳川家康が戦った「関ヶ原の合戦」を例に、その行為に着目して、「なぜ彼らは戦ったのか？」という問いができる。それに伴って、いつ、どこで、だれが、どのようにという事実を確認する問いが生まれ、それらを総合して「なぜ？」に迫ることになる。

❷【集団思考】比較・分類する

複数の問題を一つに絞る基本パターンは、「比較と分類」である。例えば、「箇条書きでいくつか問題リストをつくろう」「似た問題や関連する問題に分類整理して、問題をいくつかに絞ってみよう」「最も優先的に考察したい順に並べよう」など、ペアや4名程度のグループで活動する。この活動からグループあるいはクラスで問いを一つに絞り、その問

題への仮説をいくつか立て、同じように絞り込む。その過程で、教科書や資料集・図書等から情報を取り出し、仮説を補強したり修正したりする。教師は、子どもたちの学習状況に応じて、学習の共通化のため、キーワード（複数可）を示してそれを用いて情報を整理させたり、表やグラフ、年表・地図などをつくって論理を組み立てるようにアドバイスする。この過程で、教師主導の講義型授業では育ちにくい主体性と論理的な思考力が育つことになる。

❸【意味創造】視点の違いに気づく

　社会科学習は、社会的課題について自分自身が今後どのように向き合っていくかを判断する機会になる。そのとき、異なる複数の見方考え方があることに気づかせるために、教師は、あえて少数意見を取り上げることが重要になる。多様性を認めることができる寛容な思考に導くためである。問題解決過程では、自分自身の回答が不十分であることに気づかせる形成的評価も効果的である。

（3）子ども自身の気づきを支援する形成的評価

　形成的評価とは、学習の途中成果を把握し、その後の学習を促すためにおこなう評価である。例えば、教師が次のように指示して、レポートにアンダーラインを引かせ、不十分なところを生徒自身に探させる活動がある。

　①あなたのレポートで、あなたの意見の根拠となる「事実」に黒のアンダーラインを引きなさい。

　②次に、他者（歴史の場合は当時）の考え方を紹介している部分に青のアンダーラインを引きなさい。

　③最後に、①や②を踏まえてあなた自身の考え（出来事に対するあなたの評価や今後の予想）を述べている部分に赤いアンダーラインを引きなさい。

　この活動の後で、教師は「アンダーラインの少ないところをもっと書き加えてみると良い」などと指示する。このように、形成的評価は、子ども自身の思考の深まりや技能の習熟を支える評価方法である。

4．変化する技術・文化と社会

　正月の日本文化としてイメージされる「初詣」の風習は、日露戦争後に広まったという。その歴史は、100年ほどである[7]。また、愛知県稲沢市の国府宮儺追神事（はだか祭り）は、2024年2月から、従来参加できなかった一部神事に女性も参加するようになった。これらの例のように、地域の伝統文化は、新しく創り出されたり、SDGs等の社会状況から、従前の様式から変化したりすることがある。社会科教育が地域と関わるときに、子どもたちを受動的存在でなく、文化を創造する存在でもあると考えて取り組むことも必要になる。このとき、歴史学習は、人々が協働して社会の基盤となる産業を変化させてきたことに気づかせる役割を担っている。

　日本文教出版社の小学校6学年用の社会科教科書『小学社会6』[8]で、産業技術に視点を当てて叙述を抽出し、歴史的変化を示すと次のようになる。

　●P.72　最大で約500人がこの集落にくらしていたとみられています。ここでは、くりやくるみなどをさいばいしていたこともわかっています。
　●P.75　米作りは、今から2400年ほどまえに、大陸や朝鮮半島から移り住んだ人々によって伝えられました。その後、九州の北部から東日本へと広がり、人々の食生活は米が主食となって行きました。▲米作りには、多くの人手が必要でした。人々は、指導する人を中心にして、みんなで米作りや豊作を祈る祭りをおこない、むらとしてのまとまりを強めていきました。
　●PP.122-123　鎌倉時代の農民は、牛や馬にすきを引かせて農地を

深く耕し、草や灰を肥料にするなど、収穫を増やすことにつとめました。稲を刈り取ったあとに麦などを作る二毛作も広まりました。▲室町時代になると、さらに収穫量を増やすため、いろいろな努力がおこなわれるようになりました。▲米作りなどを、村全体で力を合わせておこないました。共同で用水路をととのえたり、その土地に適した稲の品種を選んだりして、生産量を増やしました。このようにして農民たちは、自分たちの生活を守ろうとしました。▲農具や織物、紙すきなどの手工業も発達し、それらをつくる職人もあらわれてきました。▲ものがたくさんつくられ、産業が盛んになると、人が多く集まる場所で市が開かれるようになり、各地からいろいろな品物が集まりました。室町時代には、全国各地で特産物がつくられ、いろいろな場所へ運ばれるようになりました。

　●PP.158-159　農業では、くわやとうみなどの農具の改良が進み、農作業が速く楽にできるようになりました。また、新田開発が進んで耕地が増えました。油かすや干したイワシ（ほしか）といった肥料を使うようになり、農産物の生産性が高まっていきました。▲商人や村の有力者のなかには、小さな工場を建てて、綿織物や酒、しょうゆなどをつくる者があらわれました。こうした製品は、各地の特産物になりました。▲幕府も藩も特産物をつくる産業に力を入れたため、各地で産業が発展しました。▲このころに生まれた特産物の多くは、今でも各地に残っています。たとえば、陶磁器や絹織物、綿織物、和紙、酒、しょうゆなどがあります。▲町人は、村と同じように、町役人を選び、町を運営していました。町人にかけられる税は、百姓に比べると軽く、経済力では、大名をしのぐ大商人もあらわれ、大名にお金を貸す者もいました。▲こうして、社会が安定するにともなって、江戸や大阪のまちが大きくなり、町人が力をつけていきました。

　●P.188　日清戦争の少し前から、生糸や綿糸・綿織物などをつくる軽工業が盛んになりました。電灯を採用し、24時間機械を動かすせんい工場もあらわれ、外国産よりも安くてよい製品がつくられました。▲さ

らに政府は、日清戦争で得た賠償金の一部を使って、北九州に八幡製鉄所をつくりました。日露戦争後には、造船や機械など重工業も発達しました。▲いっぽう、産業が盛んになると、工場や鉱山から出るけむりや廃水によって、公害が発生しました。

●P.220　1960（昭和35）年に政府は、国民所得倍増計画を発表し、産業を発展させる政策を進めました。産業の各分野では、技術革新が進み、品質がよい安い製品が大量生産できるようくふうを重ね、鉄鋼や自動車・石油化学などの重工業が発達しました。新幹線や高速道路も整備されました。また、国際競争力を強めて・・・

　以上のように、産業技術の視点から教科書叙述をピックアップして時系列で見ると、農業と工業の技術革新が、日本社会を変化させてきたことを理解することができる。5年生の社会科で取り組まれた身近な地域を含む日本の産業学習が、それに続く6年生の歴史学習にも生かされ、さらに現在の日本と世界との関係を考察して6年生の社会科学習が終わる。産業技術の重要性に着目した歴史理解は、メタヒストリーとして、日本と世界の各地域で、未来のために共有できるのではなかろうか。国際紛争や環境問題も、その原因となる貧困や経済格差を産業技術の改善・発達によって解決できるように進めていくことが、日本の人々の果たすべき役割となるのである。同書の最後は、「日本の人々の国際協力」という見出しでJICA青年海外協力隊を教材としている。そこでは、日本から教師として開発途上国に派遣されていることに続いて次のように叙述されている。

●P.268　また、食料不足の国では、日本の農業技術を伝えたり、畜産や養しょくの方法を教えたりする協力もおこなってきました。▲隊員は、それぞれの知識や経験を生かして、派遣された国の人々と協力しながら、その国の課題を解決するために活動します。帰国後は、海外で得

た経験を日本のために生かすことも期待されています。

5.「文化の通訳」を育てる社会科

　本稿冒頭で述べたように、日本では、外国人材との共生がさらに進み、海外と国内との境界が低くなることが予想されている。ボーダレス化が急速に進むなか、日本で社会科を学んだ子どもたちは、従来と異なるアイデンティティをもつことになるだろう。それは、多様な文化背景をもつ友だちと共に育った体験からくるアイデンティティである。日本国籍の有無にかかわらず、彼らは日本文化と海外文化をともに理解する「文化の通訳」として、多様性を積極的に受け入れる寛容なアイデンティティを持つ人物になるだろう。「対話」を深める社会科学習は、そのような人材を育成するという新たな役割がある。それは、地域社会を分断でなく共生社会へ変化させる可能性を大いにもっている[9]。子ども主体で、グローカルな地域と関わり、「文化の通訳」を育てる学習こそ、実技教科として今必要な社会科学習なのである。

【注・参考文献】

(1)　独立行政法人国際協力機構『2030/2040年の外国人との共生社会の実現に向けた取り組み調査・研究報告書』2022年

(2)　この調査は、日本人外国人それぞれ1,000人を無作為抽出した質問紙調査であり、回答率は日本人43.67％、外国人23.68％である。

(3)　情報のバリアフリー化は、外国人向けだけではなく、ホームページの読み上げ機能やふりがなを自動的に表示する機能など、ユニバーサルデザインやダイバーシティの観点からも進められている。行政からの案内で「やさしい日本語」を用いる試みもその一環である。

(4)　注(1)のJICA報告書においても群馬県大泉町の事例調査から「自治体からの連絡事項や暮らしのマナー、日本文化などを、母国語で正しく伝えることのできる文化の通訳ができる外国人キーパーソンや日本人キーパーソンを養成する」ことの重要性が指摘されているP.150。また、ハイレベル有識者会合においても京都精華大学ウスビ・サコ学長が「長く日本に居住し、両方の文化を理解し橋渡しのできる役割を持つ人の積極的な導入を考えるべきではないか」と発言し

ているp.185。

(5)　谷川彰英解説・小森ケン子著『ふれあい体験を生かす社会科の授業』明治図書、1994年、pp.1-2。谷川彰英は、体験活動こそ「意志決定」に必要だという。同書は、小森ケン子の中学校実践だが、「市長へのインタビュー体験」「自作ビデオ『志賀さんの農業』製作体験」「紙芝居『ビーフカレーさんの一生』製作体験」「壁新聞『めざせ21世紀』製作体験」などのフィールドワークやインタビュー、それらを踏まえた作品づくり実践が紹介されている。

(6)　『小学社会6年』日本文教出版、2024年、P.71

(7)　高木博志「初詣の成立-国民国家形成と神道儀礼の創出」『幕末・明治の国民国家形成と文化受容』新曜社、1995年、P.449。初詣は、国家神道の整備と学校教育における新年節の実施によって、農村から移住した都市の民衆の生活文化として20世紀に広まった。

(8)　『小学社会6年』日本文教出版、2024年

(9)　歴史学習に関しては、土屋武志『アジア共通歴史学習の可能性-解釈型歴史学習の史的研究』梓出版社、2013年を参照されたい。同書では、「多重市民権」に注目している。一人の個人の中に重なる複数の市民権があると見る。日本国民というアイデンティティだけでなく、地域住民や同じ学校に通う生徒など、複数のアイデンティティを前提とする発想である。

2 子どもが地域・世界と共につながる 問題解決学習

柴田　好章（名古屋大学大学院）

これからの時代を生きていく子どもたちにとっての問題解決学習

　今の子どもたちは、AIが発達し第4次産業革命が進行する社会、すなわちSociety5.0を生きていくことになる。AIは、人間がこれまで行ってきた予測や判断、そして表現といった知的活動を代替、あるいは補完する。AIの発展によるイノベーションに期待が高まる一方、雇用の喪失や人間性の疎外などへの不安も高まっている。また、地球規模での環境問題や安全保障など、人類の生存に関わる諸問題が山積している。こうした先行きが不透明で予測困難な社会で生きていく子どもたちには、これまで以上に主体的・協働的に学ぶ経験が不可欠となる。決められたことを決められた通りに遂行するだけでは十分ではない。自分らしく生きていくために、自ら知識を求め、知恵を生み出し、未知の事象に対して粘り強く考え抜くことが求められる。そのために社会科学習の役割は大きい。いわゆる「もの知り」の子どもを育てるのではなく、主体的に判断し行動できる個を育てていくために、問題解決学習による社会科学習の充実が求められる。自分の身に降りかかる問題、身の回りの地域の問題、異なる地域の問題、世界共通の問題など、さまざまな問題に向き合い、地域や世界とつながり共に学ぶことによってその解決に主体的に関わる子どもを育てていくことが、社会科の問題解決学習の役割である。

　問題解決学習は、戦後の新教育において創設された社会科の原理である。よりよい生活・社会の実現を希求し、生活において直面する問題や、社会の中で起きている問題に向き合い、その問題を解決しようとする探究のプロセスにおいて生起する学習である。最新の学習指導要領（2017

年告示）およびその「解説」では「問題解決学習」という用語こそ用いられていないが、「よりよい社会を考え主体的に問題解決しようとする態度」を養うことや、「問題解決的な学習過程」を充実させることについて述べられている。もちろん、問題解決「的」学習と、問題解決学習を同一視することはできないが、これからの社会科学習のあり方を探るためには、両者の違いを際立たせることよりも、問題解決学習を今日的に捉え直し、その意義と課題を明らかにしていきたい。そこで本稿では、問題解決学習の今日的な意義を明らかにし、今後の社会科学習のカリキュラムおよび授業構成のあり方を展望したい。そのために、まず問題解決学習に関する筆者の論稿（柴田2010、2011、2016）を再構成し、切実性論争に触れながら問題解決学習における問題とは何かを考察し、これからの社会科問題解決学習の授業論を展望したい。

問題解決学習における問題とは？

　問題解決学習における問題とは、教師や教科書によって一方的に子どもに与えられる問題ではない。社会で生きている子どもにとって、切実な問題である。

　1951年版小学校学習指導要領社会科編（試案）では、「<u>かれらが実生活の中で直面する切実な問題を取りあげて、それを自主的に究明していくことを学習の方法とする</u>ことが望ましいと考えられる。」と述べられている。

　切実な問題とは、自己や地域や社会に関わる問題であり、初期社会科の実践では、貧困からの脱却、過重な労働からの解放、封建的な因習の変革、生活改善の要求などからくる問題が取り上げられた。そして、これらの解決を図る取り組みを通して、社会を理解し社会を作り上げるために必要な知識や技能や態度が学ばれていった。戦後の新教育の目玉として社会科が新設され、その原理として、経験主義による問題解決学習が位置づけられた。

　しかし、1955年頃までには、這い回る経験主義、科学的・系統的知識の軽視、学力低下などの批判を受けて、問題解決学習は表舞台からは退いていく。学習指導要領が法的拘束力を有するようになり、より系統性を重視した教育内容へと変質し、文部省の統制は強まっていく。文部省への対抗勢力でもあった民間教育研究団体も、経験主義は反知性的であり、科学的な知識や態度を軽視しているという批判から、系統性重視の方向へと進んでいった。ただし、系統的な知識を与える社会科の授業をよしとせず、子どもたちの調べ学習や討論を中心にした授業が広く社会科において引き継がれてきた。また積極的に問題解決学習を標榜する実践や研究も行われてきた。その代表的な民間教育研究団体が、社会科の初志をつらぬく会である。

　問題解決学習の特質とは、端的にいえば、生きていくことと学ぶことの統一である。学ぶとは、生きることの手段的な側面をもちつつ、学ぶこと自体に人間的な価値が内在しており、学ぶことが生きることの目的的な側面ももっている。問題解決学習はこれを重視している。問題解決学習では、学習と生活を子どもの主体性において統合し、学習者の主体的な意志としての切実性を学習の根底におき、生活者としての願いを育て、これに基づいて学習活動を展開する。また、人間としての全面的な発達を展望し、社会的自立のために必要な知識の認識のみならず、道徳的価値や実践的意志を育むことを重視している。したがって、単なる学習法・指導法という問題解決学習の捉え方は狭いのであり、社会の中で生きている、そして生きていく子どもの生き方を育むことを志向した営みと捉えることが大切である（柴田2016）。

〈切実性〉とは何か？

　問題解決学習における問題とは何か？　さらに切実性について検討することにより、この問いの考察を深めていきたい。先述した通り、初期社会科の問題解決学習では、貧困や社会の矛盾など、生活実態に根ざし

た問題が扱われており、代表的な実践の記録がいくつも残されている。身近な生活を見直すことの中から、問題が浮かび上がり、それが授業の中で追究すべき問題となっていった。

　しかし、子どもの生活の中から切実な問題を見出し、教室内で共有してその解決に取り組み、限られた時間数の中で計画的に学習過程を組織することは容易ではない。問題解決学習の成立要件として、子どもの生活上の切実な問題であることを厳しく捉えると、実践することが困難になってしまう。教師による教材開発によって選び取られた問題は、子どもにもともと意識されていた生活上の切実な問題であるとは限らない。一方、子どもが生活の中から見出してくる問題が、必ずしも社会科学習の中で追究すべき問題として相応しいとはいえない。子どもの自発性を重んじる教師にとっては、学習指導要領や教科書に準拠して授業を計画的に進めることが困難に感じられるであろう。もしも子どもが考える問題を追究することのみを問題解決学習と捉えるのであれば、その機会は特別な単元としての探究的な学習あるいは発展的な学習のみに限定されてしまう。すなわち、教師による実践の実現可能性と、子どもによる問題追究の切実性とは、部分的には相反関係にあるようにも見える。このギャップをどう埋めたら良いであろうか。

　結論を先取りすれば、教師が子ども理解を十分に深めながら、子どもが関心をもち、子どもが本気で追究したいという意欲が持続する問題を、教材研究する中で見出していくことが大切であると筆者は考えている。そうすれば、普遍的な方法原理として社会科授業に問題解決学習をおくことができる。しかし、本来的には現在社会で生きている、そして将来社会を生きていく子ども自身にとって、切実である問題こそが問題解決学習における問題である。この点について考察を深める手がかりとして、社会科教育の重要な論争としても注目されることの多い「切実性論争」を振り返ってみたい。

　1980年代に社会科の初志をつらぬく会の内部から、切実性論争が起

こった。発端は、有田和正が初志の会の全国集会で行った実践提案とそれへの批判であった。その後、有田和正(1984)は、雑誌「授業研究」において、それまでの20数年間の教師生活を振り返り、長岡文雄の授業を目標にしてきたと述べながらも、以下のように「切実性」をめぐる問題提起を行った。「社会全体が豊かになり、子どもたちの生活にも、社会にも、今すぐ何としても解決しなければならないような問題はないように見える。こういう状況の中で切実な問題を発見させるには、意表をつく教材が必要ではないだろうか。」これに対して長岡は、数ヶ月後の同誌において、「子どもをびっくりさせて、芝居のようにおもしろおかしくあやつる授業をくり返すと、子どもの自立をさまたげるように思う」と有田を批判した。有田は「子どもの認識に鋭く切り込む教材」を〈ネタ〉と呼び、これを子どもに追究させることに対して、長岡はあくまでも〈この子〉の「本然の問い」に基づく授業を追求すべきとしている。これを受け谷川彰英(1985)は、社会科の初志をつらぬく会の機関紙「考える子ども」において、切実性を、「子どもの必要と関心にもとづく切実性」（＝「方法における切実性」）と、「ある認識が子どもに与えられることによって学習問題が生じる場合の切実性」（＝「認識における切実性」）との２つに整理した上で、後者に位置づく有田実践を擁護している。谷川(1985)は、〈認識における切実性〉としてアフリカの飢餓の問題を取り上げている。「アフリカの飢餓問題などは、子どもたちに何も働きかけなければ子どもたちにとってまず問題にならないものであろう。」「この問題がその子にとって必要・関心があったというのではなく、人間の生存そのものにとってかけがえのない問題なのである。そのことを認識したからこそ、彼にとって学習問題になったのである」と谷川は述べている。

　「切実性論争」が提示した論点は、「切実である」ことと「切実になる」ことを授業デザインにおいて同列としてみなして良いのか、そしてどのような問題を授業で扱うべきなのかという授業論的な論点ばかりではな

い。より重要なのは、〈認識における切実性〉という場合、認識によって夢中になって追究している子どもの中に、果たして「本然の問い」と結びつくような〈切実性〉が生じているのかどうか、あるいは生じることはできるのかという認識論的な論点である。言い換えれば、有田のいう教師からの「ネタ」と長岡のいう子どもからの「本然の問い」は、統一可能であろうか。しかし、この問題については十分に追究されぬまま、今日まで来ているように思われる。改めて、生きること（生きていること・生きていくこと）と学ぶこと（学んでいること・学んでいくこと）との連続性の中で、関心と認識の相補的な展開過程のあり方に、目を向けるべきであろう（柴田2016）。

〈切実性〉に不可欠なその子の願い

　社会科では自我関与を前提とした社会認識が求められるのであり、認識の背後には認識を支える関心が欠かせない。対象に対して知りたい、放っておけないという関心と、対象を知り対象がわかるという認識の双方が、相互を契機にして循環的に高まっていくことができる。

　関心とは、生きている人としての願いの表れである。そして関心の向かい方に、その子の個性が作用している。どのように生きていきたいか、どのような社会で生きていきたいか、どのような社会にしていきたいかという、子どもの願いが関心の源である。端的には、「放っておけない」という感情の動きである。しかも、ただ単に、「評論家」「もの知り」として「知りたい」というレベルではなく、生活者としての「こうありたい」というレベルにまで関心が高まることによって、他人ごとでなく自分ごととしての切実性が生じる。今まさに自分や自分の身の回りの人が巻き込まれている問題だけを切実とするばかりでなく、地域や世界の中で起きている社会問題や他者が抱えている問題も、自分の問題のごとく切実に捉えることができるようになる。

　こうした子どもの願いに基づきながら学習が展開し、同時にその願い

も育んでいくところに、問題解決学習の意義がある。最初は与えられた課題であれ、身近な問題であれ、自らが問いに気づき、それを自らの問いとして追究していく動きがなければ、真の問題解決学習とはならない（柴田2016）。

　以上の考察により、地域や世界の中で起きている社会問題や他者が抱えている問題に対して、認識の作用によって切実になることを、〈認識における切実性〉として認めるとしても、それには一定の条件が付されなければならない。まず、教師が投げかけた教材や問いに子どもが面白がって追究しているだけでは、「もの知り」を育てているだけで、その子の切実な問いを引き出したとはいえず、真の自立にはつながらない。どのように生きていきたいか、どのような社会で生きていきたいか、どのような社会にしていきたいかという、自分の生き方や社会に対する子どもの願いと結びついている必要がある。例えば、暮らしの安全を守る仕事について学習する際には、安全な暮らしを望む子どもの願いが学習の動機になることが大切である。

　また、追究する学習問題は教師から一方的に与えられるのではなく、子どもたちのさまざまな素朴な疑問を基に構成されている必要がある。一人ひとりの問題意識をもちより、教室の中で語り合うことによって、みんなで追究したい問題が浮かび上がり、学習問題が生成される。

　さらに、子どもが対象に対して自我関与を高め、自分ごととして捉えられるようにする必要がある。その際には、「自分であったら」という仮定は有効な媒介となる。例えば、「○○さんは、・・・・という困難があるにもかかわらず、□□□□しているのはなぜだろうか」という問いには、自分であったら簡単にはできないという思いや、○○さんへの共感的な思いや、□□□□することの価値や困難さの実感が伴うことによって、自分ごととしての自我関与が高まる。

　このように、〈認識における切実性〉には、問題の背後にあるその子の願いや自我関与が不可欠である。最初は自分の生活上の困難さを発端

とする切実な問題でなくても、認識により関心が高まり、問題を放置しておけない当事者性が芽生えることにより、切実な問題になる。その場合には、教師によって「切実になる」のか、子どもにとってもともと「切実である」のかは二律背反ではなくなり、両者が統合している状態にある。教師の働きかけや新たな事象との出会いによって「切実になる」ことができたのであるし、それができたのは潜在的には「切実であった」からである。地域の中の問題、世界で起きている問題に対して、共生の感覚を有することで、共に生きている自分自身の問題につながっていく。

　問題解決学習における問題は、問題の性質だけで決まるのではない。また、問題の出どころによって決まるものでもない。その子本人の問題であっても、身の回りの問題であっても、あるいは他者や社会の中での問題であっても、いずれもその子にとっての「本然の問い」と深いところでつながり、その子自身が解決を切に望む願いがあるところに、問題解決学習における問題が成立するのである。「本然の問い」とは、「切実になる」ことを可能にする潜在的な切実性と言い換えることができよう。

　近年になって、埜嵜志保（2020）は、問題解決学習の今日的な意義を問い直す中で、有田と長岡の論を「可能態としての切実性」という観点から検討している。子どものもつ切実性の捉えにおいて、両者が可能態としての切実性を重視しているという点で共通していることを見出している。その上で、可能態としての切実性を操作可能なものと捉えるか否かという点に、有田と長岡の本質的な相違があることを明らかにしている。そして、「〈今生きている姿〉の可能態を子どもの内に探っていくこと」や「深い子ども理解に基づく授業のあり方を追究していくこと」の重要性を指摘している。

〈認識の切実性〉は真の切実性か？

　〈認識における切実性〉とは、自分ではない他者の問題、あるいは地域や世界が抱えている問題が、最初は関心がなかったとしても、その問

題を知ることによって、なんとか解決したいという思いが生まれてくることである。より正確にいえば、認識の作用によって切実性が生まれることから、〈認識による切実性〉と言い換えることができよう。つまり、手段としての認識が切実性を生み出すことを示している。

ところで、表記上は類似しているが、ここからは異なる概念である〈認識の切実性〉について考えていきたい。〈認識の切実性〉とは、認識すること自体が切実であることである。「知りたい」「わかりたい」という、対象に対する強い関心である。

このような〈認識の切実性〉を問題解決学習における切実性に含めても良いのだろうか。すなわち、知ることや考えることを目的とした問題解決学習は成立するのであろうか。例えば、「・・・について、くわしく知ろう」、あるいは「・・・についてみんなで考えてみよう」という学習問題は、問題解決学習における問題と呼んでよいだろうか。

もとより「知りたい」「わかりたい」という関心は、問題解決学習のみならず、どんな学習の成立においても極めて重要な要因である。子どもが真に「知りたい」「わかりたい」というものを求めて、調べ、考え、意見をもち、仲間と交流するような学びは、子どもの主体性や子ども同士の協働に基づいており、価値が高い学びの姿である。また、「知りたい」「わかりたい」という知的な欲求が、人類の科学や学問の発展を支えてきたのであり、探究すること自体に高い価値がある。

しかし、「知りたい」「わかりたい」という〈認識の切実性〉だけでは、問題解決学習における真の切実性とはいえない。問題解決学習は現実の問題の解決を志向する。解決を伴わない認識のみでは、真の問題解決学習ではない。「知りたい」「わかりたい」の元となる動機において、「なんとかしたい」「もっとよくなりたい」という解決の志向性と、「放っておけない」という自我関与を伴う必要がある。関心と認識の往還によって、〈認識による切実性〉と〈認識の切実性〉が共に高め合っていくことができる。

　例えば、地域の伝統的な年中行事を対象とした学習においては、以下のような学習問題が考えられる。

（認識志向の問題）
　①　この年中行事は、なぜ長く続いていたのだろうか。
　②　この年中行事にたずさわっている人々は、どのような思いで、どのような工夫や苦労をしているのだろうか。

（解決志向の問題）
　③　長く続いていたこの年中行事が、これからも続くようにするためにはどうしたら良いだろうか。
　④　この年中行事が、これからも続いていくために、自分に何ができるだろうか。

　以上のうち、①や②は認識を志向した学習問題であり、③や④は解決を志向した学習問題である。解決を志向した③や④の問いの成立の背後に、「これまで続けられてきたこの伝統的な年中行事が、なんとか続くようにしていきたい」という〈願い〉があることにより、切実な問題となり得る。しかし、①や②が、③や④のような問いと切り離されて独立して追究されるのであれば、切実な問題とはなり得ない。反対に、①や②の問いも、③や④のように年中行事が続いてほしいという〈願い〉と結びつくことにより、問題解決に欠かせない問いになる。
　このように、〈認識の切実性〉は、単独では問題解決学習における切実な問いとはいえず、子どもの〈願い〉や自我関与を含み込んだ〈解決の切実性〉を伴うことによって、問題解決学習における問題を構成することができる。反対に、〈解決の切実性〉は〈認識の切実性〉を伴うことによってこそ、問題解決に向けて動き出すことができる。問題を正しく認識してこそ、解決に向けた方策を考え決めることができるのである。

また、解決を志向するからこそ、対象に正対し、できるだけ詳しく理解し、正しく判断しようとするのである。さらに切実性は、批判的思考や論理的思考を生み出す契機となる。つまり、〈認識の切実性〉は単独では問題解決学習の成立要因としては不十分であるが、〈解決の切実性〉によって生み出される〈認識の切実性〉は、問題解決学習に欠かせないものである。裏返せば、〈認識の切実性〉を欠いた〈解決の切実性〉だけでは問題解決学習は成立しない。

追究による問いの変容とその先にある本質的な問い

問題解決学習の過程では、上記に挙げた認識志向の問題と解決志向の問題が絡み合いながら、追究によって問いが変容していく。単元の最初には、子どもの素朴な疑問をもちより話し合うことで、みんなで追究したい問いが生まれてくる。また追究することにより、問いから問いが生まれてくる。その筋道は一つではない。認識志向の問いから解決志向の問いが生まれることもあるし、解決思考の問いから認識志向の問いが生まれることもある。ある時は問題が継承されつつ変容したり、新たな問題が生じたり、またある時は消滅したりしながら、単元を通して追究が深まっていく。

身近な地域から世界の問題へと同心円的に広がっていくこともあれば、逆に遠い地域の問題を追究することで身近な地域の問題が浮かび上がってくることもある。ある単元で身につけた見方・考え方が別の単元に引き継がれ、より深い問いを生み出すこともある。例えば、暮らしの中の水の確保について、世界の水問題に触れることにより、当たり前だと思っていた身近な生活における水道の役割を再認識することになる。時間や空間のスケール、子どもの願いのスケールも、教室の中で大きく伸び縮みする。子どもが自分自身とも出会い、出会い直しながら、また教室の仲間とも出会い、出会い直しながら、地域や社会の問題や、過去や未来への問題へとつながっていく。

　さらには、追究の深まりによって、ものごとの本質や根源を見極めていく方向にも、問いは変容していくことがある。先に挙げた、地域の伝統的な年中行事を対象とした学習では、以下のような問題が立ち現れてくることがある。

（本質志向の問題）

　⑤　この年中行事は、これからも続けるべきであろうか。
　⑥　伝統を受け継ぐということは、どういう意味であろうか？

　従来は地域住民の手によって行われてきた年中行事が、担い手の不足により地域の人々以外の手も借りながら継承されている例もある。伝統文化の継承といっても、社会情勢などによって内容が変化していくことも少なくない。当初は、「続けていきたい」「そのために何ができるか」と考えていた子どもたちも、追究が進むことによって、「続けるべきか」あるいは「受け継ぐ」「続ける」ということはどういう意味なのかが問題になってくる。「どうしたら続けられるのか」という当初の問いの中では、「続ける」とは何かは自明であったはずである。その自明であったところの「続ける」ということの意味や目的に揺らぎが生じてきている。つまり、当初の問いに含まれていた自明な意味や目的自体を問い直しており、「問いを問う」動きといえる。こうした子どもの動きは、深い学びの一つの証であるといえよう。「問いを問う」子どもの姿は、問題解決学習が深まることによって、しばしば観察される。

　時代に合うように行事のやり方を変えることは、受け継いでいるのか、変えているのか、どちらとも解釈できる事態に子どもたちが投げ込まれることになる。伝統とは守られることによって伝統であるが、それが時代を超えて守られるためには変化を必要とする。そうした、現実的事象が含み込んでいる根本的な矛盾が立ち現れてくるところに、対象に対する追究が深まっていく。このような、本質的な問いへの志向性、あるい

は回帰は、学習の当初から現れるのではなく、学習が進むうちに、追究すべき問いが変容する中で生まれてくる。

将来を展望して社会の問題を自分ごととして捉える問題解決学習

　問題解決学習を実現するためには、教師の教材研究・発問研究によって、子どもの潜在的な切実性を引き出し、子どもの内面に願いや問いを生み出すことが求められる。そこには深い子ども理解が欠かせない。

　潜在的な切実性を引き出す上では、人との出会いは有効である。自分に直接に利害関係のある問題でなくても、同じ社会に生きている人として放置できない問題として切実になるためには、人の介在が有効である。飢餓で苦しむ人々、地域の伝統を守るために活動している人々、その人々が困っていることや願っていることに、教室の中から思いを馳せて共感することを通して、共に生きている人として、自分ごととして社会の問題を捉えることができるようになる。豊かで平和に暮らしていきたいという共通の願いが根底にある。

　先に挙げた伝統行事においては、②の「この伝統行事にたずさわっている人々は、どのような思いで、どのような工夫や苦労をしているのだろうか」という問いにおいて、苦労や工夫をしている具体的な人との出会いが大切である。直接に出会って交流することができれば、より有効である。

　また、問題解決学習は他者との出会いだけでなく、自分との出会い、出会い直しの機会でもある。望ましい行動を選択・判断しようとする中で、自分がすべきことは何か、自分にできることは何かを問うことになる。外側に向けられていた関心の矢印は、自分の内側へと向いてくることになる。その際には、将来への展望というキャリア教育の視点も重要となる。

　先の、④の「この年中行事が、これからも続いていくために、自分に何ができるだろうか」という問いを、子どもたちは重く受け止めれば受

け止めるほど、自分が担い手になれるかどうか不安になることもある。そして、自分も観客として行事に参加する、地域の人々に挨拶をするなど、自分でもできそうなことを見出していく。このことは、自分と対象との関わりが縮まった証でもあるのであるが、自分ごととして捉えようとするあまりに、今の自分にできる手近な方策に陥ってしまうことも少なくない。単元の終末で、自分たちにできることを考えようとする中で、しばしば見られる子どもたちの姿である。

　しかし、より重要なのは、将来を生きていく子どもたちの展望である。今の自分にできることだけでなく、将来社会を支える一員として、自分に何ができそうかを構想していくことも大切である。

　問題解決学習は、自分が教室の仲間と共に、教室の外側の地域や世界ともつながる空間的な広がりをもつと共に、これまでの自分の生き方を見つめ直しながら、これからの自分の生き方を展望する時間的な広がりをもつものである。

【注・参考文献】

有田和正（1984）長岡文雄の主張を授業で検証して，『授業研究』，1984年9月，75-84.

長岡文雄（1985）有田和正氏の論文を読んで考える―すぐれた授業はどこが違うか―，『授業研究』，1985年1月，96-98.

塹嵜志保（2020）「社会科の初志をつらぬく会」における問題解決学習の今日的意義：「切実性論争」の再検討を手がかりに，『名古屋大学大学院教育発達科学研究科紀要―教育科学―』，66（2），33-44.

柴田好章（2010）江口武正「耕地整理」の今日的意義と地域に根ざした教育の課題―社会問題への教育実践からのアプローチの可能性―，『平成21年度上越教育大学学校教育実践研究センター客員研究員報告書』，1-8.

柴田好章（2011）問題解決学習の成立要件と今日的課題，社会科の初志をつらぬく会『考える子ども』，335，10-14.

柴田好章（2016）中学校におけるアクティブ・ラーニングの可能性と課題～問題解決学習の立場から～，日本教育方法学会編『アクティブ・ラーニングの教育方法学的検討』，図書文化，156-171.

谷川彰英（1985）「切実性」のとらえ方のちがい，社会科の初志をつらぬく会『考える子ども』，159，4-9.

グローバル時代に求められる資質・能力と社会科学習

藤野　敦（国立教育政策研究所）

はじめに　資質・能力と社会科

　本節では①教育課程の改訂に、いわゆる「グローバル化」の展開を念頭に示された資質・能力の議論がどのように影響してきたのか、②それらが社会科及び地理歴史科、公民科の教科編成に、従来の教科の目的との整合のなかでどのように現在に至っているのか、③学習指導要領等の教育課程にはそれらがどのように構造化され、どのような学習として提示されているのかについて、特に地域社会とグローバル化された社会についての往還を視点に確認することとする。

1 「グローバル化」「グローバル人材」と教育
(1)「グローバル人材」育成の提唱とその影響

　教育は固有の普遍的な理念をもつものであるが、その理念の具体化の過程において社会の変化の影響を受ける。インターネットの個人利用が可能となり、その広まりを見せるなか、1990年代末に「グローバル人材」という言葉が登場し始めた[1]。同じころ、20世紀末から今世紀初頭にかけて、OECDのDeSeCoプロジェクトによるキー・コンピテンシーの概念がPISAやPIAAC等に取り入れられ、その後の世界各国・各地での教育課程の検討に影響を及ぼし、21世紀に求められる資質・能力の定義を基にしたナショナルカリキュラムの開発の取り組みが進められた[2]。

　2011年4月、文部科学省に設置された「産学連携によるグローバル人材育成推進会議」の審議のまとめが示された[3]。そこでは「グローバルに対応できる力を持つグローバル人材」について、「世界的な競争と共

生が進む現代社会において、日本人としてのアイデンティティーを持ちながら、広い視野に立って培われる教養と専門性、異なる言語、文化、価値を乗り越えて関係を構築するためのコミュニケーション能力と協調性、新しい価値を創造する能力、次世代までも視野に入れた社会貢献の意識などを持った人間であ」るとし、その育成を求めた[4]。

　さらに、翌2012年には、内閣官房より示された「グローバル人材育成戦略」[5] において、これから育成・活用していくべき「グローバル人材」の概念を、要素Ⅰ〔語学力・コミュニケーション能力〕、要素Ⅱ〔主体性・積極性、チャレンジ精神、協調性・柔軟性、責任感・使命感〕、要素Ⅲ〔異文化に対する理解と日本人としてのアイデンティティー〕という整理が示された。

　これらはいずれも主に社会人、高等教育を対象とした議論ではあるが、その後に続く初等中等教育改訂にも一定の影響力をもつこととなった。

（2）学習指導要領改訂と「グローバル化」「グローバル人材」

　学習指導要領の改訂は、このような状況のなかで開始された。2014年3月、文部科学省「育成すべき資質・能力を踏まえた教育目標・内容と評価の在り方に関する検討会」の『論点整理』が示され、先に示した諸地域での21世紀に求められる資質・能力の分析とともに、これまでの日本の教育課程との整合を整理しつつ、また、「グローバル化」「グローバル人材」育成という視点も含めて学習指導要領の改訂を念頭に、教科・科目を横断する汎用的な能力育成を重視した視点が示された。このような経緯を経て、中央教育審議会への諮問、その後の審議となる。

2　社会科におけるグローバルとローカル
（1）「グローバル化」とＥＳＤ

　このような経緯を踏まえれば、「グローバル化」「グローバル人材」に必要とされる資質・能力育成も、教科横断的に育まれるものと、教科そ

れぞれに委ねられるものを構造的に結びつつ設計することが求められることになる。そのなかでいわゆる「グローバル化」に関わり、社会科で育成すべき資質・能力が、どのように整理されたのかを確認したい。

2016年3月、国立教育政策研究所より「学校における持続可能な発展のための教育（ＥＳＤ）に関する研究」〔最終報告書〕が示された。ここでは持続可能な社会づくりを構成する「6つの視点」を「多様性、相互性、有限性、公平性、連携性、責任制」とし、これら軸に教員・生徒が持続可能な社会づくりに関わる課題を見出すこと、さらに課題解決に必要な「7つの能力・態度」として、「批判的に考える力、未来像を予測して計画を立てる力、多面的・総合的に考える力、コミュニケーションを行う力、他者と協力する力、つながりを尊重する態度、進んで参加する態度」を示した[6]。その後、2016年12月の中央教育審議会答申「幼稚園、小学校、中学校、高等学校及び特別支援学校の学習指導要領等の改善及び必要な方策等について」において、「持続可能な開発のための教育（ＥＳＤ）」は、「学習指導要領改訂の全体において基盤となる理念」として、幼稚園教育要領、小・中学校学習指導要領（2017年告示）、高等学校学習指導要領（2018年告示）の全てにおいて、前文及び総則に「持続可能な社会の創り手」の育成が掲げられた[7]。

「グローバル化」についても、当初の空間的な拡大や、経済的な関係性の拡大に関わる捉えから、国際理解教育やＥＳＤの視点を交えつつ、その求められる資質・能力に修正を加えながらの検討が進められた。そのなかで、「グローバル化」への対応は、「持続可能な社会の創り手」の育成と深く関わるなかで教育課程に構成されていった。

（2）子どもたちをめぐる生活空間の変質

一方で、児童・生徒の前に広がる生活空間は、急速な変化を遂げている。従来、教育課程の作成のうえでも、地域や国家、世界などについては児童・生徒から同心円状に、空間的な認識の拡大として捉え、位置付

けられることが一般的であった。しかし、現在の児童・生徒をめぐる環境の変化は、様々な生活上の情報のアクセスから物流に至るまで、地域、自国、他国が等距離に認識される状況が生まれている。現在の児童・生徒の認識からは、時にこれらの空間は共時的であり、相互に、かつ同等に作用し合うものに変化してきている。

図1　生徒をめぐる地域・日本・世界の空間的な関係の変化

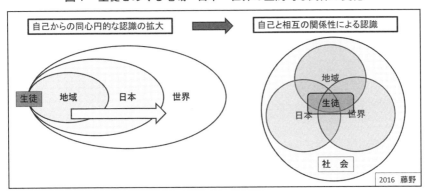

　つまり、地域社会と「地球世界」に関わる学習についても、空間的に拡大するものとして捉えることに留まらず、関係や影響の相互性を踏まえ、それらを比較しつつ、それぞれの特色を考察、理解に至るように変化することが求められる。このように、地域や国、世界などの空間相互の関係性や特徴を考察、理解する過程が、前述の「グローバル化」の進展のなかで指摘されていた「多様性」、「相互性の視点」、また、「多面的・総合的に考える力」、「他者と協力する力」、「つながりを尊重する態度等を育む」ことなどの資質・能力の育成にもつながると考えられる。

　これらについては、本稿の2（1）で示したとおり、教科を超えた汎用的な資質・能力の育成が求められるものであるが、一方でこれまで示してきた「グローバル化」や「地域」社会の担い手、「持続可能な社会の創り手」についての資質・能力の育成は、関連を密接にもつものであ

り、特にこれまでも、このような能力の育成を目標として掲げてきた社会科、地理歴史科、公民科が担う役割は大きいものと捉えられる。

3 地域社会と「グローバル化」する社会との往還

（1）学習指導要領の教科目標とグローバル化

　以上の動向は、社会科及び地理歴史科、公民科の教科編成に、どのように反映されているのだろうか。2017、2018年告示学習指導要領では、小学校社会、中学校社会、高等学校地理歴史科、公民科それぞれの教科の目標柱書（総括的な目標）は、およそ次のように共通化されている。

> 　社会的な見方・考え方を働かせ、課題（※1）を追究したり解決したりする活動を通して、広い視野に立ち（※2）、グローバル化する国際社会に主体的に生きる平和で民主的な国家及び社会の有為な形成者に必要な公民としての資質・能力（※3）を次の通り育成することを目指す。

※1　高等学校公民科においては「現代社会の諸課題」となる。
※2　小学校社会では（広い視野に立ち）は記載がない。
※3　小学校、中学校社会科では（有為な）は記載されず、「資質・能力の基礎」
　　　となる。

　目指される「公民としての資質・能力」の育成については、2009年改訂に示されている「公民としての資質」の趣旨を継承しつつ、グローバル化の進展を踏まえた必要な資質・能力の育成への意識をもつことが期待され整理された。また、「広い視野に立ち」は、従来も中学校社会から示されてきたものであり、①多面的・多角的に事象を捉え、考察することに関わる意味と、②国際的な視野という空間的な広がりに関わる意味の二つが含まれている。この②について、特に今次学習指導要領では、国内外の社会的事象を取り扱う地球的な視野をもつことが期待されてい

ることが学習指導要領「解説」に説明されている⁽⁸⁾。

（2）社会科、地理歴史科、公民科に求められる資質・能力の育成

　2017年改訂では、中学校社会科の「学習内容、学習指導の改善・充実」について、「伝統・文化等に関する学習の引き続きの充実」、「主権者教育等の改善・充実」、「防災教育、海洋や領土に関する教育の改善・充実」とともに「グローバル化等への対応」が掲げられた。具体的には、例えば中学校社会地理的分野での「地球的課題を主題とした世界の諸地域学習」、公民的分野では「人工知能の急速な進化等による産業や社会の構造的な変化、起業、国連における持続可能な開発のための取組」などの学習内容が例示され、歴史的分野は、「ムスリム商人の役割、現代の民族や宗教をめぐる対立や地球環境問題」など、学習内容（コンテンツ）を空間的に拡大した内容が例示されている。資質・能力の育成を掲げる今次学習指導要領では、これら学習内容の見直しと共に、学習構造や学習過程の見直しが図られており、それらが相まって、「グローバル化への対応」が図られる構成となっている。

（3）地域、グローバルに関わる学習構造

　では、「グローバル化」等に関わり、資質・能力の育成について、教育課程上ではどのような学習構造や学習過程の工夫が図られているのであろうか。

　次の表は、持続可能な社会の実現及び地域社会と地球社会との関係について、学習指導要領（2017年、2018年告示）の中学校社会の各分野、高等学校地理歴史科、公民科の各科目の記載の概略を示したものである。ここでは、各分野や科目のまとめの項目に、持続可能な社会の実現及び地域社会と地球社会との関係に関わる内容が示されていることが注目される。

表　持続可能な社会や地域に関わる中学校社会科、高等学校地理歴史科、公民科における学習指導要領上の記載の概略（一部のみ）

教科	分野・科目	項目 （※印はその分野、科目のまとめの項目に置かれているもの）	内容の概略 （「学習指導要領 「2　内容」「3　内容の取扱い」より概略として作成。 （「倫理」の（　）内は学習指導要領解説より引用）
中学校	社会 地理的分野	C（1）地域調査の手法	・観察や野外調査、文献調査を行う際の視点や方法、地理的なまとめ方の基礎を理解。 ・地形図や主題図の読図、目的や用途に適した地図の作成などの地理的技能。 ・地域調査において、対象となる場所の特徴などに着目して、適切な主題や調査、まとめとなるように、調査の手法やその結果を多面的・多角的に考察し、表現。
		※（4）地域の在り方	・地域の結び付きや地域的変容、<u>持続可能性</u>などに着目して、課題を考察、構想し、表現する学習
	歴史的分野	A（2）<u>身近な地域の歴史</u>	・<u>自らが生活する地域</u>や受け継がれてきた伝統や文化への関心をもって、具体的な事柄との関わりの中で地域の歴史について調べ、身近な地域の歴史的な特徴を考察し、表現する学習
	公民的分野	※D（2）よりよい社会を目指して	・<u>持続可能な社会</u>を形成することに向けて、課題を探究する活動を通して、よりよい社会を築いていくために解決すべき課題を考察、構想し、表現する学習。（2）については、<u>身近な地域</u>や我が国の取組との関連性に着目させ、世界的な視野と地域的な視点に立って探究させる。
高等学校　必履修科目	地理歴史科 地理総合	※C 持続可能な地域作りと私たち （1）自然環境と防災 （2）生活圏の調査と地域の展望	・人間と自然環境との相互依存関係や地域などに着目して、主題を設定し、<u>地域性を踏まえた防災</u>について自然災害への備えや対応などを考察、表現したり、生活圏の地理的な課題について、解決に求められる取組などを考察、構想し、表現したりする学習。
	歴史総合	A（1）歴史と私たち	・私たちの生活や<u>身近な地域</u>などに見られる諸事象を基に、それらと日本や日本周辺の地域及び世界の歴史との関連性について考察、表現し、つながっていることを理解する学習
		※D（4）現代的な諸課題の形成と展望	・<u>持続可能な社会</u>の実現を視野に入れ、主題を設定し、諸資料を活用し探究する活動を通して、歴史的経緯を踏まえて、現代的な諸課題を理解し、それを考察、構想し、表現する学習
	公民科 公共	※C　持続可能な社会づくりの主体となる私たち	・<u>持続可能な地域、国家・社会及び国際社会づくり</u>に向けた役割を担う、公共の精神を持った主体となることに向けて、幸福、正義、公正などに着目して、現代の課題を探究する活動を通して、地域の創造、より良い国家・社会の構築および平和で安定した国際社会の形成へ主体的に参画し、共に生きる社会を築くという観点から課題を見出し、課題の解決に向けて事実を基に協働して考察、構想し、表現する学習

高等学校 選択科目	地理歴史科	地理探究	※C(1)持続可能な国土像の探究	・地域の結び付き、構造や変容、持続可能な社会づくりなどに着目して、主題を設定し、我が国が抱える地理的な諸課題の解決の方向性や将来の日本の国土の在り方などを探究し、表現する学習
		日本史探究	D(3)近現代の地域・日本と世界の画期と構造	・地域社会と日本や世界の歴史的な変化との関係性に着目して具体的に考察し、歴史に関わる諸事象の解釈や歴史の画期などを根拠を示して表現する学習
			※D(4)現代の日本の課題の探究	・持続可能な社会の実現を視野に入れ、地域社会や身の回りの事象と関連させて主題を設定し、現代の日本の課題の形成に関わる歴史について、考察、構想して表現する学習
		世界史探究	※E(4)地球世界の課題の探究	・持続可能な社会の実現を視野に入れ、歴史的経緯を踏まえて、地球世界の課題の形成に関する世界の歴史について考察、構想し、表現する学習
	公民科	倫理	※B(2)社会と文化に関わる諸課題と倫理	・福祉、文化と宗教、平和などについて倫理的課題を見いだし、その解決に向けて倫理に関する概念や理論などを手掛かりとして多面的・多角的に考察し、公正に判断して構想し、自分の考えを説明、論述する学習。 ・「平和」については、人類全体の福祉の向上といった視点からも考察、構想できるよう指導。 (その際…学習に当たっては、人間の存在や価値と関わらせ、持続可能な社会の形成という視点や、世界の中の日本人としての在り方生き方という視点からも考察することができるようにすることにも留意する必要)。
		政治経済	A(2)現代日本における政治・経済の諸課題の探究	・少子高齢社会における社会保障の充実・安定化、地域社会の自立と政府、…などに取り上げた課題の解決に向けて政治と経済とを関連させて多面的・多角的に考察、構想し、よりよい社会の在り方についての自分の考えを説明、論述する学習。
			※B(2)グローバル化する国際社会の諸課題の探究	・グローバル化に伴う人々の生活や社会の変容、地球環境と資源・エネルギー問題、国際経済格差の是正と国際協力、イノベーションと成長市場、人種・民族問題や地域紛争の解決に向けた国際社会の取組、持続可能な国際社会づくりなどについて、取り上げた課題の解決に向けて政治と経済とを関連させて多面的・多角的に考察、構想し、よりよい社会の在り方についての自分の考えを説明、論述する学習。

（2019、2023改　藤野作成）

　例えば、中学校の「地理的分野」では、空間的相互作用や地域という視点に着目し「地球的課題」などの考察からグローバル化に迫る。また、高等学校の「地理総合」の項目の構成は「A　地図や地図情報システムでとらえる現代世界」、「B　国際理解と国際協力」、「C　持続可能な地

域づくりと私たち」と示されている。さらに、現実社会の課題を学習対象とする「公民的分野」では、「Ａ（１）私たちが生きる現代社会と文化の特色」から「Ｄ　私たちと国際社会の諸課題」に至る構造となっており、高等学校の「公共」では最終項目に「Ｃ　持続可能な社会づくりの主体となる私たち」と示されている。このように、地理的分野、地理領域や公民等では、グローバル化する国際社会に主体的に生きるための資質・能力の育成にむけた取り組みについて、分かりやすく項目構成が整理されている。

　一方、過去の事象を扱う「歴史的分野」、「歴史領域科目」では、どのような学習上の工夫が示されているのであろうか。以下、学習指導要領における「歴史的分野」、「歴史領域科目」の記載から、地域と日本や世界との往還の学習に着目して、「グローバル化」や「持続可能な社会の実現」に向けた資質・能力の育成を考えてみたい。

・中学校「歴史的分野」の「身近な地域の歴史」の扱い

　中学校「歴史的分野」Ａ⑵の「身近な地域の歴史」について、前学習指導要領で「地域の具体的な事柄とのかかわりのなかで我が国の歴史を理解させる」と示された部分が、平成29年告示学習指導要領では「地域に残る文化財や諸資料を活用」して、「身近な地域の歴史の特徴を多面的・多角的に考察、表現すること」と示された。「我が国の歴史の大きな流れの理解」が目標である点は同様であるが、その過程で地域の歴史と、日本や日本の他地域の歴史とを比較しつつ往還的に考察することで、地域における多様性、普遍性や相違点などを踏まえた「我が国の歴史の理解」となることが期待されていると考えられる。

　また、「内容の取扱い」において、地域の特性に応じた時代を取り上げて、各時代の学習と関わらせるなどの工夫をおこなうことが示されている[9]。

　つまり「身近な地域の歴史」の学習については、分野の導入時に単独

単元として構成することに限るのではなく、地域の状況によって適切な時期の学習で、例えば、生徒の生活圏に古墳が見られれば「大和朝廷（政権）の成立」の単元で、近世の開発地があるのならば江戸初期の「産業の発達」などの単元で扱うなどの工夫をおこない、教科書に示されている事例の代替としたり、比較対象としたりするなど、地域の特徴を踏まえた題材の活用が想定されている。つまり、地域の歴史の「通史的な変遷」ではなく、地域によって様々な特徴をもった多様な歴史の展開や推移が存在し、その集合体としての日本の歴史の「大きな流れ」が形成されていることを確認しつつ、学習が進められることが期待されていると考えられる。

・高等学校「歴史領域科目」における地域社会と世界の歴史の往還
　①「歴史総合」　A（1）私たちと歴史
　高等学校の必履修科目「歴史総合」は、世界とそのなかの日本を広く相互的な視野から捉え、現代的な諸課題の形成に関わる近現代の歴史を考察、構想する科目として成立した。そこでは常に歴史の変化を「私たち」、すなわち学習者との関係で考察することが求められており、「近代化」や「グローバル化」などの「近現代の歴史の大きな変化」が現在に生活している「私たち」とどのような関係にあるかについて、歴史的経緯のなかから考察を進める。また、この科目においての導入は「私たちの生活や身近な地域等に見られる諸事象」を基に、「近現代の歴史の大きな変化」との関係を考察することから始まる構造となっている。
　②「日本史探究」　D　近現代の地域・日本と世界の画期と構造
　「日本史探究」では、近現代を扱う大項目Dのみ、その標題に「地域・日本と世界」と「地域」が含まれる。この大項目では、「地域社会の変化」を主たる視点の一つとして学習構成をおこなうことが示されている。これは、必履修科目となった「歴史総合」の学習における「近現代の歴史の大きな変化」についての学習を前提としている。それを踏まえて、「日

本史探究」の近現代の学習では、例えば「近代化」や「グローバル化」が地域社会にどのような影響や変化をもたらしたのか、そして、それによって生じた課題に地域社会はどう対処したのかを、具体的に追究、探究することが示されている。それらの学習を踏まえて、この科目のまとめとなる「現代の日本の課題の探究」に続く構造となっている。

③「世界史探究」　E　地球世界の課題

この科目は「よりよい社会の実現を視野に、歴史的経緯を踏まえて、地球世界の課題を探究する科目」であることが示されている(10)。そのまとめとなる大項目Eでは地球世界の課題を扱い、中項目として「国際機構の形成と平和への模索」、「経済のグローバル化と格差の是正」、「科学技術の高度化と知識基盤社会」が設けられている。それらの学習を踏まえて、この科目のまとめとなる「地球世界の課題の探究」に続く構造となっている。

おわりに

「グローバル化への対応」や「グローバル人材の育成」については、社会構造の変化に伴う社会的な要請から教育課程にも影響を与えてきた。一方で、社会科においては、他者理解や多様性の尊重、合意形成への手立てなど、「グローバル化」や「地域」社会の担い手、「持続可能な社会の創り手」について、育成が求めれる資質・能力が近接していることや、従来、教科が担って資質・能力の育成との密接な関係などからその整理が進められた。例えば、空間的な広がりに関わる内容に留まらず、空間的な往還を伴う学習のなかからも、それらの資質・能力を育むことが求められており、これらの趣旨を汲み取った学習過程の一層の工夫や改善が期待されている。

なお、このような工夫や改善については、必ずしも特別な学習計画が求められているものではない。すでに、SDGsの広まりと共に、学校教育目標や、高等学校のスクール・ポリシーに基づいた「総合的な学習の

時間」、「総合的な探究の時間」などにおける教科・科目横断的な資質・能力育成の試みも見られるようになった。また、社会科、地理歴史科、公民科においても、今般示された「社会的な見方・考え方」は、これまで示してきた「グローバル化」等が進展するなかで求められる資質・能力の育成も含意され整理されている。社会科等の各教科・分野・科目それぞれの「見方・考え方」を働かせて、学習課題や現実の諸課題を追究したり解決したりする活動を通した学習を工夫することで、これらが担保される構造に整理されている点も確認したい。

【注・参考文献】
（1）吉田文「グローバル人材の育成と日本の大学教育」　　『教育学研究』81－2，2014年6月，pp..165－166）
（2）国立教育政策研究所，教育課程の編成に関する基礎的研究　報告書5「社会の変化に対応する資質や能力を育成する教育課程編成の基本原理」，国立教育政策研究所，2013年。
（3）産学連携によるグローバル人材育成推進会議「産学官によるグローバル人材の育成のための戦略」2011年4月28日，文部科学省。同会議は，高等教育の国際化を効果的・効率的に進め，産学官（民間・大学・省庁間連携も含む）を通じて社会全体でグローバル人材の育成に取り組むという方針のもと，その対応方針を戦略ビジョンとしてまとめることを目的として2010年12月から翌年3月にかけて開催された。
（4）同上　p.3.
（5）内閣府「グローバル人材育成戦略」（2．グローバル人材の育成及び活用について　（1）「グローバル人材」とは）2012年6月14日
（6）国立教育政策研究所「学校における持続可能な発展のための教育（ESD）に関する研究〔最終報告書〕」2016年3月。
（7）文部科学省，『育成すべき資質・能力をふまえた教育目標・内容と評価の在り方に関する検討会―論点整理―』，2014年12月。
（8）『高等学校学習指導要領（2018年告示）解説　公民編』。
（9）『中学校学習指導要領（2017年告示）』（2-2 社会　第2　各分野の目標及び内容〔歴史的分野〕　3 内容の取扱い（2）イ）
（10）『高等学校学習指導要領（2018年度告示）解説　地理歴史編』（2-5-1-（1）「科目の性格」）

4 こどもの意見表明と多様な社会参画

真島　聖子（愛知教育大学）

1. はじめに

　全てのこどもについて、その年齢及び発達の程度に応じて、自己に直接関係する全ての事項に関して意見を表明する機会及び多様な社会的活動に参画する機会が確保されること。

　これは、「こども基本法」第3条3項の条文で、こども施策の基本理念の一つである[(1)]。「こども基本法」は、2022年6月15日に成立、2023年4月1日から施行し、すべてのこどもや若者が将来にわたって幸せな生活ができる社会を実現することを目指している。この法律では、国の責務を明らかにしているが、こどもたちの教育に携わる私たちは、「こども基本法」の目的を達成するために、どのようなことができるのだろうか。とりわけ、基本理念の一つである「こどもの意見表明と多様な社会参画」については、社会科教育研究・実践においても重要事項であり、これまでも様々な研究・実践が積み重ねられてきた[(2)]。「こどもの意見表明と多様な社会参画」は、社会科教育研究・実践にとどまらず、「社会全体としてこども施策に取り組むことができるよう」とあるように、教科の枠を超えた学校生活、社会生活においても、重視する必要がある。

　また、「こども基本法」では、心身の状況、置かれている環境等にかかわらず、次代の社会を担う全てのこどもが対象となっていることから、対象とする「こども」には、日本人のこどもだけでなく、外国につながりのあるこどもも含まれているといえよう。さらに、「こども基本法」では、18歳や20歳といった年齢で必要なサポートがとぎれないよう「こども」の定義を「心身の発達の過程にある者」としている。

　そこで、本稿では、外国につながりのあるこどもたちと共に学ぶ小学校社会科の授業実践と、小中高大学生が参加した「こどもまんなかシンポジウム」の事例検討を通して、「こどもの意見表明と多様な社会参画」の機会を確保するために、どのようなことが大切なのか考えていきたい。

2．外国につながりのあるこどもたちと共に学ぶ社会科授業
（1）愛知県知立市立知立東小学校の研究の概要

　知立東小学校（校長：都筑太）は、2023年5月1日現在、全校児童311人のうち、207人が外国人児童で、12か国の児童が共に生活をしている。多様な言語を使う児童が、コミュニケーションを図りながら共生するために、日本語を共通言語に設定し、日本語指導に取り組んでいる。

　知立東小学校では、国語科の指導形態別学習指導を土台にしながらも、児童一人ひとりが①自分に自信をもち、②多様な他者と協力して③自分の道を切り拓くキャリア教育を研究の軸にして取り組んでいる。下線①「自分に自信をもつ」ために、「わかった」「できた」といった達成感を積み重ねることに力点を置いた日本語指導や教科指導をおこなったり、児童一人ひとりの特性や学習進度、学習到達度に応じた指導方法を工夫したり、教材の選択や学習時間を柔軟に設定するなどの支援をおこなっている。下線②「多様な他者と協力」するために、児童が切実感をもって、自分事として学ぶことができる魅力ある教材開発と単元構想の作成に力を入れ、互いを認め合う場、互いに助け合う場、協働的に学ぶ場の三つの場を設定している。下線③「自分の道を切り拓く」ために、児童がなりたい自分を意識して取り組むための場や多様な考えから取捨選択し、自分なりの考えを持つ場、自分の夢や目標が見出せるような場を設定している。また、学びを振り返り、自分の目標を立てる時間や家庭学習による予習を推奨したり、個人学習の時間を確保したりしている。

（2）「こどもの意見表明」を保障する社会科授業

　知立東小学校では、2023年11月9日、上記のキャリア教育研究を推進するために、「主題全体授業研究会」が開催された。研究会では、研究主任の登倉光紀教諭により、第5学年社会科「ぼく・わたしが考える夢の災害救助車〜自動車をつくる工業〜」の授業実践が提案された。本稿では、授業者である登倉教諭の学習指導案から、「こどもの意見表明」を保障する社会科授業の在り方について分析する。

1）児童の実態

　登倉教諭が担任をする学級では、在籍児童の9割が外国籍の児童であり、早期適応教室から母学級で学習するようになった児童も数名在籍することから、児童の日本語能力には大きな差が生じている。学級の児童は、社会科に関心があり、自分が疑問に思ったことを課題にして解決しようとする姿が見られる一方で、調べ学習において困難を極める児童もいる。近年、タブレットが一人一台普及したことにより、タブレットの翻訳機能を使用したり、同じグループの児童が通訳をしたりして、支え合いながら調べ学習を進める姿が見られるようになった。少しでも答えを導こうとする気持ちやみんなで課題を解決しようとする集団の高まりが徐々に見られるようになった。学級の児童の8割は、授業のなかでわかった、できたという経験を多く積み重ねており、自分の考えを持つことができている。しかし、進んで自分の考えを伝えることや授業の内容を振り返って、自分の生活や次の勉強に活かそうとする児童は、3分の2にとどまっており、自分の考えを伝えることに自信をもてない児童の多くは、外国籍の児童であった。

　抽出児童のB児は、ペルーにつながりをもつ外国籍児童で、どの学習に対してもまじめに取り組み、社会科の学習では、地名や名称の意味を理解しようと一生懸命に取り組む努力家である。しかし、グループでの意見交流の場面では、思っていることや考えていることがあっても、な

かなか表現できずにいた。アンケートでも、「自分から進んで考えを伝えることができていますか」という項目には、「思わない」と答えている。

2）「こどもの意見表明」を保障する教師の支援

　登倉教諭は、上記の児童の実態を踏まえ、単元「ぼく・わたしが考える夢の災害救助車〜自動車をつくる工業〜」を構想した。この単元構想（表1）で、「こどもの意見表明」を保障する観点から注目すべき点は、次の3点である。第1は、12時間完了の単元において、20に及ぶ教師支援を設定している点である。第2は、児童が考えるテーマに合わせて自動車開発の企画立案をおこなう模擬体験を単元後半に設定することで、自動車製造をおこなう人々が、消費者の願いや社会のニーズに合わせて、工夫や努力を積み重ねていることに気づかせ、児童同士が意見交流しながら企画立案する活動を通して、進んで自分の考えを表現しようとする姿につなげようとしている点である。第3は、他者の考えを踏まえながら、様々な視点で試行錯誤する過程を通して、社会的な見方・考え方を働かせ、主体的に課題を追究し解決しようとする姿につなげようとしている点である。以下は、登倉教諭が作成した単元目標と単元構想（抜粋）である。

単元目標
・自動車製造に関わる人々は、消費者の願いや社会のニーズに対応し、優れた製品を生産するよう様々な工夫と努力をして、自動車生産を支えていることを理解する。　　　　　　　　　　　　　（知識・技能）
・自動車製造の工程、工場相互の協力関係、優れた技術などに着目して、自動車製造に関わる人々の工夫や努力について考えたり、自分の考えを表現したりしようとする。　　　　　　　　　　（思考・判断・表現）
・自動車生産について、予想や目標を立て、学習を振り返ったり、見直したりして、学習課題を追究し、解決しようとする。
　　　　　　　　　　　　　　　　　　　　（主体的に学習に取り組む態度）

表1　単元構想（抜粋）12時間完了

1	見たい知りたい自家用車のひみつと歴史 「ハイブリッド車とガソリン車を見比べてみよう」 【支援1】児童がハイブリッド車とガソリン車の違いが理解できるように実際に見比べる活動をおこなう。
2	知りたい自動車ができるまで 「どのように車がつくられているのか知ろう」 【支援2】児童が自ら知りたい、調べたいと感じられるように、児童の疑問を取り上げ、共通の課題として提示するとともに、主体的な学びにつなげる。 【支援3】日本語の理解が難しい児童も自動車が作られる過程を理解できるように、デジタル教科書の動画を中心に使用する。 【支援4】児童が自動車製造の工夫に気づくことができるように、アンドンや指示ビラなどの工夫を取り上げ、使用例を補足説明する。
3	知りたい自動車が届くまで 「どのように車が消費者に届くのか知ろう」 【支援5】児童が自動車製造における努力に気づき、努力という視点からも自動車製造について考えることができるよう、「販売される自動車にかかる費用例」に着目させたり、「自動車会社で開発する人の話」の動画を通して分かったことを確認したりする。
4	トヨタ車体見学の準備をしよう 「トヨタ車体の見学で、トヨタ車体で働く人に質問したいことを考えよう」 【支援6】これからの日本に必要な車を児童が考えるきっかけとなるように、教科書の登場人物が考えた自動車を紹介する。 【支援7】教科書で紹介した内容をより理解できるとともに、児童の疑問を解決するための一助として、トヨタ車体を見学することを伝える。
5-7	トヨタ車体を見学しよう
8	見学で学んだことを振り返ろう

		【支援8】児童の学習における理解をより深めるために、総合的な学習の時間で学んでいる地震災害に触れ、教科横断的な学びを実現する。 【支援9】日本語が苦手な児童が教科書で学んだ内容をより理解することができるよう、教科書と見学を結び付けながら想起させる。 【支援10】児童が自動車製造における工夫や努力に気づくことができるよう、見学で見たり聞いたりしたことを共有する。
9		ぼく・わたしが考える夢の災害救助車（1） 「普段でも使えて日本全国で活躍できる夢の災害救助車を考えよう」 【支援11】児童が自分事として思考することができるよう、「もし自分がトヨタ自動車の企画を担当する人だったら」という問いかけをおこなう。 【支援12】児童が他者と関わりながら学びを深めていくことができるよう、グループ活動を取り入れる。 【支援13】自分が知りたいことを自分のペースで学ぶことができるよう、個々で調べるテーマを選択し、調べるように指示する。個に応じた教師支援で調べ学習を支える。 【支援14】児童の調べたいという思いを大切にできるよう、授業時間以外にも調べたいと申し出た児童には、放課や家庭でもタブレットを使って調べてもよいことを指示する。 【支援15】第10時でなりたい自分（目標）を意識しながら達成を目指すことができるよう、授業の終末で第10時の目標を考える時間を確保する。
10		ぼく・わたしが考える夢の災害救助車（2） 「ワールドカフェ形式で調べたことを伝えあい、夢の災害救助車をみんなで考えよう（1）」 【支援16】児童が他者に自分の考えを伝え、様々な考えに触れることができるよう、意見交流の方法として、ワールドカフェ形式を取り入れる。 【支援17】児童がなりたい自分（目標）を意識しながら活動ができるよう、自身の立てた目標を確認する時間を確保する。

	【支援18】日本語が苦手な児童も、他のグループの発言をワールドカフェ後に自分のグループの児童に伝えることができるよう、タブレットの録音機能を使ってもよいことを指示する。
11	ぼく・わたしが考える夢の災害救助車（3）本時 「ワールドカフェ形式で調べたことを伝えあい、夢の災害救助車をみんなで考えよう（2）」 【支援16～18】継続 【支援19】自分なりの災害救助車の機能を理由もつけて選択できた児童を取り上げ、称賛する。
12	ぼく・わたしが考える夢の災害救助車（4） 「夢の災害救助車の企画書を作ろう」 【支援20】児童が多様な考えに触れることができるよう、第11時で考えた災害救助車にデザインを付け加えた企画書を共有する。

3）「こどもの意見表明」を保障する場の設定

　登倉教諭は、上記の単元構想第9時～12時「ぼく・わたしが考える夢の災害救助車（1）～（4）」において、「こどもの意見表明」を保障する場の設定をおこなっている。ここで注目すべき点は、以下の3点である。

　第1に、児童が総合的な学習の時間で切実感をもって学んでいる地震災害における減災を関連させて取り上げている点である。第2に、担当地域として、愛知県（地元）、東京都（首都）に加え、社会科で学んだ沖縄県（暖かい土地）、北海道（寒い土地）、群馬県（高い土地）、岐阜県（低い土地）を設定している点である。第3に、児童が他者と関わり自分の考えをさらに深め、自己選択の幅を広げることができるよう、ワールドカフェ形式で意見交流をおこなっている点である。第1と第2は、学習内容に関する支援であり、「こどもの意見表明」を保障するにあたり、児童が総合的な学習の時間や社会科で学んだ内容を活かして、学習の見通しをもちながら、自信をもって取り組めるようにしている。第3は、学習方法に関する支援であり、意見交流をしたくなる要素として、生産者グループが消費者グループに夢の災害救助車を売り込む

場を設定している。

　さらに、登倉教諭は、普段使ううえで、消費者が求める車は、どのような機能を持った車か（消費者の願い）、地震が起きた場合、日本においてどのような救助を待つ人が出ると考えるか（社会のニーズ）の二つを意識した問いかけをおこない、これを両立させることができる夢の災害救助車を考えるように促している。その際、現在の技術で開発可能な車の機能であることを共通の条件とし、空飛ぶ車やロボットに変形して重いものを動かす車などが紹介されたジャパンモビリティーショー2023の動画を児童に見せることで、実際に作られている技術のなかで考えることを想起させ、児童の調べ学習や選択判断を支援している。

　一方、課題は、第10時、11時で展開したワールドカフェ形式でおこなう意見交流の進め方である。ワールドカフェ形式は、活発な交流を促すことができる反面、手順が複雑で、移動が多いため、児童が納得いくまで話し合い、聴き合える時間的余裕を確保する必要がある。

　以下は、登倉教諭が作成した本時の目標、目指すこども像に迫るための本時の手立て、本時の展開（抜粋）である。

本時の目標
・自動車に求める消費者の願いや社会のニーズに対応する自動車を工夫して作ろうとする生産者の考えを予想しながら、日本各地で普段や災害時に役立つ車の機能について考え、自分の考えを表現しようとする。
　　　　　　　　　　　　　　　　　　　　　　（思考・判断・表現）
目指すこども像に迫るための本時の手立て
・自分の考えを伝えたり、自己選択を基に行動したりしながら、他者と関わることができる方法として、グループ活動やワールドカフェ形式での意見交流を授業に取り入れる。
・活動を振り返り、自分の考える夢の災害救助車の機能を自己決定する場を設定する。

表 2　本時の展開（抜粋）

時間	活動の流れ	教師支援
5分	1. 前時に考えた自分の立場を踏まえた本時の目標を確認する。	・児童が話し合いの観点を明確にして意見交流や自己決定ができるように、夢の災害救助車の観点を黒板に貼り、確認する。
8分	2. 生産者グループが消費者グループにワールドカフェ形式でプレゼンをする。＊移動 2 回	・意見交流のなかで、友だちの発言を聞き取ることが難しい場合は、タブレットを使ってメモや録音をしてもよいことを伝える。
10分	3. 意見交流を受け、生産者グループで情報共有したり、機能の変更について話し合ったりする。また、消費者グループは、自分の地域に合った車トップ 3 を考える。	・日本語が苦手な児童がいるグループも情報をもとに判断することができるよう、メモや録音の内容を聞くように声をかける。 ・説得力のある考えとなるよう、資料を添付するように伝える。
7分	4. 消費者グループが選んだトップ 3 と理由を発表する。	・児童が消費者グループの考えを視覚的にも確認することができるよう、テレビ画面に映して共有する。
10分	5. 消費者グループの発表や意見交流を踏まえ、自分なりの夢の災害救助車の機能を選択する。	・日本語が苦手な児童も振り返りができるよう、選択肢やわかりやすい言葉で表現した振り返りシートを児童のロイロノートに送る。
5分	6. 本時の振り返りを発表する。	

　実際の授業では、率先して、ポルトガル語で通訳をする児童やタブレットのポルトガル語の翻訳機能を活用して、自分の考えを伝える児童の姿が見られた。抽出児 B は、授業の振り返りにおいて、自分の目標を達成したところと自分の考えを伝えることができたところ、友だちの発

表の良いところを見つけることができたところにチェックを入れていた。

3. こどもまんなかシンポジウム

（1）こどもの意見表明と多様な社会参画の場づくり

次に検討する事例は、こどもの意見表明と多様な社会参画の場づくりとして、令和5年12月23日、愛知教育大学で開催した「こどもまんなかシンポジウム」である。趣旨説明では、こども基本法に基づき、こどもが社会や保護者の支えを受けながら、意見表明と自己決定、権利の主体として意見形成・意見表明・社会参画をめざしていることを紹介した。本シンポジウムでは、①国立大学が未来の教育を共に創るために、こどもの声を聴き、こどもの思いをどのように生かす必要があるのか、参加者と共に考え、思いを共有すること。②他人の思いを聴くことで、自分自身を見つめ直し、自己の成長につなげる場を創ることを目標とした。

趣旨説明を受けて、第Ⅰ部では、自分の特性（得意なこと・苦手なこと）からスタートし、いい学校・いい先生とは？どんなことにチャレンジしたい？よりよい未来の教育を共に創るためにどうしたらいいか？などについてグループで聴き合う交流をおこない、小中高大学生、教職員や保護者、地域の人々と語り合った。第Ⅱ部では、5名のシンポジストが、こどもの声を聴き、こどもの思いや考えを活かした新たな学びや未来の教育、教職の魅力を共に創るためにどうするべきか、意見交換をおこなった。

（2）「こどもまんなかシンポジウム」の満足度

「こどもまんなかシンポジウム」終了後、本シンポジウムに対する満足度を調査するためにアンケートを実施した。シンポジウム参加者170名の内、130名からアンケートの回答を得た（回答率76.5%）。回答者の属性は、小学生10名、中学生51名、高校生30名、大学生15名、保護者15名、その他9名である。表3は、第Ⅰ部のグループディスカッションと第Ⅱ部のシンポジウムに対する満足度の結果をまとめたものである。

表3　グループディスカッションとシンポジウムに対する満足度

	グループディスカッション	シンポジウム
とても満足	108人（83.1％）	74人（56.9％）
まあまあ満足	22人（16.9％）	48人（36.9％）
やや不満	0人　（0％）	5人　（3.8％）
とても不満	0人　（0％）	1人　（0.8％）
回答なし	0人　（0％）	2人　（1.5％）

　表3より、第Ⅰ部のグループディスカッションと第Ⅱ部のシンポジウムの満足度は共に高いことがわかる。特に、第Ⅰ部のグループディスカッションでは、「とても満足」と回答した割合が、83.1％、まあまあ満足と回答した16.9％と合わせると回答者の100％が満足した結果となった。なぜ、これほどまでに満足度が高いのか、小学生、中学生、高校生の理由の記述を分析したところ、以下の10のキーワードを抽出した。①安心な場、②多様性、③新たな学び、④楽しさ、⑤自己を見つめる、⑥真剣に向き合う、⑦共感、⑧提案、⑨自分事、⑩行動

【小学生】（一部抜粋）

・①話しやすいようにくふうしてくれて自由に話せたから。

・②自分とは年も考えもちがう人たちと同じテーマで話すことで、③すごく勉強になったと思ったから。

・②いろいろな意見がでて、しょうらいの学校が④たのしみ。

【中学生】（一部抜粋）

・自分の意見や他の人の意見に⑥しんけんに向き合うことができた。

・⑤自分の考えと思いと向き合うことが出来た。その考えを発表する中で、⑦共感する部分や③新しい学びや気づきを沢山えられた。

・今の教育をどのように変えていくか⑧具体的に案を出すことができた。

・②さまざまな学年の人たちと話し合いができて④とても楽しかった。自分は生徒会長なので、⑨自分事だと考えてこれから⑩行動していきたい。

【高校生】（一部抜粋）

・②いろいろな意見を①誰も否定することなく聞けたのが素晴らしい。

・⑤自分の考えを見つめ直し②いろいろな年齢の人の話がきけてよかった。

・グループ内のすべての人が⑥すごく真剣に取り組んでいて、私自身③すごく学びになることが多くあったし、④楽しかったから。

・自分になかった③価値観や視点を知ることができた。

4.　おわりに

　本稿では、外国につながりのあるこどもたちと共に学ぶ社会科授業と「こどもまんなかシンポジウム」の事例を通して、「こどもの意見表明と多様な社会参画」の機会を確保するために、どのようなことが大切なのかを検討した。両者に共通するのは、①多様性の尊重、②安心できる場創り、③真剣に向き合う関係性である。登倉教諭が実践した社会科授業では、こどもたちが率先して通訳をしたり、タブレットの翻訳機能や録音機能を活用したりしながら、意見表明をおこない、友だちのよさを見つけ合っていた。そこには、外国につながりのあるこどもたちの多様性を尊重し、安心できる場創りを通して、こどもたちが真剣に向き合い学び合う姿があり、それを支えていたのは、多様で豊かな教師支援である。

　「こどもまんなかシンポジウム」では、参加者の多様性を尊重しながら、安心して意見表明ができる場を創ることで、楽しさや共感が生まれ、自己を見つめ、真剣に向き合う関係性から、新たな学びを獲得し、自分事として考えを深め、具体的な提案や行動に向けた多様な社会参画の意識を高めることにつながったといえる。

【注・参考文献】

(1)　こども基本法は，こども家庭庁のホームページに動画やパンフレットがある。https://www.cfa.go.jp/policies/kodomo-kihon/（最終アクセス2024.1.10）

(2)　代表的な研究として，唐木清志『子どもの社会参加と社会科教育―日本型サービス・ラーニングの構想―』，東洋館出版社刊，2008年がある。

5　情報社会に求められる社会科学習

永田　忠道（広島大学大学院）

1. 情報社会の先の社会と社会科とは

　私たちが生活する社会は実は今も昔も情報社会であり続けている。人と人との何らかの情報のやり取りなくして、狩猟社会も農耕社会も工業社会も成り立つことはなかったためである。

　しかしながら、例えば、内閣府の第5期科学技術基本計画において、今後の日本がめざすべき未来社会の姿として提唱された「Society 5.0」によれば、狩猟社会（Society 1.0）、農耕社会（Society 2.0）、工業社会（Society 3.0）に続いて、情報社会（Society 4.0）が位置付けられているように、確かに現在の社会での情報の影響力の大きさは、狩猟・農耕・工業との比較では計り知れないことに間違いはない。

　既に時代は情報社会（Society 4.0）から「サイバー空間（仮想空間）とフィジカル空間（現実空間）を高度に融合させたシステムにより、経済発展と社会的課題の解決を両立する、人間中心の社会（Society）」（Society 5.0）への移行へ歩みを進めつつある。

　現在の学校そして社会科においても、情報社会とその先の社会に向けた新たな学びが進行中である。特に情報社会を直接に取り扱う小学校社会科第5学年の内容「我が国の産業と情報との関わり」は、2017年告示の学習指導要領のもとでは、これまで以上に踏み込んだ扱いが期待されることとなった。

　ここでは、情報社会の先の社会と社会科を見通すために、まずは小学校社会科における情報学習のあり方の推移の概観から始める。

2．小学校社会科における情報学習の推移

　小学校社会科に情報に関する内容が組み込まれたのは、1989年告示の学習指導要領以降である。1989年告示の学習指導要領では第5学年の内容「我が国の運輸、通信などの産業の現状」として、通信などの産業については「我が国の放送、新聞、電信電話などの産業について、見学したり資料で調べたりして、これらの産業は国民の日常生活と深いかかわりがあることや国民の生活に大きな影響を及ぼしていることを理解するとともに、これらの産業に従事している人々が工夫や努力をしていることやこれからの生活において情報の有効な活用が大切であることに気付くこと」が示された。

　次の1998年告示の学習指導要領では、内容「我が国の通信などの産業」として、「放送、新聞、電信電話などの産業と国民生活とのかかわり」と「これらの産業に従事している人々の工夫や努力」について、「見学したり資料を活用したりして調べ、これらの産業は国民の生活に大きな影響を及ぼしていることや情報の有効な活用が大切であることを考えるようにする」とされた。

　前回の2008年告示の学習指導要領では、内容「我が国の情報産業や情報化した社会の様子」として、「放送、新聞などの産業と国民生活とのかかわり」と「情報化した社会の様子と国民生活とのかかわり」について、「調査したり資料を活用したりして調べ、情報化の進展は国民の生活に大きな影響を及ぼしていることや情報の有効な活用が大切であることを考えるようにする」となった。

　今次の2017年告示の学習指導要領では、内容「我が国の産業と情報との関わり」として、「放送、新聞などの産業」については「情報を集め発信するまでの工夫や努力などに着目して、放送、新聞などの産業の様子を捉え、それらの産業が国民生活に果たす役割を考え、表現すること」を通して、「国民生活に大きな影響を及ぼしていることを理解すること」とされている。「大量の情報や情報通信技術の活用」については、

「情報の種類、情報の活用の仕方などに着目して、産業における情報活用の現状を捉え、情報を生かして発展する産業が国民生活に果たす役割を考え、表現すること」を通して、「様々な産業を発展させ、国民生活を向上させていることを理解すること」と示された。

　以上のような小学校社会科における情報学習の内容の推移を、学習指導要領上の記述を改めて各時期の特徴的な点に絞って抜粋する形で整理すると表1のようになる。

表1　小学校社会科における情報学習の内容（学習指導要領より抜粋）

1989年 告示	我が国の運輸、通信などの産業の現状
	放送、新聞、電信電話などの産業（中略）は国民の日常生活と深いかかわりがあることや国民の生活に大きな影響を及ぼしていることを理解する（中略）、これらの産業に従事している人々が工夫や努力をしていることやこれからの生活において情報の有効な活用が大切であることに気付く（後略）
1998年 告示	我が国の通信などの産業
	我が国の通信などの産業について（中略）、これらの産業は国民の生活に大きな影響を及ぼしていることや情報の有効な活用が大切であることを考える（後略）
2008年 告示	我が国の情報産業や情報化した社会の様子
	我が国の情報産業や情報化した社会の様子について（中略）、情報化の進展は国民の生活に大きな影響を及ぼしていることや情報の有効な活用が大切であることを考える（後略）
2017年 告示	我が国の産業と情報との関わり
	我が国の産業と情報との関わりについて、（中略）大量の情報や情報通信技術の活用は、様々な産業を発展させ、国民生活を向上させていることを理解すること。（中略）産業における情報活用の現状を捉え、情報を生かして発展する産業が国民生活に果たす役割を考え、表現すること。

　現在においては小学校社会科の第5学年の内容として定着した情報に関する学習は、1989年告示の学習指導要領下では、農業や工業と並ぶ産

業としての放送、新聞、電信電話などから、国民生活への影響と通信に関わる産業に従事している人々の工夫や努力、これからの生活における情報の有効活用の重要性を学ぶことを主眼としていた。

　この時期は家庭の中でのテレビや新聞、固定電話の普及が進み、その生活への影響や通信を通した情報活用のあり方に関する学習が社会科の中で期待された。1990年代の後半以降に携帯電話・パソコン・インターネット、2010年代にはスマートフォンの普及がそれぞれ急速に進むが、そのような現実社会の変化を追いかける形で、社会科の中での情報学習は推移してきている。

　具体的には、当初は「情報に関わる産業とそこに従事する人々のあり方」が社会科学習の中での主眼となっていたが、その重点は徐々に「産業や社会への情報の影響力」へと推移してきている。特に今次の学習指導要領においては、「大量の情報や情報通信技術の活用は、様々な産業を発展させ、国民生活を向上させていることを理解することと」と「情報を生かして発展する産業が国民生活に果たす役割を考え、表現すること」とされた点に大きな特徴がある。

　この点は前回の2008年告示の学習指導要領から、「放送、新聞などの産業」とは別に「情報化した社会の様子と国民生活とのかかわり」として「情報ネットワークを有効に活用して公共サービスの向上に努めている教育、福祉、医療、防災など」の事例を具体的に学習する方向性に連なるものである。

　今次の学習指導要領でも同じく「放送、新聞などの産業」とは別に「大量の情報や情報通信技術の活用」として「情報や情報技術を活用して発展している販売、運輸、観光、医療、福祉などに関わる産業」を取り上げることとされている。情報ネットワークにしても情報や情報技術にしてもそれを活用しているのは、もはや特定の公共サービスや産業にとどまらない。そのため、今後の社会科における情報学習は、これまでにもその実践の萌芽や研究の進展が進んでいるように、学習内容や方法の部

分的な側面だけでなく、情報学習こそが社会科のカリキュラムを貫く主軸となるあり方がさらに加速化していく可能性が高まっている。その新たな方向性の一つとしては、例えばデジタル・シティズンシップがある。

3. 小学校社会科とデジタル・シティズンシップ

　デジタル・シティズンシップについて、その概念の普及に果たした役割が大きいのは米国のInternational Society for Technology Education（ISTE：国際教育工学協会）である（坂本・今度、2018）。豊福（2023）は、デジタル・シティズンシップ教育の代表的な定義として、2007年に国際教育工学協会により改訂されたNational Education Technology Standardsで示された「技術利用における適切で責任ある行動規範」と、Council of Europe（欧州評議会）が2020年に公にしたDIGITAL CITIZEN-SHIP EDUCATION Trainers' Packにおける「デジタル技術の利用を通じて、社会に積極的に関与し、参加する能力」を指摘する。前者はデジタル・コンピタンスに、後者はデジタル社会参加に重点があるとして、デジタル・シティズンシップが民主主義とシティズンシップ教育に基づくことを明らかにしている。

　米国で始動したデジタル・シティズンシップに関わる教育の動向は欧州にも波及してきており、日本においても2019年より日本デジタル・シティズンシップ教育研究会の結成につながってきている。また、総務省は2022年11月より「ICT活用のためのリテラシー向上に関する検討会」を進め、2023年4月には家庭の保護者向けデジタル・シティズンシップ啓発教材である「家庭で学ぶデジタル・シティズンシップ〜実践ガイドブック〜」などを公表している。

　このような状況下において、広島大学附属三原小学校・附属東雲小学校・附属小学校の三校の社会科教員によるデジタル・シティズンシップの育成をめざす小学校社会科授業開発の研究（以下、附属三小研究）が2022年より広島大学の学部・附属学校共同研究プロジェクトとして始

まっている（伊藤ほか、2023）。国内外を問わず、小学校社会科におけるデジタル・シティズンシップに関わる実践的な研究はこれから本格化する可能性がある中で、附属三小研究は デジタル・シティズンシップの育成をめざす小学校社会科授業を開発・実践しその効果を検証することを目的に進められている。その際に現時点では、米国で開発されたデジタル・シティズンシップ教材であるCommon Sense Education（CSE）の考え方を援用することから試行を展開している。

　CSEはCommonsense財団とハーバード大学プロジェクト・ゼロとの共同研究により開発された 5 歳から18歳を対象とした教材であり、総務省による啓発教材「家庭で学ぶデジタル・シティズンシップ～実践ガイドブック～」でもCSEの中のテーマについての紹介と解説がなされている。

　附属三小研究ではCSEの目的である「デジタル社会を生き抜くために必要な知識とスキル、そのスキルを活用するための性向（構え）と行動力の育成」に着目した。ここでの「性向（構え：disposition）」とは、「思考や行動を導き、人々が知識やスキルを使うかどうか、どのように使うかを形作る継続的な傾向」を指し、CSE では市民が備え、生活の中で体現すべき基本的な性向（構え）を、表 2 のように「落ち着いて自己を振り返る」、「視点を探る」、「事実と証拠を探す」、「選択肢と影響を検討する」、「行動を起こす」と明示している（伊藤ほか、2023）。

表 2　CSEにおける性向（構え）

| 落ち着いて自己を振り返る Slow down and self-reflect |
| 視点を探る Explore perspectives with curiosity and empathy |
| 事実と証拠を探す Seek facts and evaluate evidence |
| 選択肢と影響を検討する Envision options and impacts |
| 行動を起こす Take action and responsibility |

（James&Mendoza（2019）、伊藤ほか（2023）より作成）

　CSEにおける 5 つの性向（構え）をもとに、附属三小研究で暫定的に設定したデジタル・シティズンシップの育成をめざす小学校社会科授業

構成の枠組みは表3のようである。5つのCSEにおける性向（構え）を参考に、附属三小研究での暫定的な授業構成の枠組みとして、「社会的事象とデジタルに関連する諸問題や社会的背景の認識」、「社会的事象とデジタルとの関わり方の吟味」、「社会的事象へのデジタルを活用した選択・判断と社会参画」を設定し、この枠組みのもとで具体的な社会科授業の開発を試行した。

表3　デジタル・シティズンシップの育成をめざす小学校社会科授業構成の暫定的な枠組み

枠	附属三小研究での暫定的授業構成	CSEにおける性向（構え）
I	社会的事象とデジタルに関連する諸問題や社会的背景の認識	・落ち着いて自己を振り返る ・視点を探る
II	社会的事象とデジタルとの関わり方の吟味	・視点を探る ・事実と証拠を探す
III	社会的事象へのデジタルを活用した選択・判断と社会参画	・選択肢と影響を検討する ・行動を起こす

（James&Mendoza（2019）、伊藤ほか（2023）より作成）

4．実践「どうする？わたしたちの三原だるま」
（1）実践構想の意図

　実践「どうする？わたしたちの三原だるま」は、附属三小研究の共同研究者の一員である広島大学附属三原小学校の渡邊大貴教諭により開発された単元である（渡邊、2023）。本実践は情報学習を直接的に取り扱う小学校社会科の第5学年ではなく、第3学年及び第4学年の地域学習の中で試行した点に大きな意図がある。実践者の渡邊教諭は、社会科の入門期である中学年の地域学習において、あえてデジタル・シティズンシップの育成をめざす社会科の授業はいかに構成することができるか、を目途に授業の開発に取り組んだ。

　特に本実践では、地域の伝統民芸の継承問題を克服する方途として

SNSに着目した授業を仕組んでいる。SNSへの着目理由は次の2点からであった（渡邊ほか、2023）。第1は10代のネット使用行動で最も高いと考えられるのがソーシャルメディアの視聴・投稿であるためである。ソーシャルメディアは10代にとって自分に必要な情報を得る主な媒体となっている実態があり、社会科の第5学年での情報学習に先んじて、中学年でも社会的事象とデジタルとの関連を取り扱う必要があると考えた。

　SNSへの着目理由の第2は、社会的に発言権の弱い立場にある子どもであっても、デジタル上であれば発言の場をもつことが可能であるためである。小学校社会科の中学年の学習にSNSを位置付けることで、伝統民芸の継承問題の一端を学習者としての子どもたちが引き受け担うことが可能となり、より自分ごととして選択・判断と社会参画にまで至ることができるのではないかと渡邊教諭は考えた。

（2）実践の背景

　本実践の中心的な社会的事物である「三原だるま」は、江戸時代に疫病よけとして誕生し、三原城下町の武士の副業として発展した。戦後に途絶えたものの地域の人々の尽力により1980年代に復活し、今日まで制作・販売が続けられている。制作は伝統的な張子の技術を用いて全工程が手作業で行われる。現在では、主に制作・販売を三原だるま保存育成会が、広報活動を三原だるま工房が担っている（渡邊、2023）。三原市には地域の「だるま市」で家族の人数分のだるまを購入し、背中に名前を書き入れて開運を願うという風習があり、元々の使い手は地域の人々であった。最近では、この風習が薄れてきた一方で、昔ながらの手仕事のよさやぬくもりが評価され、県外からも注文が入っている。ただ、だるまを制作しているのは実質一人で、関係者からは知名度の拡大による後継者の確保が願われている（渡邊ほか、2023）。

　このような背景のもと、近年の新たな動向として「三原だるま」に触

れた人々がSNS上で「＃三原だるま」をつけて情報を発信・拡散している点に渡邊教諭は着目した。スマートフォンの普及とともに生まれ育った学習者たちにとっても、身近ではありながらも見えづらいデジタルによって支えられる今日の地域社会の情報拡散や情報収集のあり方に気付かせるような手立てを、渡邊教諭は構想することを意図した。一般的には社会的に発言権の弱い立場にあるとされる子どもたちであっても、デジタル上では発言の場をもつことが可能となる時代が到来してきている。双方向性での発信性や知名度向上の手段としてのSNSの可能性とともに、その限界性についても捉えるところまでの想定を本実践は見通している。

（3）実践の学習指導計画、学習指導過程

　本実践の学習指導計画の概要は表4、学習指導計画の中の第三次「魅力のSNS発信」の中核となる第10時から第12時の学習指導過程は表5のようである。

表4　学習指導計画の概要

次	時	学習課題
第一次 だるまの まち三原	1	三原のまちの？（疑問）を見つけよう。
	2	三原だるまってどんなだるま？
	3	三原だるまをつくってみよう！
	4	なぜ三原市で、だるまがつくられるようになったのだろうか？
第二次 三原だる まの継承	5	なぜ＊＊さんは、三原だるまを復活させるだけでなく、創作だるまもつくるようになったのだろうか？
	6	なぜ＊＊さんは、一人で1200個ものだるまをつくり続けているのだろうか？
	7	なぜ＊＊さんや＊＊さんは製作にこだわるのだろうか？
	8	なぜ三原だるま保存育成会やだるま工房では制作だけでなく、制作体験にも取り組んでいるのだろうか？
	9	三原だるまを守れるのは、だれなのか？

第三次 魅力のS NS発信	10 11	【社会的事象とデジタルに関連する諸問題や社会的背景の認識】三原だるまを支えるために、わたしたちは何をすべきなのだろうか？
	12	【社会的事象とデジタルとの関わり方の吟味】SNSで情報を発信すれば、だるまの知名度が上がり、後継者が見つかるのか？
	13 14	【社会的事象へのデジタルを活用した選択・判断と社会参画】SNSで情報発信を行うか、行うとすればどのような内容が広く受け入れられるか？

（渡邊ほか（2023）、渡邊（2023）より作成）

表5　第三次「魅力のSNS発信」第10時から第12時の学習指導過程

時	教師の発問	児童の応答
10・11社会的事象とデジタルに関連する諸問題や社会的背景の認識	三原だるまを支えるためにわたしたち（支援者)は何をすべきなのだろうか？ ・みんなに知らせる方法にはどのようなものがあるでしょうか？ ・この資料ではどんな方法が使われていますか？ ・＊＊＊って何だろう？「＃三原だるま」のつぶやきはだれに・どのように伝わるでしょうか？ ・どのくらいの人が＊＊＊やSNSを利用しているのでしょうか？ ・なぜこんなに多くの人が＊＊＊やSNSを利用しているのだろうか？ ・なぜSNSで「＃三原だるま」をつけてつぶやくのか？	・大人になったらだるまづくりを手伝う。三原だるまの魅力や鳥生さんの願いをみんなに知らせる。 ・CM、新聞、テレビ、ポスター、インターネット。 ・＊＊＊を使っている。 ・SNSの一つで短い文章（写真も添えることが可能）をつぶやきとして投稿できる。 ・公開に制限をかけていなければ、＊＊＊を使っている世界中の人に伝わる。また、記事に共感した人がネット上で反応をすることで、情報が共有される。 〈＊＊＊〉日本の利用者数は約5,895万人（年間）。全世界の利用者数は約4億人（年間）。 〈SNS〉日本の利用者数は約8,270万人（年間）。全世界の利用者数は約46億2,600万人（年間）。 ・デジタル技術の向上によって2010年頃からスマートフォンが急速に普及したことで、SNSの利用者も増えていった。 ・SNSで手軽にだれでも情報を発信・共有・拡散できるようになった。それによって、人々は情報に共感してもらったり、感動を共有したりすることが重要視されるようになった。

| 12 社会的事象とデジタルとの関わり方の吟味 | SNSで情報を発信すれば、だるまの知名度が上がり、後継者が見つかるのか？

・SNSのよさは何でしょうか？
・SNSの問題点は何でしょうか？
・だるまの知名度が上がり、後継者が見つけるためにSNSで情報を発信するときに大切なことは何だろうか？ | ・SNSのよさは、時間や空間をこえて広く人々に情報を届けること（持続性・可視性・拡散性）や知りたい情報にたどり着くことが可能であること（検索可能性）である。
・SNSの問題点は、過激な発言が暴走したり、炎上が起こったりするなど、コントロールがきかなくなるやり取りとなってしまいやすいことである。
・受信者の理解を得なければ、他者の目にとどまらず、発信の意味がなくなってしまう。炎上のリスクに注意しながら、受信者に共感してもらうことが大切。 |

（渡邊ほか（2023）より作成）

（4）実践の特質と今後の社会科の可能性

　以上のような実践「どうする？わたしたちの三原だるま」の大きな特質は、表3での「デジタル・シティズンシップの育成をめざす小学校社会科授業構成の暫定的な枠組み」を単元の第三次の授業構成の中に落とし込んだ点である。理想的には表3の暫定的な枠組みを単元全体の構成に結びつけたいところではあるが、小学校社会科中学年の地域学習において、身近な地域の伝統的な生産や販売等のあり方を考える際には、表4の第一次と第二次のように、その生産や販売等の現状把握や諸問題、社会的背景をまずはしっかりと捉えていくことが大事である。そのため、本実践では単元の第一次と第二次ではあくまでも地域学習として一般的に捉えていくべきことを優先したが、そのような前段階を設けたからこそ、第三次の「第10・11時」、「第12時」、「第13・14時」にそれぞれ表3の三つの枠組みを落とし込んだ授業構成を仕組むことができている。

　このような手立ての成果として、渡邊教諭は小学校社会科中学年での地域学習であっても、デジタル・シティズンシップの視点を入れることにより、学習指導要領に示された資質・能力の育成をエンパワーできるとの手応えをつかんでいる（渡邊ほか、2023）。ここには、豊福（2023）

が指摘するように、これまでのデジタル・コンピタンスから、デジタル社会参加への重点移動によるデジタル・シティズンシップ教育の新たな展開の方向性も導き出されている。このような実践の蓄積がさらに加速すると社会科がデジタル・シティズンシップ教育の中核となっていく可能性が高まっていくことも期待できる。また、デジタル・シティズンシップの育成こそが今後の社会科の大きな鍵になっていく可能性もある。

【参考文献】
(1)　伊藤公一，渡邊大貴，田坂郁哉，森清成，野元祥太郎，眞鍋雄大，永田忠道，渡邉巧（2023）「デジタル・シティズンシップの育成をめざす小学校社会科授業開発－CSE教材における「性向アプローチ（dispositional approach）」に着目して－」広島大学学部・附属学校共同研究機構『学部・附属学校共同研究紀要』第50号，pp.66-75.
(2)　坂本旬・今度珠美（2018）「日本におけるデジタル・シティズンシップ教育の可能性」法政大学キャリアデザイン学会『生涯学習とキャリアデザイン』第16巻1号，pp.3-27.
(3)　豊福晋平（2023）「学校にデジタル・シティズンシップを導入するには」『福井県教育総合研究所紀要』第128号（福井県教育総合研究所サイトhttps://www.fukui-c.ed.jp/~fec/category/bulletin/より2023年8月22日閲覧）
(4)　中村哲（2007）「高度情報化社会に向き合う社会科学習指導方法―メディアリテラシーの育成を視点にして―」日本社会科教育学会『社会科教育研究』第101号，pp.9-18.
(5)　渡邊大貴，伊藤公一，田坂郁哉，野元祥太郎，眞鍋雄大，森清成，永田忠道，渡邉巧（2023）「デジタル・シティズンシップの育成をめざす小学校社会科授業開発（1）―第3学年単元「三原だるま物語」の場合―」（初等教育カリキュラム学会第7回大会自由研究発表資料）
(6)　渡邊大貴（2023）「【授業最前線】ＩＣＴ×小学社会授業における効果的な活用法4年【どうする？わたしたちの三原だるま】デジタル・シティズンシップの基礎を育成するＩＣＴ活用」『社会科教育』第767号，明治図書，pp58-61.
(7)　James, C., Weinstein, E., & Mendoza, K. (2019). Teaching digital citizens in today's world: Research and insights behind the Common Sense K-12 Digital Citizenship Curriculum. San Francisco, CA: Common Sense Media.

6 生徒の公共参画を促す鍵は「わかる」感の育成にあり
―数実浩佑氏の学力格差是正策を批判的に検討する―

渡部　竜也（東京学芸大学）

1.「『わからない』に向き合う耐性」は学力格差問題を救うか

　昨今の教育改革では「正解のない問い」が注目されている。例えば、昨今注目を浴びているウィギンズらの「逆向き設計」論では、「審美的とは何か」「先人から私たちは何を学ぶべきなのか」といった「本質的な問い」が単元もしくは年間計画を貫く問いとして設定されることが望ましいとされている。また、「子どものための哲学」「哲学対話」（Ｐ４Ｃ）でも、「本質的な問い」に近い性質の問いを議論することが求められている。また、同じく最近話題の主権者教育においても、「原発は今すぐ廃止すべきか」「地域再生のために○○町はどんな対策をすべきか」といった国や地域の政治的論争問題の議論が重視されている。これらの問いはおそらく多くの人にとって明確な正解のない＝多様な正解のある問いである。そして、こうした「正解のない問い」を重視する動きは、特に旧帝大系の教育学者の間において、ビースタの「中断のペダゴジー」、すなわち、教師は与える過程であることを止め、問いを発する過程へ、難問を発する過程へと転化することで、「教師は知識の伝達者」としての役割から離れ、その知識を無批判に受け入れることを「中断」させることによって、いまそこで学んでいることがいかなる意味をもっているのかを子どもたちに考えさせる契機を与える役割を担うように転換すべきだ、とする教育論を活用することで肯定的に説明されることが多い（ex.小玉 2013）。

　さらにこうした動きの発展系として、生徒の学力格差問題の打開策として、こうした「正解のない問い」の議論に注目する動きも登場している。

数実（2023）はその典型で、「中断のペタゴジーの要は、『わかる／できる』といった状態をいったん括弧に入れ、自分自身が気づいていない『わからない／できない』側面に目を向けさせようとするところ」にあり、従来型の学力論が「わかる／できる」に着目したメリトクラティックな（能力主義的な）学力観を相対化するための有益な視点を提供しているとして、中断のペタゴジーに大きな期待を寄せている（数実 2023,161）。数実は従来型のメリトクラティックな学力観を「できることを善とする学力観」であることから「ポジティブ・ケイパビリティ」と呼び、一方で中断のペタゴジーの方を「できること」よりも、異質な他者と向き合うことで「葛藤を引き受ける力」「不安を受け止める耐性」「『わからない』という感情に粘り強く向き合う姿勢」を重視することから「ネガティブ・ケイパビリティ」と呼んでいる（数実 2023,159）。そして、以下のような理由から、ポジティブ・ケイパビリティを獲得するためにもネガティブ・ケイパビリティは重要になると主張する。

　　新しい知識やスキルを獲得するためには、「未知」との出会いを通して、その「未知」を「既知」に変換していくプロセスが伴う。「わからない／できない」を「わかる／できる」に変えていくことが、学校教育の第一の使命といってよい。しかし基本的に、「わからない／できない」という「未知」との接触は、不可避的に「不快」な情動をともなう。「勉強なんてしたくないし、将来役に立つとは思えない」と言って、この不快を回避することは簡単ではあるが、この不快を受け止めなければ、新しい知識やスキル、考え方を習得していくことはできない。もちろん、要領がよく、理解力の高い子どもは、特段「不快」を感じる間もなく、新しい内容をどんどん吸収していくことができるかもしれない。しかし、本当に大切なことや、これまでの自分を根本的に転換させるような概念は、短期間で獲得できるようなものではない。そのため、たとえ理解力の高い子ども

73

（ポジティブ・ケイパビリティが高い子ども）でも、大きな壁にぶつかったとき、その問題を避けようとするかもしれない。このように、ポジティブ・ケイパビリティを身につけていくためには、ネガティブ・ケイパビリティという、「『わからない』に向き合う耐性」が不可欠である。（数実 2023, 163-164）

　なぜ中断のペタゴジーや、「正解のない問い」の議論を重視することが学力格差問題の打開策にとって有効となるのかについての数実の議論については、もう少し説明が必要となるうえ、そこには学ぶべき考え方も多くあるので次節で詳述する。ただ、まずここまでの筆者の解説ですでにお気づきの読者もおられようが、こうした数実の学力観や教育観は社会科の初志を貫く会（以下「初志の会」と略記）が重視する「粘り強く考える子ども」の育成と共通する部分がかなりある（この点を数実がどの程度自覚的であるのか筆者に判断は難しいが）。別の言い方をすれば、初志の会こそ日本において早期に「正解のない問い」に注目し（無論、初志の会は「本質的な問い」「政治的論争問題」よりも子どもの生活上の切実な問題を重視していた点に違いがあるが）、「わからない」に向き合う耐性（ネガティブ・ケイパビリティ）に着目し、これを重視した教育団体と見ることができる。初志の会の実践や教育論は結局現在において一部の小学校の間に広まるにとどまっている現状をふまえるなら、数実の提案の学校現場での実現はかなり難しいことが予想されるが、この実現困難性の主な原因は現場教師の怠慢ではなく、むしろ初志の会や数実の考え方の根本に問題があることによると筆者は考えている。筆者に言わせれば、初志の会にしても数実にしても、「わからない／できない」という感覚が、特に低学力層の議論や公共への参加にもたらすマイナス効果をあまりに軽視しており、逆に「わかる／できる」が彼らにもたらす心理的効用を軽視している。なお、筆者の主張は、近年の社会心理学などの成果からある程度論証できるのであり、これが本稿の目的である。

これまで政治的論争問題学習を重視してきた筆者としては、「わからない」に向き合うことの大切さを否定する気は全くないが、それは「わからない」に向き合う耐性という、存在するかも怪しい個人の汎用的態度的特性の改善で成し遂げられるとは考えていない。

　次節では、数実がどうして中断のペタゴリー、そして「正解のない問い」の議論に学力格差問題解決の糸口を求めたのかを知るために、もう少し数実の議論を詳しくみていきたい。そのうえで第3節以降では社会心理学や学習科学、そして社会科教育学の研究をふまえて数実の主張を再考し、特に低学力層の生徒に対しては、数実とは逆の主張、すなわち「ネガティブ・ケイパビリティを身につけるためにポジティブ・ケイパビリティを獲得させていくべき」であること、そしてそこに鍵となるのは「わかる／できる」の心情を生徒に生み出すことに寄与できる、ある種の理解の形態にあると主張したい。

2．数実の学力格差問題の認識と打開策

（1）従来型学力の支持

　そもそもの数実の関心は学力格差拡大のメカニズムの解明にあり、「勉強が苦手で学力が低い児童は『勉強なんて将来役に立たない』といった思いを抱く傾向にある」「『将来役に立たない勉強を頑張っても無駄だ』という考えを引き起こし、ますます学力が低くなってしまう」（勉強が得意で学力の高い児童はその逆のことが生じる）、そして「ある時点の学力（t-1）が次時点での学力（t）に与える影響は、学年段階が上がるにつれて増加していく」など学力格差拡大の負のスパイラルの実態を実証的に解き明かしている（数実 2023,41-75）。

　なお、ここで数実の言う学力とは、直接的には「狭義の学力」、すなわち、学校で教えている特に算数や国語の教科内容のうち、ペーパーテストで測定できる「基礎的な知識・技能」のことであって、「思考力・判断力・表現力」や「態度」を含むものではないとしている。数実がこ

うした学力に焦点を絞っている理由としては、客観的な計測が可能であるという研究上の都合もあるが、それ以外に、「『読み』とは、先行世代が蓄えてきた豊かな知性・教養・文化に触れ、既知の世界から未知の世界へと移行するための力。『書き』とは、自己を表現し、他者に発信していくことを通して、世界をより良いものに書き換えていくための力。「計算」とは、言語では表現し切れない緻密な論理を積み重ね、合理的な思考と推論をおこなうための力。このように定義することができるならば、果たしてそれを『役立たない』として捨て去ることができるだろうか」と実用性を理由として挙げており、さらに「思考力・判断力・表現力」「態度」が基礎的な知識・技能にとって代わることのできるものではない上に、むしろこれらを伸ばすうえで必要にすらなること、そして「新しい世界に出会うチャンスを広げる」ことも理由として挙げている。

　もっとも、数実は算数や国語の基礎的な知識・技能だけでなく、理科・社会科などの教科が従来教えてきた知識・技能全般も必要だと考えている。また数実は、「正解のない問い」を考えていくためには前提知識が必要となり、議論の水準を高めようとするならばその知識量や論理的思考力も比例して求められるのであり、従来型の学力はその知識や思考のベースとなると主張している。そしてこれらが欠如するならば、「『何でもあり』の意見が飛び交い（中略）実りのない相対主義的な結論に終わってしまうだろう」と警告している（数実 2023,159-161）。

　このように数実は従来型の学力を擁護する立場にあるが、これ自体は苅谷・志水（2004）など日本の今日の教育社会学者に広く見られる姿勢であり、「論者の立場の違いを主張するだけの水掛け論に陥りがちな学力論争（「学力とは何か」「どのような学力を身につけるべきか」といった議論）から距離を置く」（数実 2023,143）ものである。

（2）低学力層のスティグマとその打開策

　なお、こうした従来型の学力は「わかる／できる」ことを求めるメリ

トクラティックな性質のもので、そしてこれは生徒の社会的経済的背景に少なからず影響を受けるものであり、そして数実が解明したようなメカニズムで格差は年齢が上がるにつれて拡大する傾向にあるものである。数実は小玉（2013）を参考に、この課題への対策として「すべての子に学力を身につけさせることによって包摂を図ろうとするシナリオ」と「すべての子に十分な学力を身につけさせることが難しいことを鑑みて、規範意識の強化や道徳教育の充実によって包摂を図ろうとするシナリオ」が存在すると説明している。後者のシナリオは「新保守主義」「新自由主義」と呼ばれる改革の路線と親和性が高く、多くの問題を持つことはこれまで指摘されてきたところであるが、数実は前者のシナリオにも問題があるという。それは「学力差が縮小されることになったとしても、『できる子』と『できない子』の個人差がなくなるわけではない」のであって、学力格差の縮小が目指されることによって、結果的に「支援はした。それでも低学力にいるとすれば、それは環境の問題ではなく、個人の努力不足の問題（自己責任）だ」とされてしまい、「できない」とされる層のスティグマがかえって強くなる可能性がある（数実 2023, 153-154）。

　そこで数実が注目するのが、先述したビースタの「中断のペタゴジー」の影響を受けた小玉（2013）の提案する「複数性のシナリオ」、すなわち、意見の異なる他者同士がくっついているのが社会であるという認識をもとに、既存の文化や現状の社会的政治的な論争問題など「正解のない問い」を取り上げて、物事を批判的に判断したり、意見の違いを突き合わせて問題を解決したりして政治的センスを涵養することで、開かれた公共性を社会に確保してここにすべての人々を包摂していこうとする構想である。この構想は、数実に言わせれば、先述したような「わかる／できる」を善とする価値観から距離を置き、「わからない／できない」に価値を見出し、「『わからない』に向きあう耐性」を養おうとする「ネガティブ・ケイパビリティ」重視のアプローチである。すなわち「正解のない問い」を前にすべての人々が「わからない人」となることで平等な

関係になり、異質なる他者同士が互いに尊重し熟議できる公共空間を生み出そうとする試みだ、というわけである。

3．数実提案への疑問
―「正解のない問い」を前にして、生徒は本当に皆平等なのか？―

　学力格差の縮小が目指される（すなわち「格差」の解消を目指す「分配的平等主義」が採用される）ことで、低学力層のスティグマがかえって強くなる可能性があることを指摘し、そのうえで「正解のない問い」の議論に参加する機会を保証していくことによって人間関係の平等を図ることで（すなわち「差別」の解消を目指す「関係的平等主義」が採用される）、スティグマ問題打開の可能性を見出そうとした数実のアイデア自体は大変評価できる。しかし、実際にこうした「正解のない問い」を前にして低学力層は中高学力層と議論のために対峙したとき、彼らは必ずしも平等を感じてはいないのではないか。むしろ、「正解のない問い」「わからない」に向き合うことが求められるからこそ、低学力層は議論に参加するどころか自ら高学力層の意見に追従するか、沈黙を続けてその場をやり過ごすという選択をする可能性が高いのではないか。

　このことはいくつかの実際的な事実が裏打ちをしてくれる。例えば渡部（印刷中）の学校現場での政治的論争問題学習の観察では、問いの中身にも多少は左右されるが、高偏差値帯に属す学校の生徒ほどこうした「正解のない問い」に全員が対等な関係で参加する傾向があり、逆に中程度の偏差値帯の学校になると、比較的にクラスのなかで「わかる／できる」生徒と認識されている人の意見に他の多数の生徒が追従したり、多くの生徒が議論になかなか参加しなかったり議論が続かなかったりする様子が報告されていた。これは日常の他の事例でも確認できることであり、例えば「正解のない問い」を検討することが求められる選挙や社会的活動などの場に実際に参加するのは高学歴層（or高収入層）ほど高く、低学歴層（or低収入層）ほど参加しない傾向があることが先行研究

でも確認されている（ex. 蒲島・境家 2020）。

　そしてこうした事態が生じる原因について、社会心理学のいくつかの研究がヒントを教えてくれる。ブロフィ（2011）は人間が難題に挑戦しようとするかどうかを決める指標として、価値×期待という公式を示している。「価値」は、「これから取り組む予定の難題に挑戦するだけの価値を挑戦者が感じることができるか」という指標のことであり、「期待」とは実際に「難題を自分たちが解決する見込みがあるか」という指標のことである。初志の会の場合、子どもたちの生活上の切実な問題を取り上げることを奨励するので「価値」の問題を概ねクリアできるが、小玉や数実の場合、社会的政治的論争問題を取り上げることを想定しているため、これに生徒が議論するだけの価値を感じるかは未知数である。一般に、高学力層ほど家に蔵書が多く、また保護者が社会的政治的な出来事に関心を持つ傾向にあることがさまざまな調査で指摘されており、ここでも高学力層の生徒ほど家庭からの影響で社会的政治的論争問題考察や議論に価値を感じる可能性が高く、低学力層の生徒ほど価値を見出せず、議論に参加する動機を抱きにくいと言えそうである。

　また、生徒たちがこうした問題の議論に価値を見出すことができたとしても、実際に自分たちは解決できるのか、と「期待値」が問われたとき、これまた高学力層の方が、解決に向けて必要となる知識や技術を多くもっていると当人が判断しやすくなり、一方で低学力層ほどその逆の判断をするだろう。ちなみに、小学生の方が学校での議論に比較的に多くの子が積極的に参加する傾向にあることは学校関係者の間で知られているが、これは自らや教室の仲間たちの期待値を正確に測ることができない—岩坂ら（2023）の小学校低学年の議論場面の研究をふまえるなら、自分たちをやや過大評価する傾向にある—が故であろう。

　議論の場に参加するかしないかを判断する指標として「信頼」に着目する研究者もいる。ジェームス（James, 2019）は数多くの小学生の議論を参与観察することを通して、議論を成立させるのは「自分は議論で

何か貢献ができる」「自分はこの議論テーマについてわかっている」という自身への信頼（これをフリッカー（2023）は「認識的自信」と呼ぶ）と、「議論仲間は問題解決に向けて必要となる存在である」「議論仲間は私の意見に真剣に耳を傾けて建設的な意見をしてくれる存在である」という仲間への信頼であると指摘する。そして、もし自分への信頼がない場合（すなわち「自らは議論で貢献できることがない」「あまりテーマについてわかっていない」と感じている場合）、その人は信頼する人間の意見に追従しようと最初の段階から決め込む傾向にあり、もしそうした信頼に足る人間が議論の場にいないなら、あきらめて議論に参加しようとする人もいるが、恥をかくことを恐れてなのか沈黙／逃避を選択する人も少なくないという。また、自分自身への信頼はあるが議論仲間を信頼していない場合（「議論相手はこのテーマについてわかっていない／議論に貢献できない」と判断する場合）、その人は仲間の意見を無視して議論支配や論破をする傾向にあるという。

　「正解のない問い」ではなくとも、人々は日常から様々な「わからない」問題にぶつかってきている─数日前に片付けた玩具の場所が見つからないことだとか、気難しい子との付き合いだとか。この「わからない」に粘り強く向き合えるかどうかは、おそらく耐性といった汎用的な態度的要素ではなく、むしろブロフィやジェームスの指摘するように、問題の中身や生徒の置かれている状況（特に人間関係や教育資源）によっても変化する文脈的な心理、そしてその心理を生み出す認識の問題ではないか。問題に直面して自力での解決の見通しが立たない人は、信頼できる問題解決してくれそうな人々に頼るようになる。頼られる側は、特に安易に頼ってくるだけで何ら貢献をしようとしない人に対して、基本的には問題解決の対等なパートナーとはみなさない─そのようなアンバランスな関係性は平等であるとは言えない。頼られた側は、問題解決の過程でさまざまな知識や技術を身につけて学ぶことになるが、頼った側は答えだけ教えてもらい、解決過程を理解できないままでいるかもしれな

い。つまり学校だけでなくあらゆる場面において、一部の人々にとって、特に解決の見通しの立たない「わからない」は、「わかりたい」の動機につながるものでも成長につながるものでもなく、自分以外の誰かが対処すべき事柄であり、もしその選択肢が選べないのなら、劣等感を感じてでもやり過ごすべき事柄である。少なくとも学力格差がかなり大きくなってしまった中高段階の生徒たちにとって、「正解のない問い」の前に真に平等な関係を築いて議論していくことはかなり困難なことであり、問いが難問であればそれだけ、困難さを増す。

4．新たな打開策
―事前学習で「理解」を保証し生徒の「わかる／できる」感を高める―

　「正解のない問い」のような「わからない」問題に、仲間と平等な見解を築きつつ向き合って議論していける人々を育てていくためには、先の社会心理学の研究成果をふまえるなら、「この問題なら自分（たち）は何か議論で貢献できそうだ」「この問題についてなら自分（たち）は多少わかっている」といった自身への信頼や、「この仲間となら良い解決案が生み出せるのではないか」という他者への信頼、そして問題解決への期待感を議論に参加する全ての人の間に事前に多少なりとも生み出しておく必要がある。しかしこれは、「正解のない問い」への議論に参加する人々全員が、実際的に議論するテーマについての情報を隅から隅まで知る必要があることや、議論において有益であると思われる社会諸科学の知識／技術を熟知／熟練しておく必要があることを意味しないし、こうした知識や技能を事前に議論参加者の間で均等にしておく必要があることを意味しない―そんなことは不可能である。実際には大して情報や知識を持ちあわせていなくても、そして議論参加者の間の知識や技能に格差があっても、「○○だけでも私（たち）は、わかる／できる」といった前向きな感覚を議論参加者が個々に有しておくことが肝要なのであり、そこさえ保証しておくなら議論参加者間の情報や社会諸科学の知識や技

術の格差は、少なくとも議論の最初の段階では問題になりにくい。

　では、そのためには具体的にどうすれば良いのか。当然ながら国語や算数の基礎的知識や技術を習得させたからといって、これから議論することになる社会的政治的論争問題について「わかる／できる」といった感覚を人々に保証することは不可能だ。また、社会科の従来型学力である個別的知識の網羅によってそれが保証されることはない。昨今の学習科学の研究成果を踏まえるなら、議論テーマについての「理解（understand）」を事前学習等で保証しておくことで「わかった」という感覚は保証できる、となるだろう。ちなみにマルザーノら（2013）は「理解」の例として「一般化」「大観（特色の理解）」「時系列の整理」「因果関係の理解」「意味解釈」「問題解決」などを列挙している。ただ、実際に社会的政治的論争問題を議論するのに使える実用性の高い「理解」を選別しておかないと、議論の場でメッキはすぐに剥がれてしまう。そこで注目すべきは社会科教育学、例えば森分（1978）や池野（子どものシティズンシップ研究会 2019）の議論である。森分が特に重視するのは「因果関係の理解（「なぜ？」問い）」「一般化（「何であるか？」問い）」で、これらは社会的問題において原因を説明し、そして政策の結果を予想することを可能にしてくれるからと説明している。確かに問題の原因がわからないと対策の議論はできない。また、対策が何を結果としてもたらすのか予想ができないと効果が議論できない。森分は、この二つの「理解」を保証せずに社会的問題を議論させても「はいまわる（＝浅い学びとなる）」だけだと警告し、学びのプロセスへの教師の介入（＝指導された討論）の重要性を主張した。一方で池野は構築主義的な視座への転換を主張している。制度が「ある」ではなく、制度は「誰かが他の選択肢から選んだものである」と意識的に読み替える視座に転換することで子どもたちの「社会がわかる」を保証しようとした[註]。確かに池野の指摘するように、制度や知識を自明としてしまい他の選択肢に気づかないいないなら、議論の必要性が生じない。こうした幾つかの「理解」を図

る授業を通して、生徒すべてを、これから議論することになる社会的政治的論争問題と関係する社会の部分のいくらかでも「わかった」気にさせ、議論への貢献や問題解決に向けた彼らの期待を高めておかない限り、一部生徒たちは同じ土俵に立とうとすらしないだろう（この他、「開かれた教室風土」も必要だが、ここでは割愛する）。

「正解のない問い」の前ですべての生徒の関係は平等になるという数実の発想は大変にユートピア的だが、筆者は不可能ではないと考えている。しかし、その実現に向けてはすべての生徒たちに「わかる／できる」の気持ちをもって議論に参加してもらうことがまずもって最低条件にあり、そのためには、教育社会学者らが「水掛け論」といって軽視する学力論争と心理学や社会科教育学の研究を議論の土俵に乗せることが必要だろう。

【註】

池野の提案する「社会のわかり方」はマルザーノが示すいずれの「理解」の例にも該当しないわかり方である。社会科教育学にはこうした例がいくつもある。

【参考文献】

岩坂尚史・渡部竜也ほか，低学年における法教育の可能性と課題，法と教育，第13号，2023年，pp.5-16.

数実浩佑，学力格差の拡大メカニズム，勁草書房，2023年.

蒲島郁夫・境家史郎，政治参加論，東京大学出版会，2020年.

苅谷剛彦・志水宏吉編，学力の社会学，岩波書店，2004年.

小玉重夫，学力幻想，筑摩書房，2013年.

子どものシティズンシップ研究会，社会形成科社会科論，風間書房，2019年.

フリッカー，M.，認識的不正義，勁草書房，2023年.

ブロフィ，J.，やる気を引き出す教師，金子書房，2011年.

マルザーノ，R. ほか，教育目標をデザインする，北大路書房，2013年.

森分孝治，社会科授業構成の理論と方法，明治図書，1978年.

渡部竜也，論争問題を立憲主義的に議論しよう，東信堂，印刷中.

James, J. Hauver, *Young Children's Civic Mindedness.* Routledge, 2019.

Facing History and Ourselvesにおけるレリバンスの構築
─The Reconstruction Era and the Fragility of Democracyの事例─

二井　正浩（成蹊大学）

1. レリバンスの重要性

　日本の歴史授業の多くは、子どもの自己関与性の担保、言いかえれば、子どもに学ぶ意味や意義を実感させて「自分事」として学ばせようという意識が希薄である。地理教育や公民教育と比べても、実体としての過去は現実世界に存在しないため、難度も高いのかもしれない。しかし、これが「歴史は暗記科目」という意識を生むと同時に、子どもを主体的な学びから阻害する根本的な原因となっている。ブルーナーも子どもが学習の意味や意義を実感することの重要性について「レリバンス」の問題として提起[1]したが、「自己関与性」「自分事」「レリバンス」（以後、「レリバンス」と一括して表記）といった視点から、歴史教育を積極的に再定義・再構築することが、現在、歴史教育において危急の課題であろう。

　ここでは、レリバンスを構築する歴史学習の事例として、米国を中心に活動するNGO "Facing History and Ourselves"（以下：FHAO)[2]に着目する。FHAOについては空健太がその代表的な単元事例「ホロコーストと人間行動」について具体的な分析を行っているが、図1は空の整理をもとにして二井が作成[3]したFHAOの単元構成プロセスである。

　本稿では、FHAOが米国の中等教育

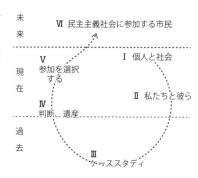

図1：FHAOの単元構成プロセス

段階の生徒を対象に開発した単元「再建期に見る民主主義の脆弱さ（The Reconstruction Era and the Fragility of Democracy）」[4]を事例に、FHAO が生徒と歴史学習の間にどのように、そしてどのようなレリバンスを構築しているのか検討する。

2.　FHAOの米国史単元「再建期に見る民主主義の脆弱さ」の構造
（1）革命的であり「困難な歴史」でもある米国の再建期

　米国の再建期（The Reconstruction Era）とは、南北戦争が終結した1865年から南部諸州での連邦政府軍の軍政がすべて終了する1877年までの期間を指し、日本では長州征伐から西南戦争の時期にあたる。日本の世界史教科書にも「奴隷制も廃止され、黒人に選挙権が与えられた。しかし解放黒人は、実際には選挙権を行使できず、また高率の小作料を支払うシェアクロッパー（分益小作人）となって貧困なままにおかれる者が多かった。クー＝クルックス＝クラン（KKK）などの白人至上主義団体も結成された。黒人の社会的・経済的地位が大きく改善されるには、この後さらに1世紀が必要だった」[5]とあるように、この時期、米国は自由と平等の実現に向けて様々な成果をあげつつも挫折し、暴力と差別が顕在化する。その意味で、再建期は米国史における革命的な時期であると同時に、「困難な歴史」[6]の時期でもある。

（2）単元構成

　表1はFHAOのウェブサイトから入手した情報をもとに単元構成を整理したものである。この単元は、単元を貫く本質的な問いとして「現在の民主主義をより良いものにするために、我々は再建期の歴史から何を学べば良いか」が設定され、全体は13課18時間で計画されている。ここでは、これを大きく次の①から④の四つのパートに分けて整理する。

①第1課「名前の力」から第2課「自由の実現」まで

　第1課「名前の力」では、各生徒はまず自分と社会をつなぐ最も基本的なアイテムである名前に着目する。生徒は自分の名前の由来を調べ、

表1：「再建期に見る民主主義の脆弱さ（The Reconstruction Era and the Fragility of Democracy）」の構成

本質的な問い（Essential Question）：現在の民主主義をより良いものにするために、我々は再建期の歴史から何を学べば良いか。			
課	指導上の問い (Guiding Question)	学習目標 (Learning Objectives)	授業展開
第1課 名前の力	・名前からその人の何が分かるか。 ・名前は我々の主体性や自由について何を示唆しているか。	・私たちが行動する際、名前はアイデンティティの仮面であり、盾であり、価値観や伝統の表出であることについて考える。 ・名前の選択や変更は、歴史上抑圧された人々にとって自由と主体性の実現であったことを理解する。	【1時間目】 ①生徒各自が自分の名前の由来について調べ、自分自身を適切に表現しているかどうか検討し、グループで共有する。 ②J.ロドリゲス[a]の「二つの名前、二つの世界」という詩を読み、名前とアイデンティティの関係、価値観や伝統の反映について考える。 ③「二つの名前、二つの世界」の詩を参考に、レッテル問題・ラベリング問題についてグループで話し合う。 ④「名前と自由」「名前の変更」という解放黒人の名前に関する資料を利用し、それまで名前を持たなかった奴隷が、1865年の解放後に名前を持つようになったこと、何に由来して名前をつけたかなどを理解する。[b]
第2課 自由の実現	・自由とは何か。 ・自由であるとはどういうことか。	・自由を一つの定義で捉えることは難しいが、個々人としては、仕事、家族、宗教に関する日々の選択や、政治的、経済的、社会的権利の行使において、自由を自立として経験することが多いことを理解する。 ・法律や習慣、そして個人の選択が、社会の自由の定義に影響を与えることを理解する。	【2時間目】 ①自分にとっての自由とは一体何かについて考える。 ②「奴隷解放宣言（1863）」と「合衆国修正憲法13条（1865：奴隷制度を廃止）」の抜粋を読み、宣言で謳われた自由が修正13条で全く触れられなかったことを確認する。 ③「自由の定義」というビデオ[c]を視聴し、解放された奴隷たちの願望や残った障害などについて話し合う。 【3時間目】 ④二人一組で前時の学習をもとに自由の特徴について列挙する。 ⑤ジグソー法を用いて、四つの資料（「有色人種洗濯婦の請願書（1866）」「黒人の望むもの（1865）」「北軍に従軍した解放奴隷の自由への願望（1865）」「解放奴隷のサウスカロライナでの教育への要求（1865）」）をグループで検討し、自由を守り維持するために必要なもの、自由の意味などについて考える。 ⑥自由の特徴について再考し、前時の①で考えたことについて、新しい考えや疑問を整理する。
第3課 戦争の惨禍	・南北戦争で引き裂かれた国家を再統一するには何が必要か。	・南北戦争による破壊と膨大な死傷者、そして奴隷解放の現実の両方に対する様々な反応が、多くのアメリカ人を分断し、再建への課題を複雑にしたことを知る。 ・リンカンの就任演説の「誰に対しても悪意を持たず、すべての人に対して慈愛の心で」という言葉が、戦争で生じた様々な出来事を考えると、実現し難い目標だったことを理解する。	【4時間目】 ①南北戦争による破壊や膨大な死者数等の資料「戦争統計」を読み、統計の示すそれぞれの数値が南北統一にどのような課題をもたらすものかについて考え、発表する。 ②戦争が終結した1865年に書かれた日記や手紙の資料（「勝利の日」「解放奴隷から元の主人への手紙」「征服」）を読み、各々の人にとっての戦後の正義とは何かについてグループで話し合う。 ③南北戦争後の合衆国の再統一のためには何が必要だと思うか。または何が障害なのか。グループで話し合う。
第4課 癒やしと正義	・南北戦争後、国家はいかにして癒やしと正義を両立すれば良いのか。	・南北戦争後に癒やしと正義の目標を同時に達成することは、どの国にとっても重要な課題であることを知る。 ・危機の時代には、国家における帰属と権力に関する問題が重要な紛争原因となり、民主主義のもろさを露呈することを理解する。	【5時間目】 ①「癒やしと正義のための対応リスト」（配布プリント）をもとに、戦後処理に関するいくつかの言説に対する自らの考えを整理し、グループで話し合う。当時の人々はその両立のために何ができたかについてクラスで話し合う。 ②「復興計画の策定」（配布プリント）を用いて、グループで癒やしと正義をバランス良く実現する南部再建計画を作成する。 【6時間目】 ③ギャラリーウォーク法を[d]用いて、各グループが作成した南部再建計画を確認する。 ④A.ジョンソン大統領と議会の再建計画に関する議論を「政治闘争」というビデオ[c]（前半）で視聴する。 ⑤ジョンソンの再建計画がどのような癒やしと正義をもたらそうとするものであったかをクラスで討論する。 ⑥前時の②で作成した再建計画を振り返り、見直す。
第5課	・自由であるとはどういうことか。	・南北戦争の決着によって根本的な原因が解決されたとは限らないことを理解する。	【7時間目】 ①2・3時間目に行った「自由の定義」を再確認し、自分のこれまでの人生の中における自由の実現、自由への努力とはどのようなものだっ

統合の有り様	・自由を維持し、守るためには、どのような権利や機会が必要なのか。	・異なる集団が正義に対して時に競合する主張を持つことを理解する。再建期には、南部の白人農場主は当時の法律に従って手に入れた財産の保護を正義と考え、奴隷から解放された人々は奴隷労働によって価値を得た土地を所有する権利と正義と考えたことを理解する。	たかについて考察し、文章にまとめる。 ②ジョンソンの再建計画について、次の説明を受ける。 ・南部諸州の白人に、連邦への忠誠を条件にその所有していた土地と財産を返還するよう定めていた。 ・南部諸州の議会ではすべての黒人が白人の雇用主と毎年労働契約を結び、そうでない場合は浮浪者と見なされ罰金・投獄・強制労働を課される法律（「黒人抑制法（Black Codes）」）が定められた。 ・解放黒人たちによって南部に500校の学校が設立され、政府も1860年代末までには1000校以上の学校を設立した。 ③グループに分かれ1865-66年の状況を示す「土地を返還させられた黒人の抗議」「黒人の土地への権利の主張」「白人は如何にして小作人の自由を制限したか」「ミシシッピ州黒人抑制法抜粋」「南部における黒人教育報告書抜粋」を割り当てて読み、黒人たちの願いを妨げるもの、その実現を助けるものについてノートにまとめる。 ④授業を振り返り、自分自身の「自由の定義」の変化を整理する。
第6課　急進的再建と公民権の誕生	・国の定める法律は義務の領域について何を明らかにするのか。	・国家が明示的にも暗示的にも義務について定義できる方法が、憲法と法律であることを認識する。 ・国家の市民権要件は、国家が法律を使って帰属者を定義する方法であることを認識する。国家が常に市民を平等に扱うとは限らないことを認識する。	【8時間目】 ①市民の権利・保護や義務、市民権の重要性について話し合う。 ②再建計画に関するジョンソンと議会の対立についてのビデオ「政治闘争」（後半）を視聴し、ジョンソンと共和党内部・議会との対立、1866年の修正憲法14条（黒人への市民権付与）提出、および1867年の再建法（南部諸州への連邦政府軍の駐留、南部諸州議会への黒人の選挙権付与）について話し合う。 ③授業で重要だと考えた出来事や考え方をカードに記入し、提出する。 【9時間目】 ④前時の③で提出したカードを確認する。 ⑤「修正憲法第14条」の抜粋を音読し、黒人やその他のアメリカ人への影響、米国の民主主義に与えた影響について、ペアで話し合う。 ⑥話し合いの結果を何人かが発表し、米国内で生まれた者には誰にでも市民権を与えることを国の責任としたこと、権利章典で保障された権利の保護を国の責任とし、州によって侵害されることを禁止したことについての理解を確認する。 ⑦見解展示法(f)を用いて、「修正憲法第14条」が米国の民主主義に与えた影響や意味について互いに説明し合い話し合う。 ⑧修正憲法14条が権利・保護・義務についてどのように定めているか考え、ノートにまとめ、クラスで話し合う。
第7課　民主主義の拡大	・平等とはどういうことか。 ・民主主義に平等は不可欠か。	・民主主義が成功するかどうかは、その国の市民権の定義、市民生活に参加する機会がどのように与えられ、守られているか、そして市民がどのように市民生活に参加するかによって決まることを理解する。 ・民主主義は国家が目指す希望であることを理解する。同時に、平等と正義という目標を完全に達成しなくても、民主主義を高めていくことはできることを理解する。	【10時間目】 ①奴隷であった数百万人の人々に市民権と選挙権を保障したことが、個々の人々、南部、合衆国全体それぞれにどのような変化をもたらすかを話し合う。 ②グループに分かれ、「南部再建期の黒人公務員・役職者・議員の表」「再建法後のサウスカロライナ州議員の集合写真」「黒人が最初に投票し上院議員を務めたB.K.ブルースの生涯（要約）」「黒人が最初に投票した1869年の選挙でミシシッピ州下院議員に選出されたJ.R.リンチの述懐（要約）」「ミシシッピ州の復興」「サウスカロライナ州の教育改善（黒人教師の増加等）について」といった資料を分担し、1866年の公民権法、修正第14条、1867年の再建法がどのような変化を生んだかについて発表する。 ③急進的な再建が米国の民主主義の健全さにどのような影響を与えたかについて話し合い、12字以内の新聞の見出しとしてまとめ、根拠を示しながら発表する。
第8課　女性の権利をめぐる闘争		・社会をより民主的なものとする運動は、遅々として進まないことも多く、ばらつきもあること、ある集団に与えられている権利が、他の集団には否定され続けることを理解する。 ・社会運動は広く受け入れられるのに苦労し、人種、階級、ジェンダーなどのアイデンティティの境界線で分裂することも多いことを理解する。	【11時間目】 ①「女性参政権運動における人種間の分裂」というビデオ(g)を視聴し、修正憲法14条と15条（人種に基づく投票権の否定を禁止）をめぐって起こった女性の権利運動の分裂について考察する。 ②黒人女性人権活動家F.W.ハーパーが行ったスピーチ「私たちはみんなつながっている（1866）」を読み、印象深かった点や疑問に思った点などを話し合う。 ③南部再建期の米国で平等を達成するための課題、広く受け入れられる社会運動に取り組むための課題などについてクラスで話し合う。
第9課　すべ		・社会のある構成員が新たな権利を獲得すると、他の構成員も正義を達成しようと努力するようになることが多いことを理解する。	【12時間目】 ①平等とは何か、自分が集団や国家から平等に扱われているかについて考え、平等の概念を振り返る。 ②「スー族の酋長シッティング・ブルの演説（1877）」を音読し、隣人や土地所有などの考え方がスー族と白人ではどのように違うか、アメリ

ての人に平等を		・民主主義は国家が目指す理想であることを認識すると同時に、国家は平等と正義という目標を完全に達成していなくても、民主主義を高めていくことはできることを理解する。	カ・インディアンの国々は米国の膨張や植民地主義にどう対応したかをクラスで話し合う。 ③ジグソー法を用いて、三つの資料(「カリフォルニア州労働者党綱領(1877)」「中国人移民がグラント大統領に書いた手紙(1876)」「女性が投票することは犯罪なのか?(1873)」)をグループで検討し、各々の集団が、どの程度自由と平等を享受していたかを整理する。 ④今日の授業で新しく得た情報、自らの感情、公正・公平・正義についての疑問などを各自がカードに記入し、提出する。
			【13時間目】 ⑤前時の④で提出したカードについて、他の生徒ものを紹介される。 ⑥前時の③の続きを行い、考察をクラスで共有する。
第10課 反発とKKK	・民主主義社会は暴力やテロにどう対応すべきか。 ・それらへの対応において傍観者や協力者はどのような力を持つのか。	・重要な政治的・社会的変化は、国民の一部がその変化を欲する場合、しばしば反発を引き起こすことを理解する。 ・反発の根源には、権力や地位を失うことへの恐れや、他人が分不相応な権力を得たという思い込みがあることを理解する。	【14時間目】 ①自分の身の回りの暴力事件を知った時、どう感じたか、それを理解するには何を調べればよいか。これまで身の回りで起きた暴力にどのような影響を受けたかについて、各自が考察し、ノートに記録する。 ②再建期における暴力について「暴力と反動」(前半)のビデオ(h)を視聴し、加害者の反発の原因を考察する。 ③「KKKが私のドアを破った(1869)」を読み、驚きや問題点など感じた一文を選び、生徒一人ひとりに発表させる(重複しても良い)。 ④今日の授業への感想、自分との関連をカードに記入し、提出する。
			【15時間目】 ⑤前時の④で提出したカードについて、他の生徒のものを紹介される。 ⑥ビッグペーパー黙想法(i)を用いて、グループに分かれ「普通の人の中にある恐怖」「協力者と傍観者」「民主主義を守るということ」という資料を検討・分析し、KKKの暴力の背景を考察する。 ⑦KKKの暴力の原因を氷山の図による比喩を用いて表現する。
第11課 世論の変化	・変化を生み出し持続させるには法律だけで十分か。 ・国家がある集団の権利と自由を積極的に保護しなくなる原因は何か。	・市民と指導者双方の優先事項の変化が、民主主義国家がどのように法律を施行し、市民の権利を保護するかに大きな影響を及ぼす可能性があることを理解する。 ・民主主義国家では、世論が選挙で選ばれた議員の優先事項を決定する重要な要因の一つであることを理解する。同時に、指導者の言動もまた、世論を形成することができることを理解する。	【16時間目】 ①なぜ民主主義において世論が重要なのか、世論と政府の関係についてクラスで話し合う。 ②北部諸州の白人の世論が変化し、南部諸州の再建に消極的になっていったことについて説明する。 ③奴隷廃止論者W.フィリップスがボストン(北部)で行った「北部の南部への介入継続要求演説(1875)」を用いて、演説に対する介入反対の人々の怒号を教室で再現してみる。 ④民主主義における世論の役割について①で考えたことを補足・修正する。
		・人種差別は、政治的・経済的・社会的な不満の表出であり、社会や個人の必要に応じて変化する「都合の良い憎しみ」であることを認める。	
第12課 政治的暴力と再建の放棄	・何が民主主義を脆弱にするのか。 ・民主主義を守り、より良いものにするにはどうすれば良いのか。	・人種差別やその他の社会的に構築された分断から生じる「内」のグループと「外」のグループが、市民を排斥、脅迫、暴力にさらされやすくしていることを知る。 ・民主主義が依拠する市民の声や票を、暴力や脅迫がしばしば封じ込めることを理解する。	【17時間目】 ①「暴力と反動」(後半)のビデオを見て、南部諸州に駐留していた連邦軍が引き上げ、再建の時代が終わると、南部に黒人に対する暴力や復活したことを考察する。 ②生徒は「サウスカロライナ州の"赤シャツ"戦闘計画(1876年)」「ミシシッピ州の選挙妨害(1875年)」「ミシシッピ州の教師が語る暴力と脅迫(1875年)」「ミシシッピ州クリントンでの選挙日の攻撃と脅迫(1875年)」の資料を個別に一つずつ読み、暴力がこれらの州の民主主義をどのように損なったかについて考え、発表し、クラスで共有する。 ③それぞれの資料についてグループで話し合い、合法的で民主的な選挙に勝つために全く非民主的な手段が用いられたことについて資料から証拠を見つけて話し合う。
第13課 終わりなき革命	・なぜ民主主義は「未完成品」と呼ばれるのか。 ・もっと公正で平等な社会を実現するために、個人は何ができるのか。	・民主主義を成功させるための試みには終わりはなく、個人や地域社会は民主主義を守り、強化するために常に行動しなければならないことを理解する。 ・正義と平等への前進は常に着実に進むわけではなく、大きな飛躍と同時に失望に満ちた後退も経験することを認識する。	【18時間目】 ①20世紀後半に、黒人として最初の米国連邦裁判所の判事となったW.H.ヘイスティ(1904-1976)の「民主主義の本質は永遠の闘争である」という言葉の意味について考え、話し合う。 ②政治学者のE.グロード(1968-)が米国の「再建期」と「公民権運動」の歴史から「新しい米国の建国が必要だ(2020)」を呼びかけている論文を音読し、新しい出発は「おそらく失敗する」という意味について考え、失敗することに挑戦することの意味を話し合う。 ③ビデオ「再建の遺産」(j)を視聴し、この単元を学んで、現代の私たちはどのような立場にあるか、自分の選択が世界に与える影響について何を学び取るべきか考える。 ④ヘイスティやグロードの言葉から、永遠の闘いとしての民主主義について考えてから、自分の考えがどう変化・発展したかを発表する。

(筆者作成。なお、授業で使用する史資料および映像教材はすべてWebで提供されている。)

(a)　彼は自分の名前の発音が米国とドミニカ共和国という二つの世界の世界を表現していること、名前にはアイデンティティ
　　が反映していることを詩に表現している。
(b)　米国の苗字はその人の家族歴や地域といった文化的背景に関する情報を受け継いでいる場合が多い。解放前の黒人
　　には名前がなく、所有者である白人の家名に由来する呼ばれ方をしていた。解放後、黒人は名前を決める際、それまでの
　　呼ばれ方にちなんで名前を決めることも多かったが、自由を得た喜びを反映してフリーマン、リバティ、ジャスティス、
　　ニューマン、大統領の名にちなんだワシントン、ジェファーソン、ジャクソンなども人気であった。
(c)　https://www.facinghistory.org/resource-library/part-two-defining-freedom（参照2023/8/15）
(d)　https://www.facinghistory.org/resource-library/gallery-walk-0（参照2023/8/15）に詳しい。
(e)　https://www.facinghistory.org/resource-library/part-three-political-struggle-1865-1866（参照2023/8/15）
(f)　https://pz.harvard.edu/sites/default/files/Thought%20Museum_0.pdf（参照2023/8/15）に詳しい。
(g)　https://www.facinghistory.org/resource-library/racial-divide-womens-suffrage-movement（参照2023/8/15）
(h)　https://www.facinghistory.org/resource-library/part-five-violence-and-backlash（参照2023/8/15）
(i)　https://www.facinghistory.org/resource-library/big-paper-building-silent-conversation（参照2023/8/15）に詳しい。
(j)　https://www.facinghistory.org/resource-library/part-six-legacies-reconstruction（参照2023/8/15）

そこに顕れている自らのアイデンティティ、文化的な価値観や背景につ
いて検討する[7]。また、自分自身が他者からどう呼ばれているか、呼ば
れたいのか（呼ばれたくないのか）といった「レッテル問題（ラベリン
グ問題）」も考える。授業の後半で生徒は史資料をもとに、南北戦争後、
それまで奴隷であった黒人が名前を手に入れたこと、それが自由と主体
性の獲得を意味したことを理解する。

　第2課「自由の実現」では、各生徒はまず、現在の自分にとって自由
とは一体何か（「自由の定義」）について考える。次に「奴隷解放宣言」
「憲法修正13条」の抜粋、「自由の定義」という資料ビデオ、さらに黒人
の求めた自由についての嘆願書、演説、願望、要求といった史料を用い
て、自由とは何ができることか、自由を守り維持するには何が必要かを
グループで話し合い、自分にとっての「自由の定義」を再び考える。

②第3課「戦争の惨禍」から第9課「すべての人に平等を」まで

　ここでは、再建期に見られた自由や平等の実現を目指す出来事を具体
的に扱う。第3課「戦争の惨禍」では、生徒は南北戦争による人的物的
被害を示す統計資料によってその深刻さを認識し、解放黒人や南部農園
主たちの日記や手紙を読んで、それぞれの立場からの戦後の正義（再建
のあるべき方向）について考え、米国の統一と南部の再建には何が必要
か、何が障害になるのかについて話し合う。

　第4課「癒やしと正義」では、生徒は戦争の傷を癒やし、正義を実現
できる戦後処理について考え、各自でプランを作成しグループで話し合

う。そしてその後、実際の戦後処理に関する議論の動向を説明する「政治闘争」という資料ビデオ（前半）を視聴し、ジョンソン大統領の再建計画がどのような癒やしと正義をもたらそうとするものであったかをクラスで討論し、自分たちの戦後処理プランを再検討する。

　第5課「統合の在り様」では、まず生徒は第2課で考察した自らの「自由の定義」を確認し、自分がこれまで自由の実現のためにどのような努力をしてきたか振り返り、文章にまとめる。その後、第4課で視聴したビデオの情報をもとに、ジョンソン大統領による再建が南部の白人による黒人支配を容認し、南部の白人の政治的・経済的・社会的地位を回復させるものであったこと、そして解放黒人の権利は制限されたことを確認し、黒人抑制法の条文や黒人の抗議や主張を実際に読み込む。そして最後に、自らの「自由の定義」を再度振り返り、再検討する。

　第6課「急進的再建と公民権の誕生」では、まず生徒は「政治闘争」の資料ビデオ（後半）を視聴し、南部再建についてジョンソン大統領と連邦議会が対立する中で、①1866年に白人と黒人の平等の権利を定めた公民権法が制定されたこと、②出生地主義に基づく市民権付与を定めた憲法修正14条が1866年に連邦議会を通過し、各州での批准に向けて1867年に再建法が定められたこと、③この再建法は南部諸州への連邦政府軍の駐留、各州の再建会議への黒人男性の投票権付与などを定めるものであったこと、④再建法の結果、南部諸州の再建会議には何百人もの解放黒人が議員として参加したこと、⑤再建会議で制定された各州の憲法には解放黒人を含めた普通男子選挙権が定められたこと、⑥1868年に各州議会によって憲法修正14条の批准が完了したこと、⑦1869年には人種等に基づいた選挙権の否定を禁止する憲法修正15条も議会を通過し翌年に各州議会で批准されたこと、⑧1875年には公共施設での人種差別禁止を定めた公民権法が定められたことについて確認する。そして、生徒は憲法修正14条を音読し、米国の民主主義に与えた影響や意味について生徒同士で話し合い、確認する。また、そこに定められた権利・保護・義務

について整理し、クラスで話し合う。

　第7課「民主主義の拡大」では、生徒は公民権法、憲法修正14条、再建法といった一連の法整備が米国の民主主義の発展に与えた影響について、解放黒人の議員選出や公務員活動、黒人のための教育改善などの史料に基づいて具体的に考察・発表し、話し合う。

　第8課「女性の権利をめぐる闘争」では、生徒はこの時期に女性の権利獲得運動が展開され始めたこと、そしてその運動は人種に対する考え方の違いで分裂したことについて「女性参政権運動における人種間の分裂」という資料ビデオと当時の黒人女性人権活動家のスピーチの史料をもとに理解する。そして幅広く受け入れられる社会運動を展開するための課題を話し合う。

　第9課「すべての人に平等を」では、生徒は黒人問題以外の平等の問題、具体的にはネイティブ・アメリカン、女性、中国からの移民がどの程度の自由と平等を享受していたのかについて、差別された立場の人々の演説や手紙の史料をもとに具体的に考察し、話し合う。

　これらの第3課から第9課までの授業は、生徒が視聴する資料ビデオに登場する歴史家の言葉を借りれば "米国史における革命的な出来事" を扱うものとなっている。

③第10課「反発とKKK」から第12課「政治的暴力と再建の放棄」まで

　ここでは、第3課から第9課までで扱った再建期の自由や平等への変化に対する反動的な動きと連邦政府の政策の変化について扱う。いわば「困難な歴史」の学習にあたるパートである。

　第10課「反発とKKK」では、まず各生徒は自分の身の回りで生じた暴力を取り上げ、その感じ方や影響について振り返る。そして、再建期の解放黒人への暴力に関する「暴力と反動」という資料ビデオ（前半）を視聴し、KKKの襲撃を受けた当時の解放黒人の証言を読んで、加害者の反発の原因や暴力の目的について考察・発表し、クラスで共有する。生徒は共有した疑問や自分とのつながりを考えながら、歴史家の分析や説

明、議会での議論といった史資料を検討し、KKKの暴力を可能にしたものは何か、暴力を支えた協力者・傍観者は誰かについて分析する。

第11課「世論の変化」では、1870年代に入ると北部諸州の南部への憎しみは薄れ、米国経済が不況に陥ったこともあり、世論の関心は経済問題や汚職問題に移行したことを確認し、史料を用いて、南部の再建への関心は薄れていったことを理解する。そして、民主主義における世論形成の役割や意味について考察し、クラスで話し合う。

第12課「政治的暴力と再建の放棄」では、生徒は南部に駐留していた連邦政府軍が引き上げると、南部で黒人に対する暴力や差別が復活したことを資料ビデオ「暴力と反動」（後半）を視聴し、理解する。そして解放黒人への選挙妨害や暴力・脅迫などの史料をもとに暴力が民主主義をどのように歪めたかについて考察・発表し、クラスで共有する。

これらの第10課から第12課までの授業では、革命的な改革の動きの挫折を扱うものになっている。

④第13課「終わりなき革命」

ここでは、第1課から第12課までの学習を振り返りながら、この単元の本質的な問いである「現代の民主主義をより良いものにするために、我々は再建期の歴史から何を学べば良いか」について考える。具体的には、1949年に黒人として初めて連邦裁判所の判事となったW.H.ヘイスティの「民主主義の本質は永遠の闘争である」という言葉や政治学者E.クロードの「新しい米国の建国が必要だ」の論文などを参照しながら、その意味について考える。そして、現在の米国の民主主義をさらに成長させるために、この単元を通じて、自らの考えがどのように変わったか、自分たちは何ができるのか、何をしなければならないのかなどを考察し、クラスで発表して単元の学習を終える。

3. 「再建期に見る民主主義の脆弱さ」に見られるレリバンス構築

「再建期に見る民主主義の脆弱さ」の単元ではどのようにしてレリバ

ンスを構築しようとしていたのか。次の三点に整理したい。

（1）単元構成の視点から

　図1に示したFHAOの基本的な単元構成プロセスと、「再建期に見る民主主義の脆弱さ」の構成を比較すると、図1の「Ⅰ個人と社会」「Ⅱ私たちと彼ら」に相当するプロセスは、前節「①第1課『名前の力』から第2課『自由の実現』」にあたる。ここでは生徒に自分自身の名前の由来をアイデンティティや自由の問題と過去と関連付けさせ、自分自身にとっての「自由の定義」を考えさせることで、現在の視点から教育内容の間にレリバンスを構築しようとしている。

　図1の「Ⅲケーススタディ」に相当するプロセスは、前節「②第3課『戦争の惨禍』から第9課『すべての人に平等を』」、「③第10課『反発とKKK』から第12課『政治的暴力と再建の放棄』」にあたる。ここでは再建期の米国を題材に、生徒に自分自身にとっての「自由の定義」を繰り返し問い直させ、生徒と過去の間のレリバンスを深めさせている。

　図1の「Ⅳ判断・遺産」「Ⅴ参加を選択する」「Ⅵ民主主義に参加する市民」に相当するプロセスは、前節「④第13課『終わりなき革命』」にあたる。ここでは、単元の本質的な問いである「現代の民主主義をより良いものにするために、我々は再建期の歴史から何を学べば良いか」を問い[8]、考察の対象を再び過去から現在・未来に移行させる。一進一退する自由・平等・民主主義という社会全体の課題に対して、自分も（自分たちも）避けては通れない市民の一人として何ができるのか、どのような役割を果たすべきなのかについて考察させ、生徒と社会の間のレリバンスを構築させている。

　このことから、「再建期に見る民主主義の脆弱さ」の単元構成は、図1にあるようなFHAOの基本的なプロセスを正確に辿るものではないが、基本的構造は共有しており[9]、自己や社会が抱える現在的な問題に着目させることで過去の歴史との間にレリバンスを構築し、過去の歴史の学びをもとに自己や社会の現在および未来が抱える社会の諸問題との間に

より深いレリバンスを構築するものとなっている。

（2）エンパシーの視点から

　この単元で使用される史料には日記・嘆願書・演説・要求といった当時の市井の人々の生の声を伝えるものが多くの割合を占めている（表1下線）。これらの史料を読み解くには、過去の人物の置かれた状況や環境を前提にして、もし自分がその人物の立場にあったらどう行動するかを追体験的に考えるエンパシーが求められ、この過程で歴史を他人事視せずに我が事と捉えるレリバンスの構築が促される[10]こととなる。

（3）一人称で向き合う問いや作業

　この単元で生徒に課せられる問いや作業は、生徒に「一人称」で向き合わせるものが中心になっている（表1波下線）。単元の本質的な問いが「現在の民主主義をより良いものにするために、我々は再建期の歴史から何を学べば良いか」と設定されていることはもとより、第1課：自分の名前の由来は何か、第2課：自分にとっての自由とは一体何か（自由をどう定義するか）、第3課：合衆国の再統一には何が必要だと（自分は）思うか、第5課：自分の考えた「自由の定義」はどのように変化したか、第9課：自分は平等に扱われているか、第10課：自分の身の回りで起きた暴力にどのような影響を受けたか、第12課：「永遠の闘争としての民主主義」という考え方について考えたことで、自分の考えがどう変化・発展したか、等々。生徒はこれらに自己の主体性・実存性を関わらせながら自分事として取り組む。そのことで、学習内容と生徒の間にレリバンス構築が促される。

4．おわりに

　FHAOでは、歴史学習はしばしば旅（Journey）に喩えられる。行く先々で非日常や異文化を体験し、心を揺さぶられ、自分自身の生きている現実を再発見して帰ってくるのが旅だろう。今回題材とした、「再建期に見る民主主義の脆弱さ」の単元でも、生徒は日常の現実から出発し、非

日常かつ異文化である過去を旅して、現実に戻る。その過程で現在や未来について新しい発見やより深い洞察を得る。その旅が充実し、豊かなものになるか否かは、旅人が旅先で感じるレリバンス次第ではないだろうか。

【注・参考文献】

（1）　ブルーナーは，教育におけるレリバンスについて「一つは，我々人類の存亡に関わる世界が直面している諸問題との関連としての社会的レリバンス（social relevance）．もう一つは，自己の実存的尺度に基づく真実・興味・意味といった個人的レリバンス（personal relevance）」と説明している。（J.S.Bruner, The Relevance of Education, 1971, p.114. 邦訳：平光昭久『教育の適切性』1972年，明治図書，204頁）。

（2）　FHAOの日本における先行研究としては原口友輝による道徳教育の視点からの諸論考，空健太による歴史教育，特に"困難な歴史"に関する視点からの諸論考がある。空健太「生徒の感情に関与することを重視する米国の歴史学習プログラム」（二井編著『レリバンスの視点からの歴史教育改革論－日・米・英・独の事例研究－』139-163頁，2022年，風間書房）。FHAOのホームページはhttps://www.facinghistory.org/（参照2023/ 8 /15）

（3）　空，同上書，143・157頁の図をもとに，二井が整理した。二井「レリバンスの構築をめざす歴史カリキュラムの内容構成と実践－カナダの歴史教師R・フロスマンの"ジェノサイドと人道に対する罪"コースの場合－」（二井編著『レリバンスを構築する歴史授業の論理と実践－諸外国及び日本の事例研究－』28頁，2023年，風間書房）。

（4）　この単元の諸情報は以下のFHAOのウェブサイトから入手した。
　　　https://www.facinghistory.org/resource-library/reconstruction-era-and-fragility-democracy-0（参照2023/ 8 /15）

（5）　帝国書院『新詳世界史探究』2023年，224頁。

（6）　その意味するところについては，例えば，小野聡太「"困難な歴史"をどのように探究すべきか」（全国社会科教育学会『社会科研究』第95号, 2021, 26頁）などに詳しい。

（7）　多民族国家であり多文化国家である米国では，教室の生徒にとっても名前は各人が背負っている歴史の痕跡となっている場合が多い。

（8）　「日本国憲法の成立により日本は民主主義の国になった」として大団円を迎えがちな日本の歴史学習とは，なんと異なることか。

（9）　この構造は2022年度より実施されている高等学校地理歴史科の新科目「歴史総合」の各大単元の構成とも共通点がある。

（10）　原田智仁「英国ニュー・ヒストリーのレリバンス論－SCHP（学校評議会歴史プロジェクト）を手がかりに－」（二井編著『レリバンスを構築する歴史授業の論理と実践－諸外国及び日本の事例研究－』88-89頁）をもとにした。

8 子どもたちが地域・世界と共につながる教材研究

井ノ尾　功（元甲賀市教育研究所　所長）

　地域には、子どもたちが目を輝かせ、自分たちの課題を追究する素材が数多く存在している。こうした地域の素材を教材化することは、社会科学習にとって避けて通れない大きな課題である。今日まで、多くの市町村あるいは各学校で地域の素材の教材化を進め、副読本の作成に力を注いできた。しかし、近年、地域社会にもグローバル化・国際化・情報化が浸透し、地域の様子が変容し、地域にも外国の人々が住み働く姿があり、家庭には多くの外国の品物や輸入食材を使った食品が見られる。

　こうした中、学習指導要領においてグローバル化・情報化などの進展による内容の見直しが図られてきた。今一度、地域の実態と学習指導要領の内容を世界との関わりをグローバル化の視点で見直し、地域の素材と世界につながる素材の教材化を考えていくことが求められている。

　本稿は、以上のような問題意識のもと、子どもたちが地域や世界と共に関わる教材の開発と研究について、地域の素材の発掘と選択の視点、学習指導要領との関わりと地域の現状、そして、今までの開発事例を見直し、子どもたちと共によりよい教材開発を模索していきたい。

1．地域の素材の発掘と選択の視点を見直す

（1）地域の素材を発掘する手順と留意点

　今日まで、多くの地域教材が開発され、地域で子どもたちの主体的な学習が展開されてきたが、基本に立ち返るとともにグローバル化の視点を取り入れ、地域の素材を発掘する手順や留意点を再確認したい。

・今までに発掘された地域教材や資料等の整理と選択をおこなう。

・学校の教育目標、学習指導要領の目標と内容、子どもたちの実態を念頭におき、幅広い視点から地域の素材を発掘するよう心掛ける。
・教師自らが地域を歩き、農業、工業、商業、公共施設、遺跡、碑、資料館などの見学・調査から、無くなった素材や新しい素材を見直し、素材の発掘に努め、地域におけるグローバル化の素材を調べる。
・地域の歴史や文化、自然などの事象に造詣の深い方や資料館・博物館の人からの聞き取り調査による素材や教材を発掘する。
・県市町村史や統計書、新聞記事などからの素材発掘に心掛ける。

　既に、副読本が編集されている場合にも、上に述べた基本的な教材化の姿勢を大切にして、各社教科書を比較検討し、地域の統計などの資料を見直すとともに、新しく学習指導要領に入れられた内容や世界につながる素材や教材の発掘に心掛けたい。

（2）地域の素材を選択する視点

　子どもたちが地域を学ぶ意義は、地域の社会生活を支えている人々の知恵や工夫、努力、協力関係など、人々の働きや様々な関わりを学ぶことであり、社会科で育成する資質・能力を地域の「人、もの、こと」と直接に関わって身につけることにある。この二つの視点を踏まえ、次の観点に見合った地域の素材と教材の選択にあたりたい。
・子どもたちの生活実態を踏まえ、日常生活につながりがあるもの。
・観察や見学、調査、聞き取りを通して、地域の人々と一体となりやすいもの。また、外国の人やものなどに気づきやすいもの。
・見学や観察、聞き取り、資料活用が容易にでき、子どもたち自らが事象の追求ができ、興味・関心が持続できるもの。
・今までの経験や既習学習、日常生活から見て、子どもたちにとって発見や意外性あるもの。
・表現活動に、子どもたちの創意・工夫が生かされるもの。

　これらの観点に合った素材と教材を、学年別・内容（単元）別に一覧表にして、地域の人々と直接ふれあい、学ぶことを大切にしたい。

2．各学年の単元と地域や世界との関わり

　次に示した表1、2は、各学年の学習指導要領の目標、内容、内容の取扱いに示された地域や世界に関わる内容と、地域に見られ教材開発が期待できる世界に関わる事象についてまとめたものである。太字で示した内容は、学習指導要領に示されている世界に関わる内容である。

表1　中学年の地域や世界に関わる内容と地域に見られる世界の事象

	学習指導要領の内容と世界との関わりのある内容	地域に見られ、教材開発が期待できる世界に関わる事象
3年	内容(1)「身近な地域と市の様子」	地域に住み、働く外国の人が多くなってきていること。
	内容(2)「地域の生産や販売の仕事」 **（イ）販売「他地域や外国との関わり」** **（外国を含めた商品の産地や仕入れ先の名称と位置）**	農業・工業など見学では、働いている外国の人に出会うこと。 商品が外国から送られてきていること。 生産物が外国に送られていること。
	内容(3)「地域の安全を守る働き」	地域では、防災訓練などに外国の人々が参加していること。
	内容(4)「市の様子の移り変わり」 **（イ）ア「内容の取扱い」で「人口」を取り上げる際、国際化にふれること。**	これからの市の発展としての「世界に開かれた未来のまちづくり」が、県や市町村で提唱されていること。
4年	内容(1)「県の様子」 **イ（ア）県内の交通網** **（県内の港・空港の位置）**	地域の港・空港から世界の国々へつながっていること。
	内容(2)「健康や生活環境をささえる事業」 **イ（ア）ガスの供給のための事業** **（原料の液化天然ガスの輸入）**	輸入元から地域のガス事業者に輸送 外国の人々へのごみ処理パンフレットの配布や看板の設置がされていること。 水やごみのSDGs問題
	内容(3)「自然災害から人々を守る活動」	消防隊や自衛隊の海外災害救助活動
	内容(4)「県内の伝統や文化、先人の働き」 （開発、教育、医療、文化、産業などの地域の発展に尽くした先人）	祭りや文化財（世界文化遺産・日本文化遺産） 先人（外国からの文化や技術を伝えた人、外国に伝えた人、世界灌漑遺産など）
	内容(5)「県内の特色ある地域の様子」 **内容の取扱い(4)ア国際交流に取り組むまちづくり(国旗)**	地域に住む外国の人の生活問題、県や市町村の姉妹提携や友好都市などの取り組み

表2　高学年の地域や世界に関わる内容と地域に見られる世界の事象

	学習指導要領の内容と世界との関わりのある内容	地域に見られ、教材開発が期待できる世界に関わる事象
5 年	内容(1)我が国の国土の様子と国民生活 ア(ア)世界における我が国の国土の位置、 イ(ア)世界の大陸と主な海洋、主な国の位置 内容の取扱い(1)ウ　国旗	地球儀や世界地図 日本や外国の国旗、国歌
	内容(2)我が国の農業や水産業における食料生産 イ(ア)輸入など外国との関わり	給食の献立、食料品の自給率 地産地消、6次産業化 戦争による燃料と食料の不足問題
	内容(3)我が国の工業生産 イ(ウ)貿易や運輸の様子	地域で最先端技術をもつ工場や輸出品を生産する工場の取り組み
	内容(4)我が国の産業と情報の関わり 内容の取扱い(4)イ・ア(イ)・イ(イ)について、販売、運輸、観光などに関わる産業から選択して取り上げること	地域の販売業、運輸業、観光業について、大量の情報を活用している事業所での世界との関わりの聞き取り
	内容(5)我が国の国土の自然環境と国民生活の関わり イの(ウ)公害防止の取組	地域で発生した公害などの取り組み
6 年	内容(1)我が国の政治の働き ア(ア)国民の権利・義務と三権分立	地域に住む外国の人々の基本的人権などの問題 ア(イ)国や地方公共団体の政治の働き 地域に住む外国の人々への取り組み
	内容(2)我が国の歴史上の主な事象 内容の取扱い(2)オ 　アの(イ)〜(サ)については、当時の世界との関わりにも目を向け、我が国の歴史を広い視野から捉えること。	日本への移住や日本からの移民に関わる人々の問題 地域と世界に関わり影響を与えた人物や産業などの見直し 大友宗麟やシーボルトなど
	内容(3)グローバル化する世界と日本の役割 ア日本とつながりの深い国々の人々の生活 イ世界平和実現のための国際連合の働きや日本の役割と海外の発展の援助や協力 内容の取扱い(3)エ 　世界の人々と共に生きるために大切なこと	県や市町村の友好都市や姉妹都市 ユニセフの募金活動 外国の国旗・国家と伝統文化の尊重 ロシアによるウクライナ侵攻

　学習指導要領の 6 年の歴史については、内容の取扱い(2)オにおいて、「アの（イ）〜（サ）については、当時の世界との関わりにも目を向けること」を配慮事項（p.125）にあげ、「大陸文化の摂取」「元との戦い」「キリスト教の伝来」「黒船の来航」「日清・日露の戦争」「日中戦争や我が国が関わる第二次世界大戦」を取り上げる際には、当時の世界の動きが大まかに分かる地図などの資料を求めている。

　しかし、これらの配慮事項は、世界との関わりの内容が、地理的空間的な視点になっており、世界の人々とどう関わったのか、また、どう影響を与えたのかといった関係の視点を示すものではなく、例えば、江戸時代の代表的な浮世絵師・歌川広重の浮世絵がゴッホの画風や色づかいに影響を与え、ヨーロッパの画家にも広まったような教材が大切であると考える。

　学習指導要領の「内容の取扱いについての配慮事項」（p.142）において、高学年における地域教材の取り扱いについては、「我が国の国土や産業、政治、歴史などについての理解を深めることが目標であり、地域教材を取り上げた学習にとどまることがないよう指導計画を工夫すること」が求められている。

　甲賀市の歴史の教材化については、聖武天皇が遷都した紫香楽宮、日本文化遺産の信楽焼、甲賀武士（忍者）の実像、東海道の宿場町を訪れた人物、茶の輸出とペリー、戦争中の人々の生活など、地域と教科書にある歴史事象と人物との関わりを教材化し、副読本[1]『わたしたちの甲賀市』（二冊本）に掲載している。

　その活用においては、甲賀武士と信長・家康・家光や、信楽焼と朝鮮通信使、戦争中の人々の生活などの教材は、授業の導入や展開において、文書資料や地図資料として活用し、聖武天皇と紫香楽宮や伊能忠敬と甲賀測量など、見学や体験を伴う場合には、地域の特色を生かした各校のカリキュラムとして、総合的な学習の時間においての取り扱いを工夫している。

3．地域の素材や教材を位置づけた年間指導計画の作成

　地域の素材や教材の一覧表と各学年の地域と世界の関わりが想定された段階で、素材と内容の着目点、学び方の基礎となる資質・能力の育成を考えた年間指導計画を作成することが必要である。

・学習指導要領の学年の目標や内容を十分に考え、その目標や内容に見合う地域や世界の素材や教材を、先に作成した一覧表から選ぶ。

・学習指導要領の内容の着目点を考慮し、地域や世界の素材と子どもたちの活動との関わりを想定し、学習活動や資質・能力の育成の年間の見通しを立てる。見学や聞き取り、資料活用、表現活動など、年間を通して2〜3回程度、技能的な段階を追って実施できるようにしたい。

・資料活用においては、教科書の統計や地図などの資料を比較検討し、地域の素材の教材化を図ることが求められる。

・表現活動については、教科書では単元ごとに表現活動が異なっているが、最初は、以前の子どもたちが作ったものや教科書の表現物を見せるなど基礎的な指導にあて、順次、児童の自主的な活動にし、資質・能力の基礎を獲得できるようにすることを考え作成する必要がある。

・年間指導計画は、1年間の見通しであり、仮説であるので、作成はなるべく早い時期におこない、備考欄を設け、見学・観察・聞き取りなどの場所や人名、資料、時期、気づいたこと、反省などを書き込めるようにしておくと、単元の反省や今後の指導に役立つことになる。

4．子どもたちと共に進めた地域や世界に関わる教材を見直す

　今までに教材化してきた地域や世界に関わる教材を見直し、発掘の方法や資料の作成などの問題点や留意点を検討していきたい。

（1）地域学習で地域の人々や世界に気づく子どもたち（3年）

「ワー、ナンテニギヤカナンダロウ。」と、外国からきたくだものくんや、日本中からきたやさいたちが、京都市の中央おろし売り市場のそうこの中でつぶやいています。その中には、多羅尾の中尾さんのトマトくんとトマちゃんが、このたくさんのやさいの中にまざっています。

　カタカナの会話で始まるこの文は、Tさんの作文[2]『トマトくんとトマちゃんのあたらしいなかま』の冒頭である。この作文は、Tさんたちが地域たんけんで見つけた中尾さんのトマト畑で、中尾さんからトマト作りの方法を現地で教わり、中尾さんのトマト作りへの工夫や思いを中尾さんからの手紙で調べ、その出荷先の卸売市場の見学し、単元のまとめの表現活動として書かれたものであった。

　作文は、この後、アメリカからきたグレープフルーツとの対話で、二人を育ててくれた中尾さんを思い出し、泣き出すが、グレープフルーツと友だちになり、セリにかけられ、高い値段がつき、北町商店の店先に三人ともに並べられ、優しそうな女の人に買ってもらう展開となっていて、子どもたちの追究活動も同様であった。

　本教材は、子どもたちが地域で見つけた問題を調べ追究し、グレープフルーツという外国からやってきた新しいなかまに出会う学習展開を構想し教材化をしているが、見学先で子どもたちが世界との関わりを見つけることは、3年の他の単元でも、子どもたちの見学で外国の働く人や観光客、外国から送られてくる品物など、地域や家庭にも多くの世界と関わる事象があり、見学先の情報を的確に入手しておくことが素材の教材化や学習展開にとって重要なこととなる。

　3年の「市のうつりかわり」は、学習指導要領の改訂により取り入れられた内容である。ここでの教材化の大きな問題は、市の変化時期の分け方と資料の発掘であった。地域の歴史的な変化は、市の成り立ちや社会的環境の変化などにより各市町村で大きく異なっている。

　甲賀市の変化の時期については、村から市への自治体の変化と路上交通の変化を軸に、「学校や鉄道ができたころ」「村から町になったころ」「平成時代と甲賀市」の三つの時期に分けることにした。また、資料の発掘と作成については、それぞれの時期の着目点（交通、人口、公共施設、土地利用、道具）に見合った地域の資料を次のように教材化を図っている。

　土地利用図と統計資料との発掘と作成については、国土地理院では昭和50年代の土地利用図しかなく、明治時代から平成時代までの地形図をもとに、市の一定範囲を決め、田畑、居住地、森林などの広がりをトレース紙に抜き書きをして、土地利用図の作成をおこなった。

　統計資料については、インターネットで明治時代から平成時代の滋賀県や甲賀郡などの統計書を検索し、荷馬車や自転車、自動車など生活に密着した具体的な資料を入手し、それらをもとにグラフや地図を作成し、地域の素材を教材化したところである。

（2）自ら地域を調べ、資料を発見する子どもたち（4年）

　まだ副読本がなく、教科書と地域の統計資料集で授業をしていた教職4年目、4年の「郷土の開発（先人のはたらき）」の授業で、地域での調べ学習の発表の時間、「野田池をつくるのに1200円の土地代と工事費が7300円かかり、地域の人々は・・・など大変な苦労をしました。」と、T君が得意そうに発表した。この土地代と工事費については、2か月間も関係資料や用水関係者にあたり話を聞き調べ尽くしても分からないことであった。T君の発表を聞き、「ええっ、どうして4年生の子どもが知っているの？」と愕然としたことを覚えている。

　T君は、野田池がなぜ他の地区にあるのか疑問に思い、調べ学習で祖父に話を聴いた。祖父は、30年ほど前に地域を出られた人から預かり土蔵にしまってあった『野田池開鑿之理由書(3)』を思い出され、その内容を語られた。T君の発表により、子どもたちの調べ学習の重要性を思い知らされ、その後のわたしの教材開発を一変させた出来事であった。

　4年「多羅尾大水害」の教材開発(4)では、子どもたちに家庭や地域の公民館などに残されている新聞記事や写真などを集める活動と被害地調べを子どもと共におこなった。M君は、家の人に聞いて近くの寺に行き、当時の災害復旧関係資料を借りてきた。その資料には、対策本部の日誌、被害や救助の様子、復旧・復興の様子が詳しく書かれ、被害地の当初の対処の資料であり、『多羅尾大水害記念誌』の原資料であった。

　子どもたちと調べた被害地の様子や写真と原資料をもとに、被害地図を教室の壁面に掲げたり、救助や復旧の様子を対処の資料として、救援ボランティア団体資料（後、出身地地図に変更）、田畑復旧や山林砂防のグラフと地図に作成したりすることができた。そして、子どもたちは、自分たちで集めてきた資料と写真、原資料で大水害新聞を編集したり、作文を書いたりして、地域の人々に発信することができた。

　この二つの単元事例は、地域の資料の発掘を子どもたちと探すことによって、単元の主な追究資料となり、表現活動につながり、子どもたちが地域で資料を探すことの大切さを学ぶ教材開発となった。

（3）産業に関わる地域や世界につながる教材の開発（5年）

　食料生産の小単元「これからの食料生産」では、食料品の輸入や自給率の問題が取り上げられ、世界との関わりを調べることができる。そして、地域と関わる教材として、6次産業化や地産地消について調べる活動ができるのではないかと考え、教材化を進めた。

　生産規模105ha、従業員16名の会社は、地域で農家レストランを開き、会社の農場で収穫された米や野菜、地域の農産物を使っている。そして、農場で取れた野菜やくだものを使った加工品が生産され、レストランや隣接地で地産地消を目的とした販売がされ、2015年に近畿農政局から6次産業化認定事業者に認定された。こうした会社の6次産業化の取り組みを紹介したプリント資料を作成し、子どもたちにとって6次産業化や地産地消の理解を深める身近な事例になるように教材化を図った。

　本教材は、子どもたちが県や市町村の関係部署に問い合わせ、地域の6次産業化認定事業所を聞き、その事業所をインターネットやパンフレットで調べたり、見学をして話を聞いたりすることもでき、総合的な学習の時間の取り組みが図れる教材となる内容でもある。

　また、「輸入など外国との関わり」のある教材として、ロシアによるウクライナ侵攻により生じた食料問題について、新聞記事や統計資料を用意し、深め合い活動での活用が期待できる教材開発が考えられる。

（4）歴史、国際の学習における地域や世界と関わる教材の開発（6年）

　ここでは、地域から世界へとつながる教材として、朝鮮通信使と信楽焼[(5)]、甲賀測量と伊能忠敬[(6)]についての教材開発について述べたい。

　朝鮮通信使と信楽焼の教材化は、信楽焼と茶壷道中の教材化で、地域での献上茶壷を製造していた窯元の話から始まった。窯元には朝鮮通信使来朝に合わせて焼かれた食器と注文書、誓約書が残されていた。誓約書には、「見本とちがった場合、どのようなおとがめもお聞きいたします。」と書かれ、当時の朝鮮の焼き物に匹敵するものをつくり、朝鮮の人々にも、信楽の焼き物のよさを認めてもらいたかったものと思われる。信楽焼の実物写真や文書資料を作成するとともに、近江湖北出身の雨森芳洲が外交官として「誠心（真心と真心）の交わり」を大切に活躍した朝鮮使節との交流を文書資料化し、授業での活用を図った。

　地域の人々や外交官雨森芳洲の思いが、地域と外国をつなぎ、国際交流や外交の心構えを学ぶ教材となった。

　もう1件は、伊能忠敬の全国測量である。忠敬は、50歳で蘭学を通して天文学を学び、世界の地図に劣らない日本地図をつくろうと、全国測量に17年間を費やした。その間、滋賀県では1806年と1809年の2回の測量を実施し、東海道での甲賀測量は1806年におこなわれた。

　伊能忠敬記念館で測量機器や『山島方位記』などの関係図書を調査し、地域での測量が詳しく書かれた『鎌掛村史』をもとに文書資料を作成し、授業で活用を図った。学校の近くに東海道が通っていたこともあり、子どもたちの関心も高く、地域の歴史学習の発展として、総合的な学習の時間に忠敬たちが実施した測量体験をおこなった。歩測で正確な地図ができるのか疑問に思っていた子どもたちは、学校を出発し、東海道を歩測と方位針、分度器で測り、1000分の1の地図を作製する活動をおこない、かなり正確な地図が出来上がった。17年間も歩き測量し、死後に完成された伊能図を改めて見直し、忠敬たちの苦労を体験的な学習を通し知ることができる教材となった。

　2016年には、シーボルトが国外に持ち出したとされていた『カナ書き伊能特別小図の写し』がドイツで発見された。これによりシーボルトの著作『日本』の第9回配本に掲載された日本地図の元図が伊能小図の写しであることが確定され、『日本』を見たペリーがその地図を参照し日本周辺の航海地図[7]を『日本遠征記』に載せたことが事実であることが判明した。

　伊能図が国内では明治になってから活用されたのに対し、外国では日本よりも早くに活用され、日本の開国に関わる地図になった。こうした伊能特別小図の海外流出の経緯を踏まえ、伊能図がシーボルト、ペリーに伝わり開国につながるエピソードとして教材開発をおこないたい。

　以上2件、甲賀市の地域から世界に関わる教材をもとに述べてきたが、この二つの教材の共通点は、諸国の街道を通行していたことであり、多くの地域で教材化ができるものと思われる。

　6年の国際単元では、子どもたちは、導入でアメリカの事例でアメリカの人々のくらしや子どもの生活を学び、各自が調べようとする国を決めたとき、子どもたちに調べたい国に手紙で資料を依頼しようとの提案をおこなった。依頼したほとんどの国の大使館から資料や図書が送られてきて、子どもたちは、自分たちの思いが通じたことに驚きと喜びでいっぱいであった。その後、その資料と図書や図書館の関係図書を参考に模造紙1枚にまとめ、お礼の手紙を送る活動をおこなった。

　国際協力についての教材開発では、1890年9月、和歌山県沖で起こったエルトゥールル号の遭難と地元住民によるトルコ人救助活動、そして、1985年3月に起こったイラン・イラク戦争中のトルコ航空機による日本人救助活動を、「トルコと日本の命のかけ橋[8]」と題して、日本とトルコの両国の国民の心のつながりを、現地調査やインターネットでの資料収集、救援をされた人の新聞記事などをもとに文書資料の教材化を図った。

　国際単元の二つの事例からは、外国の人々の生活や思い、外国の人々との心のつながりを学ぶことができる教材となった。

5. 地域や世界と共につながる教材の今後の課題

　子どもたちと共に地域の素材や資料を発掘することを大切にし、地域素材の教材化を進め、多くのことを子どもたちと地域から学ぶことができた。しかし、グローバル化・情報化などが進み、経済や人々の動きが活発化され、地域の産業や人々に大きな変化が起こっている。

　こうした予測不可能な時代に地域や世界で生きる子どもたちには、地域での体験的な学びを生かし、自らが目標と予測をもち追究・解決を図り、未来を切り開く資質・能力が求められている。

　地域や世界に関わる教材開発においては、次のような課題があるが、未来を切り開く資質・能力の育成を図り、主体的・対話的で深い学びを実現する、地域や世界に共につながる素材の教材化を進めていきたい。

・グローバル化による地域の変化や学習指導要領の内容に対応し、世界への視点を取り入れ、資料や学習展開を見直す。

・歴史上あるいは現代の問題として、日本へ移住した人々や日本から移民をした人々の生活や思い、働きについての教材を開発する。

【出典】

(1) 『わたしたちの甲賀市』4・6年（「地域の歴史探しをしよう」P.161～P.200）甲賀市教育委員会　2023.3　（(4)(5)(6)についても同本に掲載）

(2) 『近江の子ども』84号　滋賀児童文化協会　1988.3

(3) 『教室の窓』小学校No.382（P.17「私のターニングポイント」）東京書籍1988.7

(4) 本単元は、当時は「郷土の開発」での授業実践であり、京都府では、南山城大水害と呼ばれ、集中豪雨が原因であった。
　『教育科学・社会科教育』No.277（P.24「調べ学習で陥りがちな問題点と改善点～中学年の事例を通して～」）明治図書　1985.11

(5) 『教育科学・社会科教育』No.430（P.「絵画や新資料」）明治図書　1996.10　平成12年版『新しい社会』6年上（P.65）東京書籍

(6) 『地図の研究』No.31（P.19「伊能図から子ども測量隊　出発！」）帝国書院　2003.1　平成17年版『新しい社会』上6年（p.71）東京書籍

(7) 『日本遠征記』（二）P.208付図　岩波文庫　1948.10

(8) 令和2年版『小学社会』6年（P.192「トルコと日本の命のかけ橋」）日本文教出版　2020.3　及び令和6年版（P.258）日本文教出版　2024.3

⑨ 戦後教育史の中の問題解決学習

行田 臣（豊川市立御津南部小学校）

はじめに

　本節は、戦後新教育期の愛知県三河地域における社会科実践の特質を明らかにすることを目的とする。本研究が注目する愛知県三河地域は、大正期の経験主義教育に源流をもち、デューイの子どもを中心とした問題解決学習の考え方を現在まで引き継いでいる[1]。つまり、子どもが動く社会科実践を目指してきた地域であると言える。

　戦後新教育期は、カリキュラムを編成する自由が教師に与えられ、コア・カリキュラムや地域教育計画など、様々な実践が試みられた[2]。本節が注目する愛知県三河地域においても、南設楽郡の「作南プラン」[3]など、様々なプランが試みられていたことが報告されている[4]。

　本研究では、三河地域の研究の中心的存在として社会科に取り組んだ、愛知学芸大学愛知第二師範学校附属小学校（以下、「岡崎附属小学校」と略す）、岡崎市立六名小学校（以下、「六名小学校」と略す）、豊川市立八南小学校（以下、「八南小学校」と略す）における実践を分析する。尚、六名小学校及び、八南小学校は戦争の影響で終戦後に代用附属小学校に指定されており、地域の中心校として、各郡市から教師が集められ、研究に取り組んでいた[5]。

1. 八南小学校における生活カリキュラム

　八南小学校は、戦後の研究の成果を、『実践・反省・探求　生活カリキュラムへの展開』にまとめ、1949年11月に発表した。八南小学校は、「平和的な国家及び社会の形成者」の育成を目標にし、社会科を中心学

習とした、コア・カリキュラムによる実践を展開した[6]。教育課程の中心となるのは、子どもの生活の中で、子どもが発見した問題を解決する活動を中心として進められる「生活学習」である。

　八南小学校では、経験することによって学ぶことを前提としているが、単元の始めの動機づけや、子どもたちの学習を方向づけることなど、教師の手立ての必要性が指摘されている[7]。実践された単元の中から本節では、「新聞とラジオ」（6年）を取り上げる（資料①参照）。

【資料①「新聞とラジオ」（6年生）】

（八南小学校『実践・反省・探究　生活カリキュラムへの展開』pp.176-180.から筆者作成）

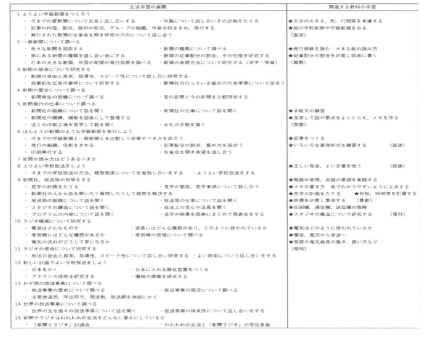

　資料①からわかる単元の特色は、以下の4点である。

　第1は、児童の意欲が引き出され、学習が展開されているようになっていることである。児童は、新聞について調べてみることで、新聞の機能や歴史、新聞が発行されるまでの流れなど、新たな疑問や知りたいこ

とが生まれるだろう。そこで、調べたり、研究したりする活動へとつなげている。つまり、活動することで、必要な学習が児童から生まれ、学習が進む単元設計がなされている。

　第2は、児童の必要感に沿った形で様々な教科が展開されていたことである。例えば、「新聞」の学習において、新聞について調べた際、発行部数を読むために、「大きな数」の学習をしたり、記事の配分の割合を計算したりしているように、算数の学習が行われている。また、「ラジオ」の学習では、機械について研究する際、電波や電流の学習に加え、家庭の電気器具の働きなど、理科の学習へと関連づけがなされている。

　第3は、「新聞とラジオ」という、学習内容を2つ並べる構成をすることにより、学習が深まるようになっていることである。例えば、学級新聞を作成した際の「文章をまとめる力」は、ラジオの校内放送をするための原稿作成に活用される。このように、学んだことを活用できる単元の構成がなされている。

　第4は、情報を発信する主体者として新聞を発行し、ラジオを放送していることである。自分たちが発信する立場になることは、自然と相手を意識した原稿づくりが必要となり、「書くこと」の力が育成される。また、書くためには様々な情報を「読むこと」も必要となる。さらに、原稿などを検討するために話し合う場も生まれ、様々な言語活動に子どもたちが主体的に取り組むことができると考える。

2. 岡崎附属小学校における生活教育

　岡崎附属小学校は、1946年10月、生活学校をかかげ、戦後の復興の中、教育実践の一歩を踏み出した[8]。1949年には、研究の集大成となる『生活学校の姿』、『余暇学習指導計画』、『基礎学習テキストブック』、『単元学習指導計画案』を発行した。

　岡崎附属小学校の生活教育は、「単に学習の生活化というごとき方法的立場に立つのではなくて、生活自体が学習でなければならない」[9]と

いう同校の戦前からの考えに基き、「生活に必要な知識は、それを抽象して与えて記憶させることでなくて、生活の具体の上で、おのづから収得されるという図式を設定しようとするのが生活学校の意向である」⁽¹⁰⁾としている。つまり、生活教育は、生活と学習を関連させることで学習を行うという、単なる技術的な手法ではなく、児童の生活そのものを学ぶ対象とすることで、児童が生活に必要な知識を自らが得られるようにしようと考えていた。

生活教育の中核となるのは、「生活単元指導計画」である。単元学習について岡崎附属小学校は、「児童の生活課題は子どもの解決意欲を喚起し自発活動を促進するものであり、（中略）一つの課題の解決は、より高次な課題の解決を喚起し生成発展して行く」⁽¹¹⁾としている。つまり、課題を解決することで、次の課題が生まれ、学習が連続的に発展していくことを想定していたことがわかる。

また、単元の展開に4つの段階を設定し、岡崎附属小学校としての問題解決学習の授業づくりが明確にされている。4つの段階とは、「1.導入の段階（問題をもつ）」、「2.組織の段階（問題を解決する計画をたてる）」、「3.研究と作業の段階（計画に従って実行する）」、「4.完結の段階」である⁽¹²⁾。

本節で紹介する実践は、「役に立つ動物」（3年）である（資料②参照）。この単元の特色は、以下の3点である。

第1は、導入が児童の意識の流れに沿ったものになっていることである。余暇学習指導計画の描書「はたらく動物」でスケッチをしたことを導入として、単元が始められている⁽¹³⁾。導入については、「課題を認識するということは同時に課題を解決する意欲を伴わなくてはならない。この意欲が強ければ強い程学習活動に力が伴う」⁽¹⁴⁾と述べられている。つまり、取り組む課題を児童が意識するだけでは不十分であり、自ら取り組みたいという意欲が自然に高まるようにすることが導入の役割であると考えられていたといえる。

　第２は、過去の研究物が活用されていることである。「導入」の段階で昨年度の児童の研究物を提示し、話し合う活動が組まれている。この活動を通して、昨年度の「まとめ方の良否」や「不足している事例」が検討されている。このことから、単元の見通しを児童がもつことができ、「研究と作業の段階」や「完結の段階」を思い浮かべながら「計画（組織）の段階」へ入っていくことができるようになっている。

【資料②実践記録「役に立つ動物」（３年）】

（愛知学芸大学愛知第二師範学校附属小学校『余暇学習指導計画案』pp.20-21，『生活教育研究　第３集』pp.60-62より筆者作成）

余暇指導計画（９月）　　　「はたらく動物」	動物のはたらいているところをスケッチしてみる

全４５時間　＊表中○数字は時数を表す

学習段階	展開
導入	○学校で飼っているあひるのスケッチ　① 　・学校は何の為にあひるを飼っているのだろう・誰が飼っているか ○家庭で何か飼っているか調査　① ○昨年度の児童の研究物を提示　話し合い　① 　・調べた内容について　　・まとめ方の良否について　　　　・不足している事柄について
計画	私たちも役に立つ動物について研究しよう　① 　前の反省に基づいて，どんな事をしらべ度（ママ）いか，しらべようか用紙に書いて見（ママ）る。
作業 活動	○書籍による研究をする，自分たちの経験の範囲内で研究したものを表や図に表す⑥ 　・仕事の手助けをする動物　・衣料の材料になる動物　・食用になる動物 ○種畜場の見学をしよう　① 　●計画を立てる　　・大体どういう所か先生の話をきく電車の交渉 　●見学　　　　　・見学した事を幻燈写真にとる　・種畜場のおじさんの話をうかがう 　●見学後の話合　・動物がいろいろの面で私達の役に立っていることの話合 　　　　　　　　　・絵や文にして見（ママ）る ○種鶏場の見学をしよう　　●計画　　●見学　　●見学後の話合 ○東山動物園の見学をしよう　⑥ 　●見学の計画 　●見学一日　幻燈写真撮影 　●見学後の話合・珍しい動物，猛獣，猛禽，愛玩用の動物，家畜について文をつくる 　　　　　　　　　・私達のしらべた表や図絵と比較して見る ○パノラマの製作　３組に分けてつくる　⑤ 話合より発展して ○人はどのよう様に動物を保護しているかの内容について話合　② 　・禁猟禁漁増殖について　・金魚の改良　　・豚の家畜化の様子 ○動物はどの様にして身を守るのか内容についての話合…動物園の物から　② 　・自然環境にあった形をしている動物　・季節に色をかえる動物　　・渡り鳥について ○秋の虫を飼って見（ママ）る ○人はどうして動物の害を防いでいるだろうか　③
総括	出きた幻燈「東山動物園」，「種畜場と種鶏場」をうつして，研究してきたあとをふりかえって見て楽しむ　②

　第3は、児童の興味・関心に合わせ、学習が展開されていることである。「作業活動」の中では、話し合から発展し、「人はどの様に動物を保護しているのか」、「動物はどの様にして身を守るのか」など、計画されていた単元を修正し、発展している。つまり、岡崎附属小学校では、児童が主体となる学習を展開しようとしていると言える。これは、大正時代から児童に寄り添い、児童の主体性を重視してきた岡崎附属小学校の教師の姿勢が表れている特色の一つであると考える[15]。

3. 六名小学校における「地域社会学校の教育計画」

　六名小学校は、戦後の研究の成果を「地域社会学校の教育計画」（1949年）としてまとめる。地域社会学校の目的を、「地域社会の課題を解決し、その改造進歩に寄与するような実践社会人を形成すること」[16]と定め、その姿を2つ設定した。1つ目は、「児童が、課題をもった現実の社会の場所に、参加し、行為しながら、その過程を通じて社会性を獲得すること」であり、2つ目は、「地域社会生活に密接な結びつきをもち、その諸施設、資源を利用する学校」としている[17]。

　学習の中心となるのは、「課題解決の学習」である。教育方法は、「地域社会の現場に学習の場所を求めるものであり、行いつ、学び、参加しつ、市民となる意味にとって、地域社会は学習場所となり、あらゆる資源、施設は極度に利用されるものである」と述べられている[18]。つまり、地域社会を学習の場とし、そこにある施設などを積極的に活用し、地域の課題を児童が活動しながら解決していく学習が目指されていたと言える。

　本節で紹介する実践は、「岡崎市の生い立ち」（4年）である（資料③参照）。この単元の特色は、単元の終末に「将来の岡崎」について絵や文で考える活動が設定されていることである。六名小学校では、本単元以外にも繰り返し、岡崎市や校区のこれからについて考える活動が設定されており、学んだことをもとに、地域社会の課題を解決することを目指した学習が行われている。

【資料③単元計画「岡崎市の生い立ち」（4年）】

（六名小学校『地域社会学校の教育計画』pp.65-71から筆者作成）

1　大昔の岡崎市の人々の暮らしを調べる

　　・昔の人々の生活の絵や写真を集め，人々の暮らしについて話し合う

　　・郷土にある遺跡・遺物を調べる（丸山古墳見学）

　　・大昔の人々について話を聞いたり，物語を読んだりする

　　・大昔の人々の生活を紙芝居に描いたり，劇にしたりする

2　岡崎城と宿場

　　・岡崎城について調べる

　　・城下町としての岡崎，宿場町としての岡崎について調べる

　　　紙芝居、劇　－東海道－

3　岡崎市の交通を調べる

　　・大昔の人々の交通の様子や交通機関の発達について調べる

　　・岡崎を中心とした交通図を作る

　　・岡崎市の交通の将来について考える

　　・交通道徳や事故防止について話し合い，ポスターを描く

4　岡崎市役所調べ

　　・市役所を見学して，私たちと市役所について話し合う

5　これからの岡崎を考える

　　・将来の岡崎の都市計画の絵図や文を描いたり，文に書いたりする

　岡崎附属小学校や八南小学校など、同じ時代の三河地域の社会科実践の多くは、問題を調べ、話し合い、まとめるとなっていた。しかし、六名小学校では、調べ、話し合ったことをもとに、地域の将来を児童に考

えさせる活動を設定し、問題を解決しようとする実践者としての育成を
目指していた。

おわりに

　本研究で明らかになった、戦後新教育期の愛知県三河地域における実
践から見えてきた特色を3点述べ、本論の結論としたい。

　第1は、児童に寄り添う教師の姿勢である。岡崎附属小学校学校にお
いては、現在も「生活教育」は継承され、毎年研究発表会が行われてい
る[19]。単元の構想を立てる際、教師の最大の支援は、「目の前の子ども
を見つめ、子どもが展開していくであろう様々な活動を予測し、単元を
構想していくこと」[20]とされている。また、興味・関心や主体性が生ま
れ、学級として活動を始めたとき、「教師は子どもに寄り添い、子ども
の意識をとらえ続ける。そして、求める活動やその見直しを保障してい
く」[21]とある。これらの記述からは、戦後新教育期の生活教育実践で見
られたように、児童とともに歩むことで単元を修正していく教師のかま
えが見えてくる。八南小学校においては、動機づけにおいて、児童の反
応をよく知ることが重視されている。また、生活学習から、関連する各
教科の学習へと自然に発展するように工夫された単元展開が行われてい
るように、児童の必要感を大切にする教師の姿勢が見えてくる。

　第2は、教師の確かな手立てが重視されていることである。岡崎附属
小学校においては、単元における段階が明示され、活動を中心としなが
らも学習が深まるようにするための手立てが考えられている。八南小学
校においては、問題を発展させるために、教師による暗示や方向づけが
重要であることや、問題を発展させる際、どこまで広げるのか、広さや
深さへの配慮が必要であることが指摘されている。

　第3は、児童に学びの実感をもたせるための単元構成の工夫である。
附属岡崎小学校では、4つの段階を設定し、学習が深まるように工夫さ
れている。六名小学校では、単元の終末に問題解決を目指した学習が設

定され、学んだことを活用するようになっている。

　本研究で明らかにした3つの学校の実践からは、「はいまわる経験主義」と批判された戦後新教育期において、子どもが動く社会科実践を成立させようとした先人たちの確かな指導力が見えてくる。今後は、さらに多くの学校の実践を明らかにし、戦後新教育期についての研究を補完していきたい。

【注】
（1）　山西正泰「三河教育の誇り」『教育と文化』No.117，2018年，p.3
（2）　東大カリキュラム研究会著，海後宗臣監修『日本カリキュラムの検討』明治図書出版，1950年，pp.38-39.及び，水内宏「教育課程の理論と実態」肥田野直，稲垣忠彦『教育課程（総論）戦後日本の教育改革6』東京大学出版，1971年，p.476.参照。
（3）　南設楽分作手南部の旭小学校，高松小学校，田代小学校と南中学校が中心となって，1948年（昭和23年）から数年にわたって実践してきたのが「作南プラン」である。
　　　鈴木郁夫，村中治彦，滝川元雄，巽俊雄，野崎正美，日谷周也，浅見恒行，岡崎昌次「第二次世界大戦後における愛知県の社会科教育に関する歴史的研究―昭和20年代を中心にして―」愛知県教育センター『研究紀要』第60集，1977年参照。
（4）　愛知県教育センター『研究紀要　第60集』，1997年，pp.134-135.
　　　また，愛知県教育委員会『愛知県教育史　第5巻』，2006年，pp.317-326.には，新教育を推進した実験学校における研究テーマ（1949年度）が一覧にまとめられている。
（5）　当時の八南小学校に勤務していた一ノ瀬禮三（教諭）への聞き取り調査より。尚，聞き取り調査は，2018年8月4日に一ノ瀬禮三（教諭）の自宅にて筆者が行った。
（6）　愛知学芸大学愛知第二師範学校代用附属　豊川市立八南小学校『実践・反省・探究　生活カリキュラムへの展開』1949年，p.16.
（7）　同上書　pp.27-29.
　　　例えば，問題を発展させるためには，問題の検討や，学習の計画をたてるなどの機会に，「常に適当な暗示によって，その方向や内容のヒントを示しつつ，各段階の問題を系統立てねばならない」としている。

（8）　愛知第二師範学校附属小学校『生活教育研究―第一集―』生活教育研究会，
　　　1948年，序

（9）　同上書，序

（10）　同上書，p.8.

（11）　愛知学芸大学愛知第二師範学校附属小学校『生活学校の姿』，949年，p.39.

（12）　同上書　pp.39-44.

（13）　愛知学芸大学愛知第二師範学校附属小学校『餘暇学習指導計画案』1949年
　　　学年ごとの年間の学習計画がつくられ，生活単元指導計画との連続性が考え
　　　られている。

（14）　前掲書（11），p.39.

（15）　愛知懸岡崎師範學校附屬小学校『體験生活深化の真教育』東洋図書株式合資
　　　会社　1926年　p.67岡崎附属小学校の大正期の生活教育は，「分割なき「混とん
　　　の生活」に即し，生活によって生活を学ぶことを指導する教育」とされ，教
　　　材の系統とか指導の系統とかいうものはなく，子どもの生活を大切にしていけ
　　　ばよいと考えられていた。また，教師は子どもの研究の「よき相談相手の立場
　　　に立てばよい」とされている。
　　　　愛知懸岡崎師範學校附屬小学校『生活教育の実践』東洋図書株式合資会社
　　　1935年pp.105-110等参照。昭和初期には，単元の始めに，計画を教師と児童が
　　　話し合う時間が必ず設定され，見学や，研究の活動が行われている。

（16）　岡崎市立六名小学校『地域社会学校の教育計画』，1949年，p.12.

（17）　同上書，p.11.

（18）　同上書，p.13.

（19）　愛知教育大学岡崎附属小学校学校『新たな自分を創る子ども―心豊かに総合
　　　学び豊かに教科―』明治図書出版，2000年参照。

（20）　同上書，p.26.

（21）　同上書，p.24.

第2章

子どもが地域・世界と共につながる
社会科学習の実践

教材が開く社会を見る目
―1本の牛乳からつながる学び―

恒川　徹（東京学芸大学附属竹早小学校）

1. 教材でつながる

（1）不安を好奇心に変えて

　子どもの思いと教師の願い、そして、社会の姿が重なり合うところに、教材は生まれる。

　教材は、単に子どもに疑問を抱かせたり、学習内容を提示したりするものではない。小石が水面に波紋を広げていくように、子どもの心を揺らしながら、思いを膨らませていく力をもつものである。

　小石は、静まり返った水面に変化をもたらす。教材とは、子どもにとって異質性を帯びたものであり、安定を乱すものである。それは、子どもの認識に矛盾を引き起こす。見たこともない事物に出合う。十分に知っているつもりだったことのなかに、未知の面が見えてくる。このように、それまでの知識や考え方ではうまく説明できないことを前にすると、人は、不安になる。しかし、それはある条件の下では、好奇心となる。そして、人は未知の状況に挑戦し、新たな知識や考え方を手に入れる。

　ただし、ある条件というのが難しい。異質性が小さすぎると、退屈になる。逆に、大きすぎると不安が増大して、逃げたくなる。

　子どもにとって適度に異質で、好奇心を引き出すもの。それを満たす教材を求めて、教師は授業の道を歩み続ける。

（2）おもしろさが教材の命

　元・筑波大附属小学校の有田和正氏は、「おもしろい」ということを授業づくりの第一義とした。「真面目」が建前の学校社会への挑戦とも

いえよう。おもしろいから学びたくなる。これは誰もが認めるところだろう。

しかし、それをすぐに「ふざけ・不真面目」と結び付けたり、いろいろな建前を並べたりしがちなのも事実である。おもしろいから学びたくなる。このシンプルな公式を念頭に、子どもを見つめ、社会を見つめ、そこに教師の思いを重ね合わせる。これが、教材開発につながる。

適度な異質性があり、好奇心を感じるということ、これはつまり、おもしろいということなのである。

（3）ユーモアは学ぶ力

有田氏は、授業におけるユーモアの重要性を強調した。

それは、ユーモアで楽しい雰囲気をつくって学ぼう、というところには留まらない。ドイツの諺に「ユーモアとは、にもかかわらず笑うことである」というものがあるそうだ。「失望したにもかかわらず」、「悲しいにもかかわらず」、「深刻であるにもかかわらず」、つまり、笑うことができないような状況を乗り越える力こそが、ユーモアなのである。

ユーモア自体に状況を変える力はない。ユーモアは、状況を受けとめる側の見方・考え方を変えるものである。そして、そのとき拓かれる新たな境地によって、初めは悪く見えていた状況を克服する。

つまり、ユーモアは弁証法的止揚の過程であるといえる。

このように考えると、未知への不安を好奇心に変え、それを乗り越えて新たな認識を獲得するという学びの過程も、ユーモアであるといえる。

ユーモアの力は、学ぶ力なのである。

2. 子どもと創る授業
（1）子どもに学ぶ

教えるという姿勢が強くなり過ぎると、子どもが見えなくなる。子どもの子どもらしい輝きが目に入らなくなる。

　ユーモアの目を、まず誰よりも教師が鍛えて、子どもや社会的事象の
おもしろさを発見できるようにしなければならない。

　子どもらしさには、教師を困惑させるようなことも多い。子どもは生
来の学ぶ力をもっているが、それが教師にとって都合よく発揮されると
は限らない。

　教師は追究の持続性を望むが、子どもはとても飽きっぽいところがあ
る。ある考えに固執しているかと思うと、あっさりとそれを捨て去った
りもする。また、論理が飛躍しているように思われるが、本人の中では
筋道が通っているというようなことは、子どもの発言を聴いているとよ
く経験することである。

　さらに、子どもは想像、空想が大好きである。話し合いが活性化して
きたと思ったら、事実から離れた空想的な発言の応酬になる、というこ
とは多い。そのようなとき、教師が進めたい路線を守ることに躍起にな
ると、心はどんどん子どもから離れていく。

　子どもを見る目を柔軟にして、子どもらしさをいかにして生かすかを
懸命に考えたい。

　一つのことをとことん追究するする子どもの姿も素敵だが、飽きっぽ
さは、様々な事柄に心が開かれていることの表れだと考えれば、子ども
の見え方は変わってくる。

　子どもたちが空想的な議論を始めたときは、まずはじっくりと耳を傾
けてみることだ。子どもは決して根拠のない発言をしているわけではな
い。子どもがそのような発想をするということは、そのもとになる何か
がある。それが教師には見えないだけである。むしろ、子ども同士の方
が通じ合っていることも多い。

　子どもが想像を巡らしたり、空想的なことを言ったりするのは、事実
を効率的に教えたい教師にとっては、無駄なことになる。しかし、そこ
には、貴重な子どもの学びのプロセスが潜んでいる。

　話し合いが活性化してくると、子どもは「例えば」とか「もし〜だと

したら」という言葉をよく使うようになる。このとき、自分の経験と結び付ける、シミュレーションをしてみる、などのような心の動きが活発になっていると考えられる。空想的になるのは、様々な事柄を自由自在に組み合わせて解釈することを楽しもうとしているからである。

　教師は、このような子どものおもしろさに十分に共感しながら、事実で揺さぶるタイミングを狙う。その緊張感を楽しみたいものである。

　子どもらしさに寄り添うことによって、教師は子どもに学ぶことができる。授業技術は、子どもから授かるものであるといえよう。

（2）聴くことは本当に難しい

　子どもの発言を聴くというのは、実にスリリングなことである。子どもは、そのとき、その場で紡ぎ出した言葉を発する。次々と現れては消えていく言葉を心に留め、それを解釈しながら、続きの言葉を待つ。言葉が途切れ、子どもが戸惑っている。誰かが助け舟を出して先を促す。すると、初めに言ったことと趣旨が変わっているように感じる。これで果たして子どもの言いたいことは理解できるのか。そもそも子どもの言いたいことは一貫しているのか。

　教師は、よく子どもに「よく聴きなさい」というが、実はそれは至難の業なのである。

　聴くときの態度ばかりに関心を向けていると、聴く態度がよい＝よく聴いているという図式が出来上がり、結果として、聴いているようで聴いていない学級になってしまう。例えば、発言者が自分の知らない用語を使ったときにも、誰も声を上げない、というようなことが起こる。

　では、聴くことの難しさにどう向き合うべきか。

　筆者が今のところ実践できているのは、次の二つである。

　一つは、「それは言い換えるとこういうこと？」と言って、子どもの発言を簡潔にまとめて確認する、「それってさっき言ったことと反対のことじゃないかな？」と指摘する、など、タイミングを見計らって、発言する子どもに働きかけ、必死になって聴いていることを教師が示すこ

とである。

　もう一つは、メモを取りながら聴くという技能を育てることである。これによって、発言者の言葉の一つひとつへの注意力が高まる。これを続けていると、子どもは次第にメモの取り方を工夫するようになる。さらに、多様な発言を関係付けながらノートにまとめることもできるようになってくる。

　発言者の真意を子どもと教師が必死になってつかもうとしている、そんな学級を目指したい。

3. 牛乳1本からつながっていく授業

（1）「もの」の力でつながる

　教室に具体物を持ち込むと、子どもが非常に活発に動き出す。

　教室に普段ない物が、突然現れる。これだけでも子どもの好奇心は湧き上がってくる。そして、問いかける。

　教師は、黙ってそれに耳を澄ますことが大切である。望む学習問題に近づけようとして口出ししてはいけない。子どものつぶやきは、教室の中を自由に巡り、いろいろとつながっていく。それが子どもの学びにとって最も価値のあるものの一つであると信じることである。

　教室に1本の牛乳パックを持ち込み、黙って提示する。

「それいつも買ってる。」

「賞味期限は？」

「消費期限じゃないの？」

「それってどこがちがうの？」

「国語辞典で意味を調べたら…。」

　牛乳の産地に関心をもって、地図帳で調べ始める子どももいる。その姿を見逃さずに大いに褒める。子どもたちが授業を進めていく。牛乳パック1本を囲んで子どもたちが対話する姿は微笑ましい。そこには家族の団らんのような温かさを感じる。

（2）教室の外の情報が集まってくる

「昨日スーパーに行ったら、その牛乳売ってたよ。」

「値引きシールが貼ってある牛乳があった。」

「賞味期限が近くなると安売りするんだよ。」

「期限が切れたら、捨てるんだよね。」

「本当に？他の食品も？」

「家では賞味期限が少しぐらい過ぎても食べるよ。」

賞味期限や消費期限への関心は高い。授業後に見たこと、聞いたことが、次の日に集まってくる。宿題の作文の題材にする子どもも出てくる。

期限切れ商品の廃棄という問題と値引きシールがつながる。これまでの店頭での商品の見え方が、少し変わる。

賞味期限を過ぎても食べるかどうか、価値観の対立が起こる。

「捨てる以外に方法はないのか。」

「捨てることは環境にもよくない。」

さらに、話し合いの視点が広がっていく。

（3）インタビューがブームに

家族に尋ねるだけでなく、店員にインタビューしてくる子どもも出てくる。「店長さんと仲良しになった」「資料を見せてくれた」などの報告が続くと、インタビューがブームになる。

こうして、消費者の側から販売者の方に目が向いてくる。

販売者とのコミュニケーションは、子どもたちにとって、かつてはごく日常的なものであった。大規模チェーン店が主流となってからは、販売者と消費者の距離は遠くなったように思われる。一方、今でも残っている駄菓子屋に集う子どもたちの姿からは、コミュニティとしての消費の場の大切さが伝わってくる。それは、社会とのつながりの端緒であるともいえる。

緊張しながらも、仕事中の店員に声をかけてインタビューを敢行した

子どもは、社会につながる扉を、少しだけ、しかし、確かに自分の意志で開けたのである。

（4）ゆさぶりをかける

　子どもが積極的に調べるようになったら、それだけで満足しないように、教師はゆさぶりをかける。

　キャベツや大根の実物を提示して、「賞味期限はどこにも見当たらないけど、どうやって判断するの？」とゆさぶる。

　消費期限が短い肉類の実物を提示して「これだと売れ残りが多くなるんじゃないかな」とゆさぶる。新たな問いというよりは、目先を少しずらして、子どもを少し不安定にする言葉がけである。話し合いの技能が高まってくると、子ども同士でこのような指摘をし合うことができるようになる。同じ店にもう一度行って確かめてくる子ども、より確かな結論を求めて、いくつもの店を巡って調べてくる子どもが出てくる。

（5）牛乳売り場に焦点化

　消費者の視点からスタートした子どもたちは、店の人へのインタビューなどを通して、販売者や生産者の立場からも考えるようになっていった。

　ここで改めて、スーパーマーケットの中にある具体物に焦点

写真1　スーパーの牛乳売り場

化し、さらに話し合いを深めることにした。教材は、牛乳売り場の写真（写真1）である。提示しただけで、子どもたちは口々につぶやき始める。

　「なんでこんなにたくさんの種類があるの？」

　「いつも買っている牛乳がこの中にある。」

　つぶやきを聞きながら、ゆっくりとした口調で、「この中で一番売れ

ている牛乳はどれでしょう？」と発問する。

「一番たくさんある牛乳だと思う。」

「売れないからたくさん残っているんじゃないの？」

「売れて牛乳が減ると、すぐに追加するんだよ。」

「安いのが一番売れると思うよ。」

　子どもたちは、予想したこととインタビューの結果を照らし合わせながら、いつも何気なく見ている牛乳売り場に、消費者のことを考えた店の人の様々な意図があふれているということを学んでいった。

　そして、他の売り場を見る目も変わってきた。

　この学習の場面では、棚の牛乳を前から取るか後ろから取るかも話題になった。店員にインタビューした子どもが、店の側からの願いを伝えたことから議論になった。子どもたちは、食品ロスの問題に消費者の意識がどのように関わっているかを改めて学んだ。

（6）社会を見る目をさらに広げる

　ここまで、スーパーマーケットを中心に展開してきた。既にコンビニエンスストアで調査活動をした子どももいたが、それらの違いにはまだ関心が向いていないようであった。

　次の教材も、教師が教えたいことを直接示すものではなく、それを暗示する事実で、子どもの既成の理解の枠組みを揺さぶるものである。

　学校の近くに、スーパーマーケットとコンビニエンスストアが隣接している所がある。その写真を大きく伸ばして提示する。

　そして、単元の冒頭で提示した牛乳パックが再び登場する。

　その銘柄の牛乳は、隣り合うスーパーマーケットとコンビニエンスストアの双方で販売されていることを告げた上で、価格を比較する表（図1）を提示した。そして、「どちらで買いますか」と発問した。「他店よりもよ

M社の牛乳	
スーパー	コンビニ
279円	289円

図1　価格の表（名称は実際には固有名詞。）

り安く」という店の努力、少しでも安い方が嬉しいという消費者心理に
共感している子どもたちは、矛盾を感じる。

　この教材を示した後は、授業の進行を子どもに委ねることにした。日
直に司会を依頼し、これまで調べてきたことや新たに得た情報をもとに
して、子どもたちが学びを創っていく様子を見守ることにした。

　次に掲げる資料は、店の写真と価格の表を提示した授業の次の回の授
業における子どもたちの対話の一部である。

資料１　牛乳の価格の違いを巡る対話の様子

Ｃ１　スーパーは１回に200本ぐらいM社の牛乳を仕入れて、安くする契約を
　　　しているが、コンビニは１回に30本ぐらいしか仕入れないので、安くする
　　　契約は成立しない。それをぼくは店長さんから聞きました。

Ｃ２　契約が違うと、値段が変わるってことね。

Ｃ３　そういうこと。

Ｃ４　調べたのはどこの店？

Ｃ５　ここです。（写真をモニター画面に映して見せる。）

Ｃ６　コンビニは24時間営業しているじゃん。それで電気代もかかるし、それ
　　　はスーパーも同じなんだけど、スーパーはたくさんの人に買ってもらえる
　　　し、コンビニは、スーパーに比べると、買う人が少ないけど、小さいお店
　　　でも２、３人とか雇っているから、その分、ちょっと高くないとだめなん
　　　ですよ。

Ｃ７　それって調べたこと？（「調べた」という返答。）

Ｃ８　店員さんを雇うと、その、ちょっと高くしないと、その店員さんのお給
　　　料とかが払えなっちゃうから、ということ？

Ｃ９　そんなこと言うんだったら、スーパーでも同じじゃない？

Ｃ10　だから、スーパーは、コンビニよりたくさんの人が来るから。

Ｃ11　えっ、そうかな。

Ｃ12　いろんな人が買ってくれるから、そんな高くしなくても大丈夫っていう
　　　ことだよね。いろいろな商品もあるし、その、１個のもので買うよりも、
　　　いっぱいあるから大丈夫ってこと。

　（筆者注：C12の後半の発言は、一般に、スーパーでは多くの種類の商品をま
とめて買う場合が多く、利益が高くなるということを意味している。）

　授業が店員へのインタビューの報告から始まったため、主に販売者の立場からの発言が続いた。その後、消費者の立場からの発言が増えていった。

　比較して話し合うことによって、価格の背後にある様々な要因が見えてきた。

(7) 実感として子どもが発する「工夫・努力」

　商店で働く人々が、いろいろな工夫をしていること、見えない所でも努力していることを子どもたちに伝えたい、と教師は願う。だからこそ、「工夫」や「努力」などの言葉は、子どもの口から飛び出してくるのを待ちたい。

　何度も調べに出かけ、店の人の姿を観察したり話を聞いたりしているうちに、子どもたちが「こんな工夫をしていたんだ」「すごく努力しているんだ」と、しみじみと言葉にする瞬間。それはまさに実感的理解が達成されたことを表している。そのとき子どもは、とてもいい表情をしているに違いない。

資料2　授業についての子どもの感想文

　ぼくは、お店の人は、商品をおくのにも工夫しているということを知って、びっくりしました。細かい心がけをしているお店の人に感しゃです。そして、これからは、自分の都合をゆう先しないで、賞味期限が近い物から買おうと思いました。

---

(8) 子どもが自然につながっていく

　学習を積み重ねるうちに、友だちが調べてきたことに感心して納得したり、考えを友だちに伝えて共感を得たりする光景が自然に見られるようになる。

　大人の指導など全く必要とせずに遊びの輪が少しずつ広がっていくよ

うに、自然であることが最も大切であると思う。

　学ぶ対象に「おもしろさ」を感じた子どもたちは、教師が仕組まなくても、対話を始め、それぞれの個性をうまく組み合わせながらつながり、問題解決を進めていく。

　その過程で、心の地平線を社会に向かってぐんぐんと広げていく。

（9）子どもの詩情への憧れ

　子どもに詩をつくるように求めると、しばらく考え込んだ後、次第に鉛筆が動き始め、やがて、教師が思いもつかないようなユニークな言葉やフレーズを生み出す。とても不思議だ。そして憧れる。

　そこで、社会科の学習のまとめを詩で表現してほしい、と子どもに求めてみる。

　すると、そこには、普段の授業のまとめの作文には表れないような言葉の世界が浮かび上がる。

　１本の牛乳から始まった町の商店の学習のまとめを、子どもの詩情に託した。

　調べた内容や分かったことを題材にする子どもがいる一方で、学ぶ過程で味わった心情や、その価値についての思いを言葉にする子どももいる。

　知識の定着も大切であるが、それ以上に、これまで知らなかった人々とのふれあい、仲間との学び合いの楽しさは、かけがえのない経験として、子どもの心に深く残るであろう。

> 資料3　子どもの詩①
>
> 　　スーパー
>
> スーパーは工夫の空気で
> あふれている
> 牛乳のおいしさとおかずの味
> ちょうどいいわり引きの早さと
> 賞味期限と消費期限
> 安くて長もちするスーパー
> 地いきのことを思ってはたらく
> 店員さん

資料4　子どもの詩②

　　お店の不思議

普段私たちが
何となく使っているお店
そのお店も、深く考えれば
疑問が出てくる
歴史や工夫
不便さも
仲間の意見を鍵にして
どんどん疑問に答えていく
でも答えれば答えるほど
また疑問が出てくる
だけどそれを続けて
なんでもよく考えることが大事
ということを
一本の牛乳から学んだ

資料5　子どもの詩③

　　店の人も

自分たちでは分からない
はてな
でも　インタビューしたら
分かった
店の人も
自分たちも
ありがとうと
一言かけたら
笑顔になった
学んだことも増えたし
いい気持ちになった
またインタビューしたいな
でも　いそがしい
それでも
学ぶと楽しいな

4．教材の向こうに

　社会とつながる場は、すぐ近くにある。教材という扉から社会に一歩踏み出して追究を始めた子どもたちは、友だちと学び合い、新たな人々とのつながりを築いていく。それは、社会への希望を育んでいく。

【参考文献】
(1)　有田和正『子どもの『見る』目を育てる』，国土社，1986年.
(2)　有田和正『『追究の鬼』を育てる　有田和正著作集』，明治図書，1993年.

2 第4学年・グローバル社会における社会科地域学習

服部　太（大阪青山大学）

　本節は、子どもたちが地域からグローバル社会における多面的な変化をとらえていく社会科学習について述べる。取り上げる社会科学習の構想及び実践は、筆者の前任校である広島大学附属小学校のものである。

1. グローバル社会における社会科カリキュラム

　小学校社会科は、地域、日本、世界と学習する対象を広げていく同心円的拡大法により学習単元が構成されている。しかし、グローバル化が進んでいる社会においては、子どもたちの身の回りにもグローバル化した社会的事象が入り込んでいる[1]。そのため中学年社会科で学習する地域も、実際は、社会と多様で多面的なつながりを有している。このようなグローバル社会について系統的に解釈を深め、グローバル社会を形成していくことができるよう、カリキュラムを作成した。簡易的に表した表を示す[2]（表1）。

　表の縦軸にシークエンスとして、中学年は「地域・日本と世界」、高学年は「日本と世界」を配列している。一見、地域、日本、世界の順で同心円的拡大法によって構成されている。しかし、地域、日本、世界のどこを取り上げたとしても、自分とは異なる他者や社会との多様なつながりを常に意識している。表の横軸には「A．空間的、時間的つながり」、「B．法的・社会規範的つながり」、「C．経済的つながり」、「D．異文化間のつながり」、「E．環境とのつながり」といった五つのスコープを設定している。これらのスコープから、社会的事象がどのようなつながりをもって相互に依存し合ったり、影響し合ったりしているかについて多

面的に認識していく。

表1　グローバル社会における社会科カリキュラム

学年		スコープ→	A．空間的・時間的つながり	B．法的・社会規範的つながり	C．経済的つながり	D．異文化間のつながり	E．環境とのつながり
高学年：日本、世界の中にあるグローバル社会の現状や課題を多面的に認識し、その意味を解釈した上で、今後のグローバル社会についての改善案を表現する。	日本と世界	世界相互のつながり	グローバル化と持続可能な社会（A-6）	法、正義と平和、権威と権力（B-6）	個別化（C-6）	多様性（D-6）	ジレンマ（E-6）
		日本と世界のつながり	文化交流（A-5）	法、暴力（B-5）	資本主義、格差（C-5）	画一化（D-5）	破壊（E-5）
中学年：地域や日本、世界の中にあるグローバル社会の構造を多面的に認識し、その価値について合理的に判断し、自分の考えを表現する。	地域・日本と世界	日本と身近な国のつながり	情報化社会（A-4）	法、影響力（B-4）	貿易（C-4）	伝播（D-4）	利用（E-4）
		地域と世界のつながり	人、物（A-3）	条令、公共（B-3）	利益（C-3）		
低学年：身近な家庭や地域の中にあるグローバル社会を多面的に認識し、その価値を自分たちなりに判断する。	自分・身近な地域と世界	身近な地域と世界のつながり	社会の変容（A-2）	きまり、慣習（B-2）			
		家族（自分）と世界のつながり	多様な人々（A-1）				

（※広島大学附属小学校は2014〜2021年度に低学年社会科を設置していた。）

　シークエンスとスコープが交わるところには、「情報化社会（A-4）」や「法、影響力（B-4）」といった主題を設定している。これらの主題を単元ごとに選択し、単元構成をしていく。例えば、第4学年「ごみのしまつと活用」で、資源の有効利用に重点を置いて学習していきたい場合は、「利用（E-4）」を主題にして単元構成をしていく。また、これらの主題は一度使用したら終わりとはならない。各学年の各単元で、適切だと考える主題を繰り返し選択していく。そのことにより、子どもたち自身が、グローバル社会とつながっていると認識できるような学習を積み重ねていくことができる。

2. グローバル社会とのつながりをとらえる学習過程

グローバル社会とのつながりをとらえる学習過程は、「知る」、「わかる」、「考える（社会について）」、「考える（自分について）」の四つに分けている【図1】。

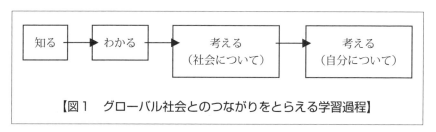

【図1　グローバル社会とのつながりをとらえる学習過程】

「知る」段階は、主にグローバル社会を構成する人々や、グローバル社会における社会的事象そのものについて理解する。「わかる」段階は、グローバル社会における社会的事象の因果関係について認識する。その際、身近な社会的事象や「知る」段階で学習した社会的事象が、関連し合ったり、影響し合ったりしていることも認識し、グローバル社会の構造を解釈していく。「考える（社会について）」段階は、グローバル社会の現状や課題について、級友と対話しながら解決案や改善案を練り上げていく。解決案や改善案を練り上げるためには、現状や課題を認識したり、分析したりしてじっくりと現状や課題と向き合っていかなければならない。つまり、現状や課題そのものとの対話も必要になる。もう一つの「考える（自分について）」段階は、主に自分や自分の所属する集団や社会の立場から、グローバル社会の現状や課題を価値づけたり、解決案や改善案を考えたりする。特にこの段階は、自分とグローバル社会のつながりをとらえていくことができるようにする。

このような学習過程をとおして、グローバル社会を構成する一員として、グローバル社会に積極的に関わる意欲や態度の育成を図っていく。

3．グローバル社会における社会科地域学習の実践－第4学年社会科「わたしたちの県～広島の伝統ある府中みそ～」－

（1）県内の特色ある地域と社会のつながりをとらえる

　県内の特色ある地域の学習は、「伝統的な技術を生かした地場産業が盛んな地域」、「国際交流に取り組んでいる地域」、「地域の資源を保護・活用している地域」などを取り上げる。これらの地域をとおして、人々が協力して特色あるまちづくりや産業の発展に努めていることを学習していく。その際、取り上げた地域に関連する他地域や他の都道府県、海外との関係性も含めて学習していくよう留意する。現在のグローバル社会は、経済面や文化面、環境面で多面的な変化が世界的規模で続いている。そのため、取り上げた地域にも、必ず他地域や他の都道府県、海外とのつながりが生じている。

　以上をふまえ、小学校第4学年の子どもたちが、県内の特色ある地域と、他地域や他の都道府県、海外とのつながりを認識していけるような単元構成にしていく。県内の特色ある地域を、社会と多様で多面的なつながりがある空間としてとらえさせていきたい。

（2）地域教材としての味噌

　地域と社会の多様なつながりをとらえるために、本単元は地域でつくられている味噌を教材化する。

　味噌は大豆を主原料に、米または大麦、大豆麹、塩を混ぜて発酵、熟成させた調味料である。大きく分けると、大豆と米麹で仕込む米味噌、大豆と麦麹で仕込む麦味噌、大豆と大豆麹で仕込む豆味噌の三つがある。米味噌は北海道や本州全域で、麦味噌は山口県や四国地方、九州地方で、豆味噌は東海地方でつくられている。地域でどのような味噌をつくるかは、その地域の気候や風土に規定される[3]。また、地域には地域の味噌を用いた郷土料理もある。例えば、木曽三川下流域の郷土料理であるふな味噌は、木曽三川に生息するふなを豆味噌で長時間煮込んだも

のである。かつてふなは、木曽三川下流域に住む人々の貴重なたんぱく源であった。また、ふなは12月～1月から脂がのっている時期でもあり、ふな味噌は正月のハレのご馳走にもなった。豆味噌で煮込んでいるため、保存性も高い。これらのことから、地域の味噌について理解を深めれば、地域の地理的、歴史的特徴や人々の生活をとらえることもできる。

　このように味噌は、我が国の伝統的な食品であるにもかかわらず、我が国の味噌は消費量が減少しているという課題を抱えている。この課題は、生活スタイルの変化により、味噌を使った食事の機会が減ったり、つくらなくなったりしていることが関係している。人口減少が進んでいる国内において、味噌の消費量を維持したり、増やしたりすることは簡単ではない[4]。このような課題を解決するために、味噌をつくっている醸造業者は、どのようなことに取り組んでいるだろうか。キーワードは、つながりである。第一に、地域とのつながりである。地域の伝統的な味噌を、あらためて地域の人たちに食べてもらうよう、地域とのつながりを見直す。また、徹底的に地域の原材料にこだわり、地域とのつながりを前面に打ち出した味噌づくりをしている醸造業者もある。第二に、国内でのつながりである。地域の伝統的な味噌を地元地域だけで消費するのではなく、近隣都道府県にも販路を広げていく。第三に、海外とのつながりである。地域の伝統的な味噌といえども、少しでも安価に抑えて販路を広げていくために、原材料を輸入する。さらに、海外でも味噌の消費者を増やしていこうとするつながりである。

　以上、味噌は地域だけにとどまらず、グローバルで多様なつながりを見出していくことができる教材といえる。

（3）広島県の府中味噌

　本単元は、県内の特色ある地域として広島県東部に位置する府中市を取り上げる。府中市は、400年以上の歴史をもつ府中味噌をつくっている。府中味噌は、芦田川流域の金丸米、神石郡や比婆郡の白芽大豆などを原

材料として用いる。江戸時代には、温暖な気候と醸造技術の改良によって、府中味噌の品質が向上した。この品質の向上を受け、福山藩主が将軍や諸藩に贈答する高級品としても扱われるようにもなった[5]。また福山藩の参勤交代のルートにより、府中味噌は府中市から東へと広がっていた[6]。なお、近代以降、府中味噌は贈答品のような高級品としてではなく、家庭料理全般で使用されるようになる。他には、広島産の牡蠣と府中味噌を組み合わせた、牡蠣の土手鍋も郷土料理としてつくられるようになった。

　このように府中味噌は、広島県の伝統的な味噌であるものの、味噌消費量の減少という課題に向き合っている。最盛期に10社以上の府中味噌醸造業者があったものの、現在は3社まで府中味噌醸造業者に減っている。このような状況に対して、現在の府中味噌醸造業者はどのような取り組みをしているのだろうか。このことをふまえて、本単元は浅野味噌、金光味噌という府中味噌醸造業者を取り上げる。

（4）指導目標

〈知識及び技能〉

- 我が国の味噌は、米味噌、豆味噌、麦味噌の3種類があり、それぞれの地域でどの味噌がつくられているか調べることができる。
- 広島県の伝統的な府中味噌をつくっている醸造業者は、人口減少や生活スタイルの変容といった社会背景を踏まえた商品開発をしたり、販売計画を考えたりしていると理解できる。

〈思考力、表現力、表現力等〉

- 味噌の消費量減少について、人口減少や生活スタイルの変容と関連づけて考えることができる。
- 広島県の伝統的な府中味噌をつくっている醸造業者が、味噌の消費量減少という課題に対して、地域や海外とのつながりを意識した商品開発や販売計画に取り組んでいることを認識できる。

〈学びに向かう力、人間性等〉

・広島県の伝統的な味噌である府中味噌が今後も受け継がれたり、親しまれたりするために、府中味噌をアピールする内容や方法を積極的に考えようとすることができる。

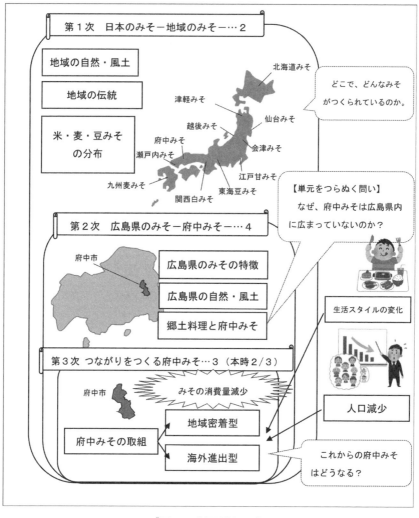

【図2　単元構想図】

（5）単元構想（全9時間）

　第1次は、主に我が国における米味噌、麦味噌、豆味噌の分布を知る。味噌は地域の自然や風土に合わせてつくられ、地域によっては、地域の伝統的な味噌があることを学習していく。なお、家庭で使用している味噌の種類や、食する頻度を調べ、味噌に興味がもてるようにもする。

　第2次は、広島県内の米味噌、麦味噌の分布から、広島県でも気候や風土に合わせて味噌づくりがされてきたことを知る。また、郷土料理である牡蠣の土手鍋をとおして、広島県の伝統的な府中味噌について知る。さらに、広島県の伝統的な味噌であるにもかかわらず、府中味噌が広島県内に広く普及していないことに疑問をもち、この原因について、交通網の変遷や、参勤交代を事例に認識していく。

　第3次は、府中味噌醸造業者は、地域や海外とのつながりをもって、味噌消費量の減少という課題に取り組んでいることを認識していく。最後に、今後の府中味噌に対して、自分にできることは何か考えていく。

　本単元は、グローバル社会における社会科カリキュラム（表1）の「C-3（利益）」、「D-4（伝播）」を主題として構成した。味噌の消費量減少という課題に対し、府中味噌の醸造業者は利益を得るための商品開発をしたり、販売計画を考えたりしている。この商品開発や販売計画のなかには、海外へ味噌という食文化を伝えていこうとするものもある。

（6）第8時の学習過程

　府中味噌と地域、世界のつながりを認識し、府中味噌の抱える課題に積極的に関わろうとする学習として第8時の授業を取り上げる。

表2

段階	学習活動	・指導の意図と手立て　○つながり　□評価
《知る》味噌	1　前時までの学習内容を振り返る。（2分）	・一人、1年あたりに消費する味噌の量の推移を表したグラフより、味噌消費量の減少を確認する。 ・味噌消費量の減少は、人口減少、洋食の普及、核家族化、一人暮らし世帯の増加といった生活スタイルの変容が関係していたことを確認する。

消費量の減少と府中味噌	2　本時の課題をつかむ。 （3分） (1)　浅野味噌、金光味噌について知る。 (2)　課題をつかむ。	・府中味噌の醸造業者である浅野味噌と金光味噌の写真を提示する。 ・浅野味噌と金光味噌の売上が維持されていたり、伸びたりしていることを補説する。 ・味噌消費量は減少しているものの、浅野味噌と金光味噌の売上が落ちていないことに疑問をもたせる。

みそ消費量は減っているのに、なぜ府中みその売上は落ちていないのだろう？

《わかる》グローバル社会における府中味噌の現状	3　課題について考える。 （20分） (1)　予想する。 (2)　予想を検証する。	・課題について予想させる（○社会的事象との対話によるつながり）。 ・予想した浅野味噌と金光味噌の商品開発や販売計画について、資料をもとに検証していくよう促す。

《「浅野味噌」の商品開発、販売計画に関する資料》 ①開発したレシピ集…府中味噌を使用した新料理の開発、レシピの提示。 （※新料理の開発、レシピの作成は、地域の人たちと協力。） ②開発した商品…原材料は全て国産品。市販の味噌より高額に設定。 ③味噌蔵の開放…地域イベントを催し、府中味噌の味噌蔵を開放。

《「金光味噌」の商品開発、販売計画に関する資料》 ④開発した商品…英語表記の即席味噌汁、ディップ用味噌ソース。 ⑤海外へのプレゼン資料…健康食品、安全性、オーガニックのアピール。

	(3)　検証内容を整理する。	・浅野味噌は地域密着型、金光味噌は海外進出型の商品開発、販売計画で、府中味噌売上の維持、増収を図っていることを認識させる。
《考える（社会について）》府中味噌醸造業者の方針	(4)　浅野味噌が地域密着型、金光味噌が海外進出型を選択した意図を考える。	・浅野味噌が地域密着型、金光味噌が海外進出型を選択した意図について、グループで話し合うよう指示する（○子どもたち同士の対話によるつながり）。 ・府中市の人口が減少し続けているグラフや、海外への味噌輸出量が増加し続けているグラフを提示し、考えを構築する際の根拠となるようにする。 □味噌消費量の減少、人口減少といった社会背景と関連させて認識することができたか。
《考える（自分について）》グローバル社会の一員として、自分ができること	4　浅野味噌、金光味噌を紹介するバナーを話し合う。（20分） (1)　バナーのフレーズを考える。 (2)　グループでバナーのデザインを話し合う。	・浅野味噌、金光味噌の現在のバナーを提示する。 ・これからも府中味噌が守り、受け継がれていくよう、浅野味噌、金光味噌のこれからのバナーを考案するよう、促す（○「自分に何ができるのか」と自分自身と対話する、自己とのつながり）。 ・全国各地の伝統味噌醸造業者のバナーをいくつか提示し、バナーデザインのイメージをもたせる。 ・誰に向けて発信するバナーなのか考えるよう促す。 ・浅野味噌の場合、近隣地域のニーズと関連したバナーを考えるよう意識させる。 ・金光味噌の場合、海外のニーズと関連したバナーを考えるよう意識させる。

（7）実践の考察

　本単元は、1週間にどれぐらい味噌を消費しているか、子どもたちが自分の生活を振り返るところから始まった。家庭によって多様な産地の味噌を使用していたものの、学級で一番多く使用していた味噌は広島県産、次に長野県産であった【図3】。また、我が国全体で味噌の消費量が減少していることを知ると、「それぞれの家でお気に入り味噌があると思うけど、これからなくなってしまう味噌も出てくるのかもしれない」と心配する子どももいた。

　なお、府中味噌について、知っている、食べたことがあるという子どもは、第4学年中の2名のみであった。そこで、府中味噌の試食会を行った。「クリームみたい」と府中味噌の白さに驚く子どももいれば、「家の味噌より甘く感じる」といった味の違いを見出す子どももいた。このように、府中味噌の理解を体験的にも深めていった。

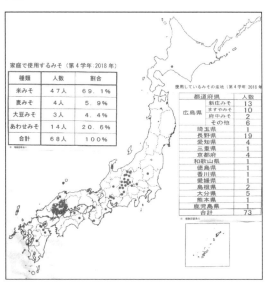

【図3　家庭の味噌調べ】

　第8時は、府中味噌の売上を維持したり、増収したりしている醸造業者を2社、取り上げた。この2社が、味噌消費量の減少という課題に対して、あらためて地域に府中味噌をアピールしたり、海外に市場を広げたりする取り組みは、子どもたちにとっても納得ができたようである。ここで、子どもたちが考えたバナーの発表の様子（第9時）を一部示す。

表3

【浅野味噌のバナー】	【金光味噌のバナー】
Ｃ１：散歩とかですぐにお店に行くことができるから、わざわざホームページを見ないかもしれません。 Ｃ２：だけど、見ている人ががっかりするといけません。だから、「今日は○○料理の日！」みたいに、府中味噌のメニューを給食の献立表っぽく、毎日、紹介していくバナーがいいと思いました。	Ｃ３：健康な食事をしたい外国の人には、ずばり、これ！ Ｃ４：「私は府中味噌で元気になりました！」 Ｃ５：府中味噌を食べたら、元気になったよ的な体験談を載せます。 Ｃ６：バナーをクリックすると、英語の販売コーナーのページになります。

　浅野味噌を担当したグループは、地域密着のコンセプトに沿って、金光味噌を担当したグループは、海外進出のコンセプトに沿って、バナーを考えようとしていたことがうかがえる。単に府中味噌について詳しく知るだけではなく、府中味噌の抱える課題に対して「自分に何ができるか」と自分自身を見つめ直す機会にもなったことが本単元の成果といえる。

　広く、深く社会について理解していくことはもちろん大切である。小学校段階だからこそ、自分と社会のつながりをとらえることだけではなく、自分はなにができるか、自分自身とのつながりも大切にしていくような社会科学習も展開していきたい。

【第8時の板書】

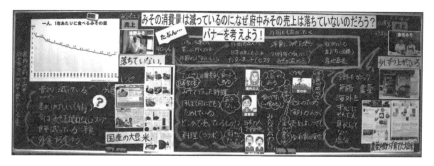

【注・参考文献】

(1)　安藤輝次（2005）は次のように述べている。「とすれば，もはや同心円的拡大カリキュラムでは太刀打ちできない。子どもの身近に外国のモノや情報があるだけでなく外国の文化を背負った人もいるからである。」（安藤輝次「同心円的拡大に関する日米教科書の比較－小学校社会科カリキュラム研究（その1）」『奈良教育大学紀要』第54号第1巻，2005年，p.89）

(2)　カリキュラム構想の根本的な考えは「集団相互理解教育」を基礎としたヒルダ・タバのタバ社会科に依拠している。タバ社会科については，次の論文に詳しい。

・棚橋健司「社会科カリキュラム開発における「構造」概念について－タバ社会科を手がかりにして－」中国四国教育学会『教育学研究紀要』第28号，1983年，pp.297-299.

・小田泰司「タバ社会科の成立過程と再評価－ヒルダ・タバの多文化教育研究の足跡を踏まえて－」全国社会科教育学会『社会科研究』第52号，2000年，pp.11-20.

・小田泰司「アメリカ社会科教育史研究における新たな研究方法の可能性－ラッツグループの社会認識形成論の展開とタバ社会科－」全国社会科教育学会『社会科教育論叢』第47集，2010年，pp.23-32.

(3)　前田利家『味噌のふるさと』古今書院，1986年，p.134

(4)　みそ健康づくり委員会編『みそ文化誌』中央味噌研究所，2001年

(5)　堂本康彦「味噌の地域特性－西日本編―」（日本醸造協会編『日本醸造協会誌』84巻2号，1989年）p.81

(6)　府中味噌については，みそ健康づくり委員会の記述に依拠している。『みそ文化誌』（みそ健康づくり委員会編，中央味噌研究所発行，2001年）pp.307-308.に詳しい。

3 第4学年・問い×情報活用で地域の先人とつながる

松本　卓也（愛知教育大学附属名古屋小学校）

1．問い×情報活用による解釈型歴史学習の社会科授業の理論

　本節は、第4学年・問い×情報活用で地域の先人とつながる社会科授業の在り方について具体的な実践例をもとに提案する。事例として取り上げるのは、筆者が2022年度に実施した「港をひらく～地域の先人たち～」の実践である。

　本実践研究では、「どうしたら子どもと地域の先人がつながるのか？」という課題意識をもち、問いと情報活用を中心に解釈型歴史学習のアプローチで地域の先人を学ぶことに効果があると予想した。そして、次の三つの柱から授業デザインを考え実践した。

（1）問いに着目した学習問題の設定と単元構成

　社会科の学習において問いを意識することが大切であることは、学習指導要領にも明示されている[(1)]。筆者が所属する愛知教育大学附属名古屋小学校でも、令和元年度から、問いの質と単元構成について研究を進めてきた。そのなかで、次のような問いと学習デザインによって授業を構成することで深い学びにつながることを明らかにしてきた[(2)]。

資料1　社会科の問いを中心とした社会科学習デザイン

Ⅰ　導入	Ⅱ　学習問題①の解決	Ⅱ　学習問題②の解決
問いの質に注目して、社会的な見方・考え方を働かせながら問いを創る	「なぜ」 仲間と協力して、試行錯誤しながら概念的知識を獲得する	「どうしたら」「どうすれば」 社会にある様々な課題に対して挑戦し、社会認識を育てて、社会参画をする

（愛知教育大学附属名古屋小学校『和衷協同』Vol.5、2023を参考に筆者作成）

　本実践においても、問いを中心とした学習問題①、学習問題②を設定した単元構成をする。しかし、本単元は地域の先人を学ぶ学習単元であることから、未来につながる「どうしたら」「どうすれば」ではなく、学習問題②も「なぜ」発問で構成することとした。

（2）地域の先人を学ぶ学習と解釈型歴史学習の相関性

　地域の先人を学ぶ学習は、「当時の世の中の課題や人々の願いなどに着目して、見学・調査したり地図などの資料で調べたりして、年表などにまとめ、地域の発展に尽くした先人の具体的事例を捉え、先人の働きを考え、表現することを通して、地域の発展に尽くした先人は、様々な苦心や努力により当時の生活の向上に貢献したことを理解できるようにする[3]」ことをねらいとした単元である。したがって、子どもたち自身が情報を集め、吟味し、地域の歴史人物について子どもが自ら描き、過去のその先人の働きが今になってどうつながっているのか、子ども自身が評価する学習活動が不可欠である。

　こうした子どもが歴史家のように活動し、「資料という情報を評価・判断し、それらの相互関係を見いだし、歴史用語を適切に使って関係性を説明する学習」は解釈型歴史学習として、その重要性を土屋武志は提唱している[4]。本実践でも、その解釈型歴史学習のアプローチで授業を展開していくとする。

（3）児童の調べに応じたメディアの選択と情報活用力の育成

　解釈型歴史学習のアプローチで学習をおこなう際には、情報を収集・吟味することが重要であることから、子どもの情報活用能力の育成も不可欠である[5]。とりわけ、地域の先人に関する情報は、インターネットからだけでは不十分であり、地域の図書館資料なども必要になってくる。

　本実践では、調べるメディア選択を子どもに個別にさせ、ICTに限らず広い意味での情報活用能力の育成も視野に入れて授業を展開していく。

2．単元構成の概要

資料2　「港をひらく～地域の先人たち～」の授業デザイン図

港をひらく～地域の先人たち～（15時間）

●単元の授業デザイン

I 出合う段階

<第1時>　資料から問いの前提を確認し、学習問題①を創る。

提示する資料：熱田の湊（江戸時代）の絵巻物、明治時代の名古屋港の写真、現在の名古屋港の写真

学習問題①　　　なぜ名古屋港は日本一の港になったのか。

<第2時>　学習問題に対する予想を考え、自分が調べたい問いを創る。

児童の問いの例

情報を求める問い	つなげる問い	関係性を求める問い
・　**だれが**名古屋港を発展させたのだろう。 ・　**いつから**日本一になったのだろう。 ・　**他の港**との違いは何だろう。	・　**どのように発展**してきたのだろう。 ・　どのようなものを**運んでいる**のだろう。 ・　**どのような形**の港になっているのだろう。	・　なぜ発展したのだろう。 ・　なぜ**江戸時代とは違う場所**にあるのだろう。 ・　なぜ明治時代に**一度落ち込んでしまった**のだろう。

II 追究する段階

<第2～7時>　問いを構成し、追究シートを作成して各自で追究する。

児童の追究の例

【津金の働き】	【奥田と黒田の働き】	【日本国内での位置】	【海外とのつながり】
資料 ・　江戸時代の名古屋港の範囲 ・　うめ立てた土地による名古屋港の広がりの様子	資料 ・　海洋博物館でもらった資料 ・　奥田助七郎と黒田豊太郎の写真 ・　しゅんせつ工事図解	資料 ・　海洋博物館でもらった資料 ・　全国の港との貿易量を比較したグラフ	資料 ・　海洋博物館でもらった資料 ・　名古屋港とつながる世界の港の図

名古屋港ポートビル、海洋博物館の見学

具体的知識の例	具体的知識の例	具体的知識の例	具体的知識の例
尾張藩の財政を立て直し、人々のくらしを改善するために、津金が熱田の港の周りをうめ立てて田んぼにした。土地が広がり、米の収穫量があがった。	武豊港や四日市を経由して荷物を運んでいたが、国際貿易港を置き、愛知県を発展させるために奥田や黒田がしゅんせつ工事を行い、ろせった丸が入港した。	全国で見ると工業製品の輸出が日本一である。トヨタをはじめ、工業の盛んな県の特色が影響している。現在も発展させようと様々な努力が行われている。	LNGをはじめとした、資源の輸入量が多い。現在も輸入するものに合わせて港の形を変えて整備が進み、面積は拡大している。

III 解決する段階

<第8時>　学習問題①について話し合い、自分の考えをまとめる。そして、新たな問いへ…

概念的知識の例

　津金文左衛門や奥田助七郎、黒田豊太郎の活躍によって、名古屋港の発展の基礎がつくられた。また、その思いは現在にも受け継がれており、発展は続いている。とくに工業製品の輸出量は41年連続日本一で、愛知県の特色を生かした貿易を行っている。今後も国際貿易港として、日本を支えるとして発展していくとよい。

新たな問いへの布石

　愛知県には、他にも県の発展に尽くした人物がいるのではないかな。

> ＜第９時＞　学習問題①で得た概念的知識を整理して、学習問題②を創る。
>
> 資料　愛知県出身の人物
> ＊「だいすき大愛知」に載っている例
> ・平田靱負とヨハネス・デ・レーケ　→　木曽三川の治水工事に貢献した。
> ・加藤民吉　→　瀬戸焼の祖
> ・都築弥厚　→　明治用水の開通に尽力

Ⅲ
解決する段階②

> 学習問題②　　なぜいろいろな先人が今でも語り継がれているのだろう？

> ＜第１０～１４時＞　学習問題②の解決のために、自分で問いを創り追究し、偉人パンフレットを作る
> 資料　愛知県出身の人物
> 児童が個人で創る問いの例
> なぜ、平田靱負とヨハネス・デ・レーケは木曽三川の治水工事をしたのだろう？
> なぜ、都築弥厚は明治用水の開通に尽力したのだろう？

> ＜第１５時＞　学習問題②について話し合う
> ・　名古屋港の他にも、愛知県にはたくさんの先人がいて、先人の多くは地域の人のために努力をしたり、困難を乗り越えたりしているという共通点がある。
> ・　そのような地域の先人がいたことが、今の私たちの生活につながっている。

●単元の目標と評価

観点	目標	○評価の姿	パフォーマンス評価活動
知識・技能	名古屋港の開港に尽力した奥田助七郎の努力や、現在の名古屋港の様子について**調べ、まとめること**を通して、**先人の働き**により、地域が発展してきたことを理解できるようにする。	・　津金文左衛門、奥田助七郎、黒田豊太郎などが名古屋港の発展に尽くしたことを、現在の姿をふまえて説明することができる。 ・　名古屋港の現在の姿について、用語を使って正しく説明できる。	・　偉人パンフレット作成 →　学習問題①をいかして、地域に貢献した先人の苦労や努力を中心に調査し、必要な情報を吟味してパンフレットで取り上げている。
思考・判断・表現	取扱貨物量が日本一になった**理由や背景について話し合う**ことを通して、先人の努力や工夫、願いと関連付けて、地域の発展や人々の生活の向上や安定について考えることができるようにする。	＜学習問題①＞ ＊概念的知識の例を参照 ＜学習問題②＞ ・　愛知県に尽力した人物について調べ、現在とのつながりを考える。	・　学習問題①話し合い後の自分の考え ・　学習問題②話し合い後の自分の考え
主体的に学習に取り組む態度	港のはたらきについて、主体的に問題を解決しようとする態度や、よりよい社会を考え学習したことを社会生活に生かそうとする態度を養うとともに、多角的な思考や理解を通して、地域の発展を願う心情を養うことができるようにする。	・　愛知県に尽くした人物について、その人物の功績が現在の愛知県をつくり、将来を見据えていたことを考えている。 ・　これからは私たちが愛知県をつくっていくことになる意識をもつ。	

147

　前頁に示した授業デザイン図については、次のような単元のねらいから構成した。

　本節で具体的な事例として取り上げる小学校4年生「港をひらく〜地域の先人たち〜」の単元は、2022年度に筆者が所属する愛知教育大学附属名古屋小学校で実践をおこなう授業として立案した。したがって、本単元における地域とは愛知県を示すこととする。

　名古屋港は、総取扱貨物量、輸出額、自動車の輸出量日本1位[6]であり、愛知県に住む人々のみならず日本にとって欠かせない港である。しかし、名古屋港の前身はもともと熱田神宮付近にあった熱田港であり、現在の名古屋港に至るまでに先人の苦心や努力があった。

　そこで、まずは名古屋港が日本一の港になった理由を追究する学習問題①を子どもたちが創り、学習を進めることで、地域の発展に尽くした先人について概念的知識を獲得することをねらいとした。

　次に、学習問題①で学んだ知識は、名古屋港の事例だけでなく、愛知県に残るモノやコトにもあてはまるのではないかという予想から、愛知県にはどのような先人がいるのかを調べ、愛知県に多くの先人がいる理由を追究する学習問題②を創り、追究することとした。その際に、調べる先人の事例は個別で自由に選択できることとした。また、個人で自由に追究する際には、調べた先人の年表を必ず入れた紹介パンフレットにまとめる学習活動を設定し、子どもたちが調べたことを互いに比較できるようにした。

　こうして2段階の学習問題の単元にすることで、概念的知識の活用はもちろん、解釈型歴史学習のアプローチで授業を進める際に、まずは学習問題①で歴史を解釈する手法を学んだ後、さらに個別で子どもが個人で歴史解釈する活動に自分で取り組むことができるというねらいがある。

　そして、最後に、愛知県に多くの先人がいる理由を子どもたちがそれぞれ調べたことを基に、地域の発展に尽くした先人の共通性や現在にもつながることについて、話し合いをおこなう展開とする授業デザインとした。

3．実践の概要

（1）学習問題①を創り、予想をして追究の見通しをもつ

　第1時では、名古屋港の前身である江戸時代の熱田港、明治時代の熱田港、現在の名古屋港の資料をもとに、子どもたちの問いから学習問題①を創った。『尾張名所図会』の「七里渡船着」の資料から、江戸時代から熱田港は熱田神宮に近く宮宿として栄えていたこと、現在の名古屋港も総取扱貨物量、輸出額などで日本一であることを確認した。そして、『熱田名所』の明治時代の熱田港を描いた資料を提示し、実は明治時代は江戸時代と一転して、貿易額は1位とは程遠い状況であることを確認した。このことから、「なぜ、名古屋港は日本一になったのか？」という学習問題①を創った。

資料3　学習問題①を創る授業の板書

　そして、第2時において、追究をする前に予想をしてから、どのような問いで追究するのか、イメージマップを作成した。

　ここで書いた問いを基に、次時から追究活動を行った。

資料4　予想と問いのイメージマップ

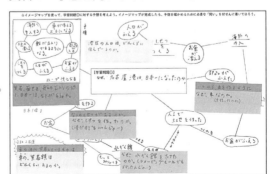

（2）具体事例から概念的知識を獲得する

　子どもたちは、予想と問いをもとに、追究シートというワークシートを使って追究を進めた。追究シートは、左側に第2時で作成したイメージマップで書いた問いの付箋を貼り付けたり、新たに問いを書き足りたりする。

資料5　追究シートの例

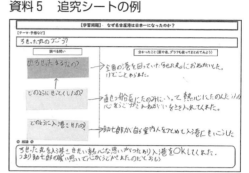

　そして、その右にその問いに対して調べたことを書き、結論を書くワークシートである。

　調べるメディアは、タブレット端末を使ってインターネットで調べることはもちろん、事前に借りて準備をした名古屋市立図書館にある名古屋港関連の書籍、校外学習として実際に名古屋港ポートビルの展望台や海洋博物館の見学など、インターネットの情報だけにとらわれない、様々なメディアから情報にアクセスできるように設定した。

　毎時間必ず、Googleフォームに短く振り返りを記入して送信させ、学級で共有するとともに、送信したフォームが個人の学びの振り返りができるように活用した。また、話し合いの前後に学習問題①に対する自分の考えもフォームに提出し、スプレッドシートで意見共有をできるようにしてから、話し合いをおこなった。

　学習問題①の話し合い後の子どものまとめのフォームには、右のようなことが書かれており、当時の課題を先人が乗り越え、現在につながっているという概念的知識が獲得できていることが分かる。

資料6

> 名古屋港は、奥田助七郎などの偉人が現在の名古屋港の基本を作った。そのことによって、今までの課題であった遠浅の海で大型船が入港できないという課題を解決したことによって、日本の中心にあるという利点と大型船が入港できる特徴のある港ができた。
> （児童のフォーム入力を一部抜粋）

（3）概念的知識を獲得した学習問題②を創る

　学習問題①の話し合いを受けて、「地域の先人は、当時の課題があり、その課題を克服するために努力や苦労をしてきた」という概念的知識を確認した上で、4年生で学習をしてきた地域である愛知県に目を向け、名古屋港以外に先人が関わっていることをインターネットで探し、多くの先人が愛知県にいることを確認した。そこで、学習問題②として、「なぜ愛知県にはこんなに偉人が伝わっているのだろう？」[7]を設定して学習を進めた。

　そして、学習問題②を解決するためには、先人の事例を集め、その共通点を探ることで明らかになるため、子どもたちに自分が気になる先人を選び、その人物について追究を深め、比較しやすいようにパンフレットを作成してから学習問題②を話し合うこととした。そのため、子どもたちには、「なぜ○○は、□□したのだろう？」という問いを自ら創り、追究する活動を設定した。これは、自分で問いを考え、歴史家のようにその人物の行動、時代背景、当時の立場、現在の状況とのつながりを調べ、自ら評価する解釈型歴史学習の学習活動として設定した活動である。

（4）子どもが個別最適にメディアを活用して調べる

　追究の方法は、学習問題①と同様に行った。また、振り返りについてもGoogleフォームを引き続き利用した。

　ある児童は右のように振り返りが変容しており、学習問題①の概念的知識を生かして、地域の先人に対して、昔と現在のつながりを意識して評価していることが分かる。

資料7

> 第1回　具体や今との繋がり、困難を乗り越えたことを調べていた。次は理由きっかけのことを中心に調べたい。
> 第2回　ヨハネス・デ・レーケは、雨が降ったときに洪水が起きないように3つの川をバラバラにする工事をしたからすごい。
> 第3回　ヨハネス・デ・レーケが治水工事をしてくれたおかげで、洪水があまり起こらない場所に住むことができると思った。
> 　　　　（児童のフォーム入力から要約した）

　また、追究活動で得た情報をもとに、子どもたちが自分で情報を吟味・整理して、先人パンフレットづくりをおこなった。

資料8　子どもが作成した先人パンフレット

（5）地域の先人に対する価値付けにつながる話し合い

　パンフレットを読み合い、対話しながら多くの先人の名前や行動、現在の生活とのつながりを共有してから学習問題②について話し合った。

　多くの先人が、まず地域にある社会的な課題や困難に直面し、それを頑張って乗り越え、その結果、今の安心・安全な生活に欠かせないものとなり、次の世代に受け継がれて今に伝わっていることを結論付ける展開となった。

　ある児童は、話し合い後の考えとして、右のようなまとめを入力している。

　地域の先人は、地形の特徴によって生じる地域特有の課題について困難を乗り越えていることや、なぜ先人の銅像がつくられているのか、自分で先人が歴史のなかでおこなってきた行動の価値付けをしていることが分かる。

資料8

> 　昔は不便で、生活が困難で、偉人は地域の人に反対されたり、地形の特徴についてどうすればいいかなどの困難なかべをのりこえて、地域のため今でも活用でき今の生活に欠かせないものや伝統を作ったりしたので地域の人は感動して銅像を作った。そして全ての分野の偉人がいる。
>
> 　　　（児童のフォーム入力を一部抜粋）

4．実践研究の成果と課題

　本実践研究の成果として、学習問題①で子どもたちが共通する具体的な事例を取り上げて先人の苦心や努力を学んだ後で、学習問題②でさらに本格的に歴史家のように先人に追究する活動をおこなうことで、本単元で身に付けるべき概念的知識が深まり、先人に対する価値付けを子どもたち自身ができるようになっていることである。

　子どもたちが学習問題について話し合う前後に、Googleフォームに入力した意見を集約して、AIテキストマイニングで分析すると[8]、学習問題①と学習問題②では次のように変化している。

〈資料9　テキストマイニングによるワードクラウド図〉

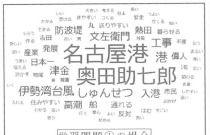
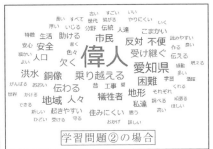

　ワードクラウドの図の変化から、名古屋港の具体的例としての単語より、地域の先人に共通する概念的知識を獲得したことが分かる単語が増えていることが分かる。さらに、「地域」「安全」「受け継ぐ」など、先人の功績が今につながっていることを、子どもたちが自ら価値付けることができるようになっていることも分かる。

　一方で課題としては、学習問題②の追究活動の際に、どうしても地域の図書館から借りてきた、既存の書籍を中心に調べることになる。なかには、家庭で調べている先人に関わる場所に行きたいと話した子もいたが、本当に歴史家のように情報を自ら探し出すことが体験できるような、よりリアリティのある学習活動の改善が必要であると考える。

5. 問い×情報活用による解釈型歴史学習で子どもと地域がつながる

　「どうしたら子どもと地域の先人がつながるのか？」という課題意識をもち、問いと情報活用を中心に、解釈型歴史学習のアプローチで地域の先人を学ぶことに効果があると予想して実践を行ったところ、次の2点が明らかになった。

　第1に、学習問題①で子どもたちが共通した先人の例を調べ、それを基に学習問題②を子どもたちがそれぞれ選択した先人を選ぶことで、学習指導要領に明示されている概念的知識を確実に習得できたという点である。実践した小学校4年生の単元のねらいは、地域の発展に尽くした先人は、様々な苦心や努力により当時の生活の向上に貢献したことを理解することにある。名古屋港だけを取り上げて実践を終えた場合、学習問題①の子どもの記述を分析した結果から考えると、概念的知識ではなく、名古屋港に関する先人の具体的知識にとどまっていた可能性が推測できる。なぜ愛知県に多くの先人が伝わっているのか、子どもたちがそれぞれに事例を調べ、対話することで、具体的知識が概念的知識として獲得できたことが明らかになった点に意義がある。

　第2に、子どもたちがそれぞれ歴史家のように先人について追究することで、当時の先人と子どもたちの今がつながるという点である。学習問題②において、子どもたちは個人で地域の先人の行動について調べ、その行動が現在の生活にも関係していること理解し、なぜ今にも伝わっているのか価値付けをしていた。また、それぞれ価値付けしたことについて、子どもたち同士でそれぞれが追究した先人について互いに紹介、比較し、対話することで、現在の安心・安全な便利な生活には、必ず先人がいることまで理解が進んでいることも分かった。問いをもとに、情報を活用して、解釈型歴史学習のアプローチによる授業デザインを基に実践することで、子どもが地域の先人と時間を超えてつながることができることが明らかになった点に意義がある。

　以上のことから、学習問題①と学習問題②の問いと情報活用を中心に、

解釈型歴史学習のアプローチで授業をおこなうことで、子どもたちが地域の先人とつながることができるといえる。したがって、今後も本格的な歴史学習を始める6年生ではなく、4年生の段階から問いと情報活用を中心に、解釈型歴史学習のアプローチによる授業デザインに基づいた授業を実践し、そうした実践を広げていくことが必要であると考える。

【注・参考文献】

(1) 文部科学省『小学校学習指導要領（平成29年告示）解説　社会科編』2017年，p.19.

(2) 愛知教育大学附属名古屋小学校では，問いの質を「情報を求める問い（いつ，誰が，どれくらい，いくつ，何が）」「まとめる問い（どのように，どのような）」「関係性を求める問い（なぜ）」の3つに分類している。そして，「なぜ」発問で概念的知識を獲得するための学習問題①設定し，獲得した概念的知識を活用して学習問題②「どうすれば」で社会参画つなげる授業デザインの有効性を明らかにした。詳しくは，愛知教育大学附属名古屋小学校『和衷協同』Vol.2〜5，2020〜2023年を参照。

(3) 前掲（1），p.63.

(4) 土屋武志編著『実践から学ぶ解釈型歴史学習子どもが考える歴史学習のアプローチ』梓出版社，2015年，p.3-23.

(5) 歴史学習が「情報活用能力」の育成に非常に大きな役割を果たすことについては，松本卓也「社会科歴史学習における「情報活用能力」の育成 "ICT across the curriculum ICT in history" の学習モデルプランを手がかりとして」愛知教育大学社会科教育学会，『探究』第21号，2010年，pp.32-39.を参照。

(6) 名古屋港管理組合HP（https://www.port-of-nagoya.jp/index.html）より実践時に使用した令和2年の情報に基づく。なお，令和3年も1位を維持している。

(7) 授業デザイン図に記載されている学習問題②と実際に授業を進めた問いの文言は違うが，これは子どもの言葉から学習問題を創っているためである。

(8) User Local AIテキストマイニング（https://textmining.userlocal.jp/）を活用して，一般的な文書ではあまり出現しないが，調査対象の文書だけによく出現する単語を重視する「スコア」順のワードクラウド方式で分析した。

4 第5学年・子どもが地域と共につながる産業学習の実践

森田 幸一郎（愛知県みよし市立三吉小学校）

1. 地域に根付いた自動車関連工場で働く人の「技」と「思い」を学び、社会参画をめざす社会科学習

　愛知県は、全国の自動車産業の製造品出荷額等（2019年）60兆154億円のうち、42.6％（25兆5,719億円）のシェアを占めており、第1位となっている[1]。特に普通乗用車の出荷台数（2019年）は、全国の約39％（210万台）を占めており、自動車産業は本県のモノづくりを牽引する基幹産業となっている[2]。また、愛知県はトヨタ自動車という世界的な大企業が本社を置く県であり、本実践勤務校のみよし市は、その豊田市の隣に位置していることから、自動車関連産業に従事している人も多い。したがって、子どもたちが、学区にある自動車関連工場を見学し、そのプロの「技」を目の当たりにすることで、そこで働く人の工夫や努力、「思い」を具体的に、切実感をもって理解できるようになると考えた。

　本稿本節で実践する単元「我が国の工業生産[3]」は、四つの小単元によって構成される。大単元を「生活とかかわりの深い工業生産―日本を支えるモノづくりの「技」と「思い」―」（計22時間）とし、「①日本の工業生産の特色」（3時間）、「②自動車づくりの「技」と「思い」―未来の自動車を提案しよう―」（9時間）、「③日本のモノづくりを支える輸送と貿易」（5時間）、「④これからの工業生産を考えよう」（5時間）の四つを小単元として構成することとする（表1）。

表1　【単元計画】（計22時間）
「生活とかかわりの深い工業生産－日本を支えるモノづくりの「技」と「思い」―」

小単元	学習内容	時間数
①日本の工業生産の特色	・我が国の工業生産について、工業の種類、工業のさかんな地域の分布などを各種の資料で調べ、工業生産の概要を捉え、その役割を考える。	3時間
②自動車づくりの「技」と「思い」―未来の自動車を提案しよう―≪本実践≫	・我が国の自動車生産について、製造の工程、工場相互の協力関係、優れた技術などを各種の資料で調べ、自動車生産に関わる人々の工夫や努力を捉え、その働きや役割を考える。 ・学習したことを踏まえ、未来の自動車を提案する活動を通して、社会へ参画しようとする思いを高める。	9時間
③日本のモノづくりを支える輸送と貿易	・我が国の工業生産について、輸送網(交通網)の広がり、外国との関わりなどを各種の資料で調べ、貿易や運輸の様子を捉え、それらの役割を考える。	5時間
④これからの工業生産を考えよう	・我が国の伝統を生かした工業、中小工場の優れた技術などを各種の資料で調べることで工業生産の課題を捉え、工業生産の発展と国民生活との関連を考える。	5時間

　本稿本節は、「②自動車づくりの「技」と「思い」―未来の自動車を提案しよう―（自動車をつくる工業）」の小単元において、自動車産業を身近に感じるみよし市の地理的な位置関係を鑑みて、地域に根付いている自動車関連工場を取り上げ、子どもが地域社会とつながる社会科学習について、具体的な実践事例を示すものである。

　また、子どもの社会参画については、現在の教育基本法（2006年公布・施行）において、「社会の形成に参画し」と示されており、以前よりその重要性が増している[4]。そして、現在の学習指導要領における社会科学習では、「位置や空間的な広がり、時期や時間の経過、事象や人々の相互関係などに着目して（視点）、社会的事象を捉え、比較・分

類したり、総合したり、地域の人々や国民生活と関連付けたりすること
（方法）」といった「社会的事象の見方・考え方」を働かせて[5]、学習
した知識・技能を生かした表現活動を行うことの必要性も指摘されてい
る[6]。このような単元終末のまとめとしての表現活動については、未来
志向の視点が大切であると指摘されている[7]。

　したがって、本実践では、地域に根付く自動車関連工場を取り上げる
ことで、子どもたちに具体的で切実感のある問題意識をもたせ、「社会
的事象の見方・考え方」を働かせながら、既習の知識・技能を使った「未
来の自動車提案書」を作成することで、社会参画への思いを高めること
をねらいとし、授業実践を行うこととした。

2. 本実践の概要

（1）本実践の目標と手立て

　本小単元を実践するにあたって、以下のことを目標にした。

目標①我が国の自動車生産について、製造の工程、工場相互の協力関係、優れ
　　　た技術などを各種資料で調べ、自動車生産に関わる人々の工夫や努力を
　　　具体的な事例をもとにして捉え、自動車生産に関わる人々の「技」や「思
　　　い」を切実感・切迫感をもって理解することができる。

目標②学習したことを踏まえ、生産者や消費者、社会の変化に関連付けて考え、
　　　未来に対する提案を行うことにより、社会へ参画しようとする思いを高
　　　めることができる。

　また、上の目標に迫るための手立てを下のように位置づけ、本実践を
行うこととした。

手立て①自動車生産について、組み立て工場や部品の関連工場の見学をするこ
　　　　とで、より生産者の工夫や努力を具体的に捉え、自動車生産に関わる
　　　　人々の「技」や「思い」を理解できるようにする。

手立て②既習の知識・技能をもとにして、「未来の自動車提案書の作成」という
　　　　未来志向の生産活動を提案する表現活動と発表の場を設定することで、
　　　　社会参画への意欲を高められるようにする。

（2）小単元構想図

　本小単元を実践するにあたって、以下のような社会科［9時間］、総合的な学習の時間［4時間］の計13時間の小単元構想図を作成した。

図1　【小単元計画】（社会科：9時間　総合的な学習の時間：4時間）

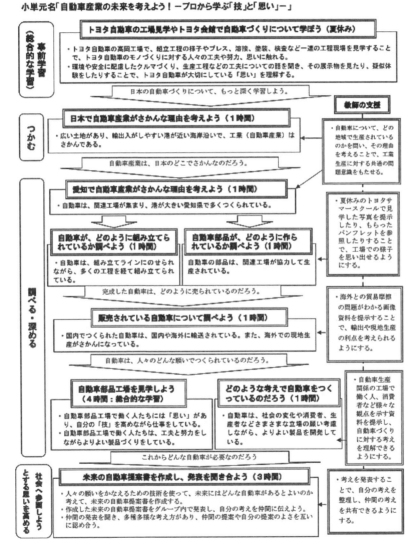

3. 本実践の実際

（1）自動車組み立て工場の工夫や努力を学ぶ（事前学習）

　本市の子どもたちは、毎年、夏休みの7・8月に「トヨタサマースクール」で、トヨタ自動車の高岡工場、トヨタ会館を見学することになっている[8]。本実践でも、7月に工場・施設見学へ行くこととなった（ただし、この時点では「自動車をつくる工業」の学習は未習のため、予習となる）。この工場・施設見学によって、自動車組み立て工場で働く人たちの工夫や努力を知ることとなった。その後、11月から社会科での学習が始まると、夏休みで工場見学へ行ったことを思い出しながら、高岡工場でいただいた資料や教科書、資料集などから自動車の製造過程や製品の販売において、自動車産業で働く人々が工夫し、努力をしていることへの理解を深めていくこととなった。

（2）自動車組み立て工場や部品の関連工場の様子を捉える

　まず、導入では、我が国の自動車産業が盛んな理由について、教科書の資料や地図帳、資料集などを見て、前小単元で学習した内容を踏まえて考えさせた。

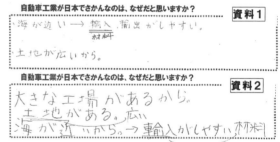

子どもたちは、資料から「海が近くて、輸出入がしやすいから。」「（平野で）土地が広いから。」（資料1・2）などと考え、輸出を中心としている自動車産業の位置的な有利性に気づく様子が見られた。

　そして、自動車づくりでどんな工夫しているのかを調べる活動では、「働く人が安全で快適に作業ができるようにロボットや機械が補助している。」、「何か問題が起きたときに、呼び出しボタンで、アンドンというものですぐわかるようにしている。」などといった働く人たちの工夫に気づいた。授業後の感想では、「自動車作りには、人間と機械それぞ

れの長所をいかして作っていることが分かりました。」（資料3）、「車に
はたくさんのこうていがあって、作る人が作りやすいようになっている
ことがわかりました。」（資料4）など自動車づくりの工夫や努力を理解
する様子が見られた。

　その後、自動車関
連工場について学習
し、自動車には約3万
個の部品が使われてお
り、関連工場同士が協

今日の授業の感想
自動車作りには、人間と機械それぞれの長所をいかして
作っていることが分かりました。
　　　　　　　　　　　　　　　　　　資料3

今日の授業の感想
車にはたくさんのこうていがあって作る人が作りやすいように
なっていることがわかりました。
　　　　　　　　　　　　　　　　　　資料4

力し合っていることを知り、実際にトヨタ自動車へ部品を納めている学
区内の自動車部品の関連工場「桑野工業株式会社［以下、桑野工業（株）］」
にて、現場で働く人たちの「思い」と「技」を学びに行くことにした。

（3）自動車関連工場「桑野工業㈱」の見学・体験活動の概要

　学校の近所にある自動車関連工場の「桑野工業（株）」は、みよし市
福谷町に本社があり、国内の従業員が約120名の会社である。工場や事
業所は国内に3か所、海外にも支社や関連会社がいくつかあり、トヨタ
自動車への部品納入や電子部品の設計・製造などを行なっている（2018
年現在）。なお、トヨタ自動車への部品納入は、いわゆる3次請けであ
るが、高い技術や徹底した品質管理を行なっており、確かな技術力で信
頼が高い会社である。今回の見学では、実際に働いている人たちから
説明を聞きながら、①座学や②工場見学・体験活動、③製作活動（LED
バッジの製作）などを通して、自動車産業への理解を深めた。桑野工業
（株）からの提案で、前述の三つの講座をそれぞれ三つのグループに分
かれて準備していただき、順にその講座を受けていくこととした。

（4）世界の自動車産業と日本のモノづくり "カイゼン" について学ぶ

　ここでは、①座学として、世界の自動車産業の概要の話を聞いた後、
日本のみならず、世界で行なわれている生産現場の様子について、スラ
イドを交えながら説明していただいた。世界規模で活躍する同社の広い

視野から見た、自動車製造に関わる効率性や経営マネジメントについての話があり、その後、実際に"カイゼン"を体験するゲームを行なった。この"カイゼン"ゲームは、色画用紙で用意された自動車部品をルールの下につくっていくゲームである。始めは効

①座学の様子

率の悪い方法でつくり、後で子どもたちが考えた"作業しやすく、効率のよい方法"でつくっていくというものである。現場で働く人たちの意見を聞きながら、より効率のよい方法へ"カイゼン"していく過程を実体験し、トヨタ方式の製造への理解を深めることができた。

（5）最前線の自動車部品生産現場を見学し、製品検査を体験する

大人数での工場見学が困難であるため、②工場見学・体験活動では、4〜5人の小グループでの活動となった。その際、小グループにつき一人の講師がつき、生産現場の製造過程について解説をしていただいた。子どもたち

②見学の様子

は、日本の高級自動車レクサスのサンシェードをつくる生産ラインを見学した。この日本の高級自動車レクサスの部品を生産・納品しているモノづくりの現場を見学することで、世界レベルの生産効率、品質管理技術への理解を深めることができた。その見学後、品質検査の体験をし、実際の検査合格品と不合格品を手に取って見比べ、不合格品を探す体験を行なった。この体験活動は、「検査基準書」（資料5）に従い、塗装した後にでき

資料5　検査基準書

るブツ（気泡）が0.3㎜以下であれば合格であることや、スクリーンを巻き戻した後に異音がないかどうかを確認する作業である。子どもたちは、0.3㎜という小さな傷も不良品になってしまうことに驚き、プロの目の厳しさを体感し、日本のモノづくりを支える最前線の品質基準の高さを実体験することができた。

（6）LEDについての解説を聞き、電子部品の組み立て作業を体験する

　ここでは、座学でＬＥＤの話を聞かせていただいた後、バッジの組み立て、仕上げ作業を体験した。座学では、ＬＥＤの歴史から、しくみまでプレゼンテーションソフトを使って図や写真などでわかりやすく、電子機器の最新技術について理解を深めることができた。

③製作活動の様子

その後、実際にＬＥＤなどの電子部品の組み立て、仕上げをすることで、モノづくりをする楽しさ、喜びを実感として味わうことができた。

（7）お礼の手紙・学習のまとめによる振り返り

　工場見学の後に、総合的な学習の時間として、お礼の手紙や見学のまとめを書くことにより振り返り活動をする場を設定した。お礼の手紙は、見学をして自分が思ったこと、感じたことなどを交えながら、学習したことの感謝の気持ちをつづるとともに、「仕事をする上で大切なことは何だと思うかな。そのことを一緒に書いてみよう」と伝え、キャリア教育的意義を内省できる内容を書くように伝えた。

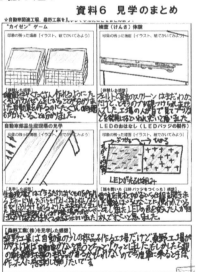
資料6　見学のまとめ

その後、学習のまとめをする時間を設定し、"カイゼン"ゲーム、自動車部品生産現場、検査体験、LEDバッジ製作の四つで、それぞれ印象に残ったところをまとめ、見学をした感想を書くようにした（資料6）。

（8）学習成果をまとめて自分の考えを表現し、お互いに伝える場の設定

見学後は、社会科の時間にもどり、生産者や消費者、環境問題、ユニバーサルデザインなど様々な立場の観点から、どのような考えや願いをもとに自動車づくりをしているのかを学習した。それらの願いが、どのように自動車づくりに反映されているのかを考え、それを表現するため、本小単元を総括して「未来の自動車提案書の作成」を課題として、各個人でレポートを作成した。

作成したレポートは、人々の願いを実現するための技術を焦点化

資料7　未来の自動車提案書

資料8　未来の自動車提案書

できるように、少なくとも三つの技術を取り上げて作成することとした。これにより、多くの子どもたちが「環境にやさしい技術」、「つくる（生産する）人にやさしい技術」、「高齢者や体が不自由な人にやさしい（ユニバーサルデザイン）技術」、「交通事故から人々を守る（安全性の高い）技術」などといった技術を意識し、未来の自動車提案書を作成することができた（資料7、8）。

（9）それぞれの意見を交流する発表会

最後に、自分たちが作成したレポートをグループで伝え合う発表会を行った。グループ内で、それぞれが一人ずつ発表し、それらの発表について感想を書き、その感想を伝え合う活動である。

　グループ発表終了後は、さらに自分の考えを広げられるようにクラス全体のレポートを見る時間をとった。クラス全体のレポートを鑑賞した後、その感想をレポート作成者に伝える活動をした。それぞれが他人の感想を伝えられることで、自分のレポートに対する他者の評価を知り、今後の自分の考えに自信もつことができると考えたからである。

　授業後の感想では「みんな一つのことについてすごくくわしく説明していてすごいなと思いました。」、「みんないろいろな立場の人たちのことを考えていた。未来は、どうなるか、楽しみになってきた。」、「みんなの車があったら乗ってみたいなと思いました。」、「みんなそれぞれ違いがある未来の自動車の予想で、おもしろかった。」など、自分の考えが広がっている様子が見られた（資料9）。

資料9　グループ発表のワークシート

4．実践の成果

（1）手立て①について

　学区内にある工場を見学したことで、身近な工場はどのようなものをつくっているのかを知ることができ、自動車関連工場についての理解を深めることができたとともに、モノづくりをより身近に感じることができた。特に、実際に働く現場を見学し、そこで働く人たちの話を聞き、仕事に向かう真摯な姿勢を目の当たりにしたことで、子どもたちが働く人たちの努力や工夫をより具体的に感じることができた。

　また、“カイゼンゲーム”は、チームで行う体験活動を取り入れたことにより、“カイゼン”前と後で時間がどれくらい短縮されたか、子どもたちにとってとてもわかりやすい内容となった。この活動により、ト

ヨタ方式の"カイゼン"をより具体的に実感することができたと考える。さらに、検査員の仕事を体験したことで、日本のモノづくりに対する姿勢や「技」、より品質の良いものをお客さんに提供するという働く人の「思い」を理解することにつながったと考える。

（2）手立て②について

本実践では、自動車産業について学習した知識・技能をもとに、「未来の自動車提案書の作成」

資料10　発表後の感想

資料11　発表後の感想

という未来志向の課題に取り組み、自分の考えを表現する活動を行った。この課題では、学習した技術を使った提案書を作成するという条件を付すことで、子どもの思考を焦点化し、提案書の内容が空想じみたものにならないようにした。この「未来の自動車提案書の作成」という課題に取り組んだことで、「未来はどうなるかたのしみになってきた。」、「みんなの車があったらのってみたいなと思いました。」（資料10、11）などの感想があったように、自動車産業という経済社会への参画の意識付けとなったと考える。また、この課題に対しても、「むずかしかったけど、みんな楽しそうでした。」、「まとめなどをかいて楽しかった。」（資料12、13）などの感想が見られ、子どもたちが意欲的に取り組んでいる様子が見られた。そして、自分が考えた「未来の自動車提案書」の発表する場を設定し、互いに感想を伝え合うことによって、仲間相互からのフィードバックを得ることができた。これにより、自分だけでなく、より広い考えを知ることとなり、互いに認め合う雰囲気の醸成につながり、クラス運営のよりよい方向付けとなったのではないかと考える。

資料12　発表後の感想

資料13　発表後の感想

5. 今後の課題

今回の実践は、桑野工業（株）が会社全体でバックアップしていただき、実践的な学習の場とすることができた。改めて、子どもたちを地域

で育てようとする協力体制と地域企業力の大きさを実感した。また、本実践のように地域で活躍している企業は数多くあると思われるので、他の企業の活動にも目を向けることも必要である。今後も、このような地域の力を借り、仕事に対するプロ意識や、姿勢などキャリア教育の側面からも多くの気づきがあるような仕掛けが実践できるとよいと感じた。

【注・参考文献】

(1)（2）　愛知県経済産業局産業部産業政策課『あいちの産業と労働Q&A2021』令和3年10月（https://www.pref.aichi.jp/sangyo-seisaku/qa/pdf/all.pdf）

(3)　文部科学省『小学校学習指導要領（平成29年告示）解説　社会科編』日本文教出版，2018年，pp.82-87。なお，東京書籍『新しい社会　5』の教科書では，大単元を「わたしたちの生活と工業生産」（計21時間）とし，「1　くらしを支える工業生産」（4時間），「2　自動車をつくる工業」（7時間），「3　工業生産を支える輸送と貿易」（5時間），「4　これからの工業生産とわたしたち」（5時間）の四つを小単元として構成している。

(4)　唐木清志『子どもの社会参加と社会科教育―日本型サービス・ラーニングの構想―』2008年，pp.13-29.

(5)　澤井陽介，加藤寿朗『見方・考え方　社会科編』東洋館出版社，2017年，pp.37-40.

(6)　小原友行『「思考力・判断力・表現力」をつける社会科授業デザイン　小学校編』明治図書，2009年，p.12

(7)　澤井陽介『澤井陽介の社会科の授業デザイン』東洋館出版，2015年3月，pp.34-46.

(8)　コロナウイルス感染症が拡大した2020年から「トヨタサマースクール」は中止されており，2023年現在では，バーチャル工場見学（https://global.toyota/jp/company/plant-tours/#top）やオンライン授業を行っている。

5 第5学年・社会認識形成を意図した 社会科授業

植田　真夕子（北海道教育大学旭川校）

1. 社会科教育をとおして育てる子ども像

　社会科はどのような子どもを育てる教科であろうか。社会科の目標は、社会認識形成をとおして市民的資質を育成することと言われる。岩田一彦は、この問いに対して、「科学的な事実判断ができ、合理的な意志決定のできる子ども」[1]と述べている。そして、岩田は、事実判断ができる子どもを「社会がわかる子ども」、価値判断した結果、合理的な意志決定ができる子どもを「論争問題を考える子ども」と位置付けている。[2]

　岩田が指摘する「社会がわかる子ども」とは、社会事象を原因と結果の関係で捉えることができる子どもである。子どもの社会認識を形成するためには、社会事象を原因と結果の関係で捉えることができる社会科授業を展開することが不可欠である。

　さらに、岩田は、「社会がわかる子どもは、豊かな情報と事象を見る概念装置をもっている」[3]と述べている。社会科における「豊かな情報」とは、資料が中核であり、資料からミクロに情報を収集することが重要となる。なお、岩田が指摘した「概念装置」とは、「新たな社会事象に出会ったときに『社会を見る目』としてはたらくもの」[4]である。つまり、社会科で育てる子どもは、「社会事象を探究するために、『社会を見る目』となる社会的な見方を働かせながら思考活動ができる子ども」と言える。

　本節では、子どもの社会認識を形成し、「社会がわかる子ども」の育成をめざした授業モデルを提案する。

2．深い学びのある社会科授業の創造

（1）社会科授業をとおして育てる資質と能力

　絶対解がないといわれる現代社会において、学校教育活動をとおして、様々な変化に積極的に向き合い、他者と協働して課題を解決していく資質や能力を児童生徒に育成することが、喫緊の課題となっている。2021（令和3）年1月に出された中央教育審議会（答申）「『令和の日本型学校教育』の構築を目指して」においても、「一人一人の児童生徒が、自分のよさや可能性を認識するとともに、あらゆる他者を価値のある存在として尊重し、多様な人々と協働しながら様々な社会的変化を乗り越え、豊かな人生を切り拓き、持続可能な社会の創り手となること」と明示された。

　また、2020年度から完全実施されている小学校学習指導要領では、社会的な見方と社会的な考え方の継続的かつ発展的な育成がより一層求められ、「知識・技能」「思考・判断・表現」「主体的に学習に取り組む態度」の3観点が、評価の観点となった。そして、生きて働く「知識・技能」の習得、②未知の状況にも対応できる「思考力・判断力・表現力等」の育成、③学びを人生や社会に生かそうとする「学びに向かう力・人間性等」の涵養の3点を、子どもに育む資質と能力の三本柱として示された。

　本節では、社会科授業をとおして子どもに育てる資質と能力を、社会的な見方と社会的な考え方を働かせながら社会認識を深めるとともに、現実社会に見られる社会的論争問題を主体的に解決することができる力とし、社会認識形成のあり方について検討していく。

（2）深い学びのある社会科授業

　上記で述べた資質と能力を子どもに育成するには、内容知と方法知の習得と活用が組み込まれた学習活動をとおして、子どもに「未知な課題を解決する力」を身に付けさせることが鍵となる。社会科授業において課題解決能力を育成するためには、価値判断、意志決定を行なうために

必要な豊かな情報として、社会認識を形成することが重要となる。

　なぜなら、子どもに社会認識が形成されなければ、社会的論争問題をはじめとした課題を解決する際の判断基準が子どもに備わっていないこととなり、合理的な意志決定を行うことができないからである。

　そこで、「深い学び」のある社会科授業を展開することが、子どもの社会認識を育成できるとし、本節では、深い学びのある社会科授業について、単元構成と合わせて本時の学習展開を具体的に提案する。

　「深い学び」は、「主体的で対話的な学習活動」をとおして、子どもの内的、外的な思考活動が能動的に行なわれることで達成される。そのためには、子どもにとって考えたい「学習課題」があり、自己内対話や他者との意見交流のある学習活動が展開されなければならない。このような学習活動が保証されれば、子どもは社会認識を深め、生きて働く知識（活用できる知識）をより多く習得することができ、社会的な見方となる社会事象をとらえる視点が豊富となる。そして、社会的な見方を活用して社会的な考え方を働かせることができるようになり、質の高い価値判断、意志決定ができる資質や能力が育成され、市民的資質が形成される。

　つまり、「主体的で対話的な学び」をとおして、子どもは、生きて働く知識を習得し、様々な課題について解決策を考えることで、子どもの思考活動は活発化し、論理的な手続きをたどりながら、よりよい解決策を提案することができるようになる。このような思考活動を、子ども自身が行なうことで、社会的な見方や社会的な考え方が成長し、「深い学び」が達成される。

　そこで、本節では、「深い学び」を「子どもの主体的な思考活動が組み込まれた学習をとおして、社会認識を深めたり、市民的資質の形成が図られたりすること」と定義する。

図1　深い学びのある学習過程[5]

　米田豊は、深い学びのある学習過程（図1）を示したうえで、深い学びが達成される状態について、次のように述べている。

　主体的・対話的な学びとは、子ども自身が活発に内的活動や外的活動を行う学習のことである。内的活動とは、知識習得や価値判断、意志決定に向けて子どもの頭の中で行われる思考活動である。外的活動とは、言語活動（表現活動）のことであり、内的活動で行った思考活動をとおして生成した情報を表出させる活動である。この外的活動の例として、「ペア・トーク」、「グループ・ディスカッション」や「全体討論」、「板書」などをあげることができる。このような学習活動が担保された上で、深い学びが達成される。[6]

　主体的な学びのある学習活動をとおして、子どもが、社会的な見方や社会的な考え方を成長させていく。そのことにより、社会認識をより一層深め、子どもがもつ内容知の充実や質の高い価値判断、意志決定を行うことが可能となり、子どもがもつ方法知の充実を図ることができる。

　内容知が充実することは、生きて働く知識（活用できる知識）をより多く獲得できることである。「知識は使えるものでなければ意味がない」という言葉どおり、活用できる知識を習得することができなければ、様々な課題に直面したときに解決策を見いだせず、深い学びを達成したことにはならない。また、方法知が充実することは、子どもの思考活動が活発化したり、論理的な手続きをとったりすることで、よりよい解決

策を提案できることである。

このことを石井英真の「『知の構造』を用いた教科内容の構造化」[7]に基づいて図示すると、次の図2のようになる。

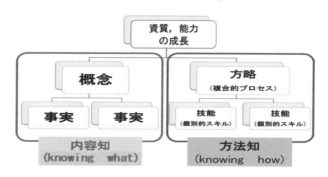

図2　内容知と方法知の成長（（7）をもとに作成：植田）

このような授業構成によって、子どもの社会的な見方と社会的な考え方が成長すればするほど、子どもは知的に「複眼思考」ができるようになる。この「複眼思考」とは、複数の視点から社会事象や社会的論争問題をとらえ、より質の高い事実判断、価値判断を行うことができる思考活動と言える。社会事象は原因と結果の関係で捉えることができる。単に一つの原因で生じていることは少なく、多くの場合、複数の原因によって生じているものである。つまり、「複眼思考」ができるほど、社会事象を正確に捉えることができ、社会認識は深まる。

⑶　深い学びを実現する社会科授業モデル

2020年（令和2）年度より学習評価は、「知識・技能」、「思考・判断・表現」、「主体的に学習に取り組む態度」の3観点となった。それらの観点において育成される資質や能力は、図3に示すような項目を挙げることができる。

「知識・技能」では、子どもの習得する知識が成長することで、社会を見る目や社会をとらえる視点が育成される。また、情報を収集、選択したり、資料から問題解決に必要な情報を読み取ったり、読み取った情

報を整理したり、まとめたりすることで、情報活用能力が育成される。

　「思考・判断・表現」では、収集した複数の情報をもとに思考活動を能動的に行うことで、社会事象の因果関係を明らかにしたり、新たな社会事象をとらえたり、社会的論争問題に対して価値判断をしたりすることで、子どもの社会的な考え方が育成される。

　「主体的な学習に取り組む態度」では、子どもの生活経験や習得した知識と差異がある情報を提示して学習課題を設定し積極的に検証活動を進めたり、探究する中で新たな問いを発見したりすることで、学びの連続性や深化の中で、社会認識を深めていく子どもが育成される。

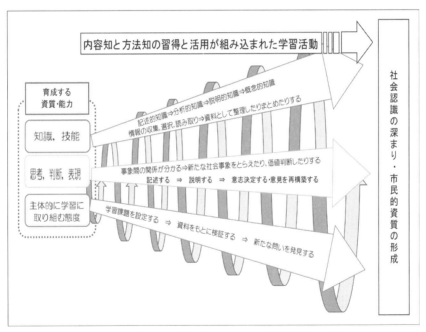

図3　子どもの資質や能力を育成する授業モデル

　米田が提唱する「探究Ⅰ」「探究Ⅱ」の授業構成理論[8]にもとに構築した図3の授業モデルをもとに社会科授業を展開することで、子どもは内容知や方法知を習得する。また、そのような学習活動をとおして習得

した内容知や方法知を活用して新たな社会事象を捉え、社会的論争問題に対して価値判断、意志決定をすることができる。

つまり、学習活動が図3に示したようにスパイラルに展開されることで、子どもの深い学びが達成される。

3. 授業モデル「さまざまな土地のくらし」（全9時間）

ここでは、子どもの社会認識となる、資料から読み取った情報をもとに習得する知識を明示した単元計画と授業モデルを提案する。

（1）単元目標

○ 人々は、地域にみられる自然条件や社会条件を生かしたり、克服したりしながら、生活や産業を営んでいる。　　　　　　　　【知識】

＊習得させる具体的な説明的知識は、単元計画の本時の目標に示す。

○ 地域の特徴的な自然条件や社会条件について、雨温図や地形図、土地利用図といった諸資料をもとに読み取ることができる。

○ 基礎的資料である統計資料を活用して、地域の産業の特徴を読み取ることができる。　　　　　　　　　　　　　　　　　　【技能】

○ 資料から読み取った自然条件や社会条件を他地域と比較したり、そこでくらす人々の生活や産業と関連付けたりしながら、くらしの特色をまとめることができる。　　　　　　　　　【思考・判断・表現】

○ 特色のある地域に関心をもち、学習課題について意欲的に探究したり、新たな問いを発見したりすることができる。

【主体的に学習に取り組む態度】

（2）単元計画

時	学習課題	本時の学習で習得する知識
1	なぜ、1月なのに、沖縄県では桜が咲いているのだろう。	沖縄県の1月の平均気温は15度以上あり温かく、桜の平均開花温度に合っているため、桜が咲く。
2	なぜ、沖縄県の家の屋根は平らで、タンクがあるのだろう。	沖縄県は、台風がよく通過し被害を受けやすいため、平らな屋根の家が多い。また、水不足になりやすい地形であるため、屋上にタンクをおいて水不足対策をしている。

3	なぜ、沖縄県ではさとう きび畑が多いのだろう。	さとうきびは地下深く根をはり、水不足や風に強い作物であるため、日差しが強く台風が多い沖縄県では、さとうきびが多く栽培されている。
4	なぜ、沖縄県できくづ くりをしているのだろう。	温かい気候を利用して、他の地域では栽培できない時期に野菜や花を栽培しているため、30年ほど前よりきくの栽培を始めた。そして、大消費地に飛行機や船で出荷してもうけている。
5	なぜ、沖縄県には、年間 約800万人以上の観光客が 訪れるのだろう。	沖縄県には、歴史的建造物や独特の文化、自然があるため、それらを目的に観光客が訪れている。そのため、沖縄県では観光業に力を入れている。
6	なぜ、私たちの地域は田 んぼばかりなのに、嬬恋村 は畑ばかりなのだろう。	嬬恋村は、高さ2000mを超える山々に囲まれ、火山灰が降り積もってできた高原が広がっており水はけがよいため、畑として利用している。
7 ・ 8	なぜ、愛知県では春に キャベツを収穫しているの に、嬬恋村では夏に収穫す るのだろう。	高さ1000m前後のところにキャベツ畑が広がっており、夏でも月別平均気温が20度と涼しいため、キャベツづくりに合っている。　そして、交通網をいかして、大消費地である関東、近畿、中部地方に出荷している。
9	なぜ、嬬恋村には多くの 観光客が訪れるのだろう。	嬬恋村は、四季の移り変わりがはっきりしており、1年をとおして観光が楽しめ、特に夏は涼しく過ごしやすい気候を、冬は温泉やスキーを楽しむ観光客が多い。

（3）授業の実際

①第4時の学習過程

　本節で提案する授業実践は、筆者が愛知県津島市立蛭間小学校に勤務していた当時（2014年度）の実践である。

段階	学習活動　○主な問い	指導上の留意点
学習課題設定	1　学習課題をもつ。 ○　沖縄県で一番多く作っている花は何だろう。	・沖縄県の花の産出額割合のグラフを提示し、第1位の花を予想させる。 ・授業の導入は、子どもの自由な発想を認めながら、授業への動機付けを図る。
	【学習課題】なぜ、沖縄県ではきくづくりをしているのだろう。	
仮説設定	2　予想を仮説に高める。 ○　なぜ、沖縄県で「きくづくり」をしているのだろう。	・子どもが立てた予想を仲間分けすることで、仮説に高める。 →視点：「温度」「もうけ」
資料選択	3　検証に必要な資料を選択する。 ○　仮説を確かめるためにどのような資料があるとよいだろう。	・仮説を検証するために必要な情報を収集する視点を確認する。
検証	4　資料から仮説を検証する。 ○　資料から読み取った情報をもとに、仮説を確かめてみよう。	・きくの生育条件と沖縄県の平均気温を関連付けることで、きく栽培に適した自然環境であるか把握させる。

175

| 検証 | | ・きくとさとうきびの1haあたりの産出額を比較して、利益の大きさに気付かせる。
・沖縄県と愛知県のきく栽培の風景を比較して、大きな違いを読み取らせる。・沖縄県で栽培されたきくは、東京までどのように運ばれるのか確認して、「輸送」に着目させる。
・東京の市場で、沖縄県の出荷が多い月に注目し、いくらで取引されているか予想をさせる。
・出荷が多い12月は50円、3月は45円、出荷が少ない7月は19円であることを知らせる。 |
| まとめ | 5　まとめる。
○　本時の学習課題に対する答えを資料から読み取ったことをもとにまとめよう。 | ・資料から読み取った情報をもとに、「温度」「もうけ」「輸送」の視点からまとめさせる。 |

【本時の学習をとおして習得する説明的知識】
沖縄県では、1年をとおして温かいので他の地域では作りにくい時期の12月～3月に高い値段で売ってもうけるために、きくづくりをしている。温かいから愛知県のようにビニルハウスを使わなくてもよく、台風の強風にたえ害虫が入り込まないために平張りの施設で栽培している。出荷先が遠いため、飛行機と船を使い分けて輸送している。

②第4時の実際の板書

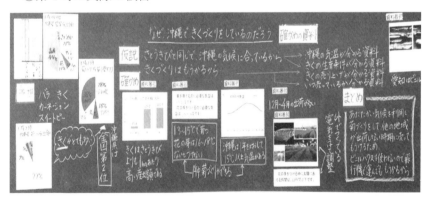

　ここでは、第4時の「きくづくり」の授業について紹介する。子ども
は、第1時から第3時までに、沖縄県の気候の特色（1年をとおして気
温が高いこと、台風の進路にあたることが多いこと）を学習している。
　また、第4学年「愛知県のくらし」の学習において、電照菊づくりで
は、「時期をずらして栽培していること、電気をあてて開花を遅らせて

いること」といった既習知識を習得している。

　つまり、本時は、子どもがこれまでの学習をとおして習得した社会認識を活用しながら、沖縄県のきく栽培を探究する学習展開であり、子どもの社会認識が高まっていく時間である。このような学習活動にするためには、授業者は子どもの既習知識を把握するとともに、どのように活用させるとよいか意識して授業を構築することが重要である。

　本単元の学習は、自然条件に焦点を当てた探究が中心となるものの、社会条件として「運輸（交通）」や「価格」に着目して社会事象を捉えることも不可欠である。なぜなら、その地域で生活を営むという行為には、必ず、経済活動（産業）が組み込まれているからである。そこで、人々の生活を捉える視点として、経済活動における「利益」に着目させたい。

　本単元は、その地域の自然的特色を認識させた後、第一次産業である農業と第三次産業である観光業に着目した学習内容である。

　例えば、第4時では、「船で輸送することが多いものの、飛行機も使ってきくを出荷している」という社会事象に子どもは出会う。この社会事象は自然条件をもとに、原因を説明することはできない。社会条件に視点を当てて探究することで、子どもは「飛行機を使っても利益があるから、早く届けられる飛行機を使う」ことが分かる。また、「熱帯花木として人気のあるハイビスカスではなく、きくをさかんに栽培している」ことを探究して、子どもは「年間をとおしてきくは全国的に需要がある」ことが分かる。まさに、その地域の自然条件を生かして「利益（収益）を上げている」ことを認識することができる。

　第7時では、「嬬恋村のキャベツ農家の人々は、朝3時ごろから収穫をする」という社会事象に子どもは出会う。日が昇る前の朝方に収穫する理由は、「消費地に新鮮で水分が多く、みずみずしい状態で届けることができるため」である。そこで、「なぜ、新鮮な状態で届けたいのか」を考えさせることで、「おいしく食べてもらう、買ってもらうため」と

いった、農業を営む人々の工夫や努力の具体を捉えることができるのである。

本単元の後には、「食料生産」の単元がどの教科書にも配列されている。現行の『小学校学習指導要領解説社会編』において、「農業や水産業の盛んな地域の人々が、新鮮で良質な物を生産し出荷するために生産性や品質を高めるなど様々な工夫や努力を行なっていること、生産し輸送する工程で費用が発生すること、輸送方法や販売方法を工夫することにより収益を上げていることなどを基に、食料生産に関わる人々の工夫や努力について理解することである」[9]と示されている。産業学習の前に、子どもに、上記のような社会認識を形成することができれば、社会事象を捉える視点として「社会的な見方」をさらに成長させることができる。

4. おわりに

ここまで述べた学習をとおして子どもが習得した知識としての社会認識は、今後の学習で活用されるものでなければ「生きて働く知識」として子どもが身に付けたということはできない。本節で提案した「さまざまな土地のくらし」は、選択単元となっている。温かい地域や高地のくらしの学習をとおして概念的知識である「人々は、地域にみられる自然条件や社会条件を生かしたり、克服したりしながら、生活や産業を営んでいる」ことを習得していれば、寒い地域のくらしの特色も読み解くことができる。その逆も同様である。だからこそ、本単元は、子どものくらす地域の実態に応じて適切な教材を選択することが可能となる。

このあと学習する農業や漁業、工業といった産業学習において自然条件や社会条件に着目させながら産業がさかんな理由を探究させる学習過程が不可欠である。また、中学校の地理的分野「人々の生活と環境」の単元においても活用することが必須である。

森分孝治は、「社会科授業は、水島という具体的な事例を通して立地

条件のような科学的一般法則を発見・習得させ、それを用いて鹿島、君津などの他事例を説明させるように構成されるべき」[10]と述べている。

　つまり、社会的な見方として社会認識を活用して新たな社会事象を子どもに捉えさせる学習活動を授業者が意図的に展開することで、子どもの社会認識がより一層深まるものとなる。そして、このような授業が継続的に展開されることが、子どもの概念形成の第一歩となる。

　そのためにも、内容教科と言われる社会科において知識の習得は重要な鍵となる。子どもの主体的な学びをとおして説明的知識を獲得し、社会認識を形成しながら、社会的な見方として習得した社会認識を活用しながら他事例を捉えさせていくことで、子どもの知識は一般化し、概念へと高まっていく。このような授業モデルを学校教育現場の先生方と構築し、子どもの社会認識を形成する社会科授業の創造をめざしたい。

【注・参考文献】
（1）　岩田一彦『社会科授業研究の理論』，明治図書，1994年，p.39.
（2）　前掲書，p.40.
（3）　前掲書，p.40.　なお，概念装置については，内田義彦『読書と社会科学』，岩波書店，1985年，を参照されたい。
（4）　佐々木豊「概念装置獲得の過程を組み込んだ小学校社会科の授業開発－第5学年『気候の特色を生かした農業』を事例として－」『社会系教科教育学研究』，第27号，2015年，pp.51-60.
（5）　米田豊「『運輸・貿易』の新しい指導アイデア」北俊夫編著『小学校社会科「新内容・新教材」指導アイデア』，明治図書，2018年，pp.96-105.
（6）　前掲書，pp.101-102.
（7）　石井英真『中教審「答申」を読み解く』，日本標準，2017年，p.96.
（8）　米田が提唱する「探究Ⅰ」「探究Ⅱ」の授業構成理論については，米田豊編著『小学校社会科学習課題の提案と授業設計―習得・活用・探究型授業の展開―』，明治図書，2009年，を参照されたい。
（9）　文部科学省『小学校学習指導要領解説社会編』，日本文教出版，2018年，p.79.
（10）　森分孝治「説明」森分孝治・片上宗二編著『社会科重要用語300の基礎知識』，明治図書，2000年，p.90.

6 第6学年・子どもが学ぶ意味を実感する歴史学習

氏家　拓也（武豊町立緑丘小学校）

1. はじめに

　歴史学習に取り組む小学校6年生の授業を受け持つと必ずと言っていいほど、「歴史用語を覚えるコツを教えてほしいです」「もっとたくさん歴史のことを教えてください」という声を聞く。「なぜ歴史を学習しないといけないのですか」という声さえ聞こえてくる。子どもたちが認識している社会科歴史学習は、社会的な見方・考え方を働かせ、公民的な資質・能力を育む授業ではなく、教師に社会的事象を教えてもらい、それを覚える学習であり、これが子どもたちの現状の一つと言える。ところで、教科を学ぶ本質的な意義を明確にした現在の学習指導要領では、子どもが主体的に学ぶことができるよう教材の工夫や授業デザインが求められている。社会科においても、歴史を学ぶ意味を問う授業実践や実践研究が多く見られる。しかし、子どもが教師の歴史授業をどう意味付けているかについて明らかにした研究の蓄積の少なさも指摘されている[1]。このような現状認識のもと、社会科で歴史を学ぶ意味を子どもが把握することができるような授業デザインが求められる。本節では、子どもが歴史を学ぶことの意味を捉え、主体的に学ぶことができる学習活動を取り入れた社会科歴史学習について、解釈型歴史学習に注目し、具体的な実践事例をもとに提案する。事例として取り上げるのは、筆者が2022年度に取り組んだ第6学年社会科「明治の新しい国づくり」の実践である。

2. 子どもが歴史とともにつながる解釈型歴史学習のマネジメント

（1）歴史学習における解釈の位置付け

　歴史には解明されていないことがたくさんあり、同じ社会的事象でも解釈する人間が違えば語られる真実も異なる。新たな発見がこれまでにない解釈を生み出すことを可能にし、描かれる歴史は根拠次第で違いが生じるのである。果たして、このような歴史を解釈する作業をいわゆる歴史家と呼ばれる人たちだけのものにしてはいないだろうか。鋤（2019）は「子どももすでに歴史の生産者・消費者と考えてもよいだろう」[2]を前提に、解釈型歴史学習を「少なくとも中学校段階において、子どもは歴史について重要かそうでないかを判断して語る力がある」[3]と述べている。子どもが歴史家として学習活動をする上で、客観的に歴史を見つめることと学ぶ動機が得られる授業をデザインすることの必要性についても述べている[4]。このような解釈型歴史学習を教師がマネジメント[5]することは、子どもに社会的事象の見方・考え方を働かせながら過去の情報を読み解き、それを組み合わせて歴史を描く論理性のある学習活動を実現させる。根拠に基づいて解釈することは、複雑化する社会を生き抜くための市民としての資質・能力として求められるものである[6]。また、多様化する現代社会において、さまざまな価値観を受け入れ、根拠をもとに語り合うことは、グローバル化する国際社会を生きていく資質・能力として育みたいものである。解釈型歴史学習は、これからの社会の担い手となる児童の公民的資質・能力の育成につながると言える。一方、解釈の根拠となるものが偏見や主張とは区別される必要があることや、歴史家でも解決しきれない問題の解釈を深めていく学習活動が児童の主体性を継続させ得るかについては疑問が投げかけられている[7][8]。以上のような解釈型歴史学習への評価を踏まえた上で、小学生の発達段階に合った学習活動を取り入れることで、児童の歴史を学ぶ意味付けを可能にすると考える。その際主体的な学びを継続させ得る学習マネジメントとして、歴史家体験活動が注目される。

（2）主体的な学びを引き出す歴史家体験活動

体験学習を取り入れ難い歴史学習において、児童が活動する場面の設定を工夫することは欠かせない[9]。そこで、小学生の発達段階に合わせた形で実現できる学習活動として提案するのが、歴史家体験活動である[10]。表1は、生活科における

表1　遊びと学びの接続

段階	遊びの捉え方	遊びと学びの接続性
幼児教育	遊びの充実	深い学びの保障 ・遊びを中心とした主体的な体験から知的好奇心がくすぐられ、学びが芽生える。
小学校生活科	遊びを通して	思考を深めていく課程の基礎 ・体験的な思考の確立による発展的・創造的な思考力が生まれ、主体的な学びに向かう。
小学校中学年以降	学ぶこと自体を遊ぶ	社会生活を送る上での核となる。

（田村・佐藤・矢治「保育内容（人間関係・環境）と小学校生活科における幼保小の連携と接続」(2018)と曽我「学びと遊びの融合は可能か？」(2020)の関連する部分を氏家が整理してまとめたもの）

「遊び」に着目し、社会科への接続を念頭に発達段階に応じた遊びと学びの接続をまとめたものである。発達に応じて遊びと学びの関係性は変化しており、その段階に応じた学習活動が求められる。歴史を学ぶ高学年児童には、より知的な遊びが求められる。今回取り上げる歴史家体験活動は、その時代の人や社会を探究する歴史家になりきらせるものである。成り切った状態で社会的事象の見方・考え方を働かせながら過去の情報を読み解き、それを組み合わせて描く論理性の学習活動であると言える。また、この学習活動を取り入れることは、過去の人々が作ってきた社会への関心を高め、児童が歴史を主体的に学ぶ方法と言える。歴史家体験活動を分類したものを整理したのが表2である。時間探検活動や編集的活動は、資料をもとに歴史事象に気付いたり知ったりすることができ、

表2　歴史家体験活動の分類

分類	社会的事象の見方・考え方	歴史家体験活動の具体例
時間探検活動	位置や空間的な広がり 時期や時間の経過 事象や人々の相互関係 比較・分類・総合 人々の生活との関連	タイムトラベラーごっこ
編集的活動		歴史家ごっこ レポーターごっこ
探究的活動		歴史探偵ごっこ 新聞記者ごっこ
創作的活動		教科書会社ごっこ

（土屋「解釈型歴史学習のすすめ―対話を重視した社会科歴史学習―」(2011) pp. 110-117 を参考に氏家がまとめたもの）

知識・技能の習得に効果がある。探究的活動や創作的活動は、習得した知識・技能を用いながら思考したり表現したりする能力の育成につながる活動である。直接体験とまでは行かないものの歴史を仮想体験する歴史家体験活動を通して、児童は社会的事象の見方・考え方を働かせた解釈を見つけていくことになる。

3．子どもが歴史とともにつながる解釈型歴史学習の実際
（1）学ぶ意義に対する児童の認識を踏まえた年間計画の作成

公立小学校6年生1学級（38名）を対象に、歴史学習の最初の授業で「なぜ歴史を学ぶのでしょうか」と問いかけたところ、表3のような反応が返ってきた。児童なりに学ぶ意味を認識していることが分かった。これらの認識を整理すると、抽象的な理解から具体的な理解まで幅広い認識が見られた。このような児童の認識を踏まえた上で、認識の深化及び主体的な学びに向かう姿

表3　「なぜ歴史を学ぶのか」に対する児童の反応

学ぶ意味	抽象		具体	
児童の反応	・過去を知る ・今と比べる	・進歩を知る ・課題に気付く ・知識を深める ・予測する ・昔を忘れない ・変わってないことを知る	・対応する ・同じ過ちを繰り返さない ・知識を生かす ・つなげる ・未来に生かす	・コロナウイルス（伝染病） ・原爆

（2022年5月17日の授業で児童が発言した内容を氏家が整理したもの）

表4　6年生社会科「歴史家体験活動」に着目した年間計画案

学習問題	歴史家体験活動	振り返り
円墳付土器はどうやって使われていたのか	歴史探偵ごっこ	自分の説を確かめるために、この後何が必要か。 学習問題の解決具合はどれぐらいか。 あと、あなたの説を完成させるためには何が必要か。 あなたの「歴史探偵としての腕前」はどうだったか。
誰が、何のために壁画を古墳の中に描いたのか	歴史探偵ごっこ タイムトラベラーごっこ	自分の説を確かめるために、この後何が必要か。 学習問題の解決具合はどれぐらいか。 今日の学びに見出しをつけよう。
いつからこの国は、「日本」と呼ばれるようになったのか	歴史探偵ごっこ タイムトラベラーごっこ レポーターごっこ 歴史家ごっこ（年表づくり）	謎を解決するためには、この後何が必要か。 この国は、いつから「日本」なのか。 あと、あなたの説を完成させるためには何が必要か。 今日の学びに見出しをつけよう。 あなたの年表の完成度はどれぐらいか。
武士はどのようにして力をつけていったのか。	新聞記者ごっこ レポーターごっこ 歴史家ごっこ（年表づくり）	謎を解決するためには、この後何が必要か。 学習問題の解決具合はどれぐらいか。 あなたの考えを完成させるために、あと何が必要か。 武士はどのようにして力をつけていったのか。 あなたのスピーチはどれぐらいか。
室町時代とはどのような時代だったのか	歴史家ごっこ（人物説明） 歴史家ごっこ（時代説明）	学習問題の解決度はどれぐらいか。 今日の授業に見出しをつけよう。 学習問題の解決度はどれぐらいか。

183

を引き出していく歴史家体験活動を取り入れた社会科年間計画を立案した（表4）。室町時代

の学習を終えた段階で児童に改めて学ぶ意味を尋ねたところ、図1のような反応が得られた。表3と比較すると、具体的な社会的事象とともに、「継げる」「築き上げる」「繋げる」「受け継ぐ」といったより具体化された認識

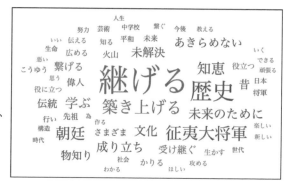

図1　室町時代までの学習後の「なぜ歴史を学ぶのか」に対する児童の反応

が伺える。歴史家体験活動を取り入れた問題解決学習が児童の学ぶ認識を変容させつつあることが分かる。つまり、児童の発達段階における知的なごっこ遊びとして歴史家体験活動を取り入れた小学校段階における解釈型歴史学習は、児童に学ぶ意味の認識を深めると言える。そのような認識を深める歴史学習として、児童が歴史につながりをもてるような追究する価値のある問いを引き出すことは重要である。簡単に解決するような問いではない、多様な解釈が保障される授業デザインが求められるのだ。そこで、近世から近代へと移り変わる大きな時代転換の場面である「明治の新しい国づくり」を重要な単元と位置付け、児童解釈型歴史学習の実践を行った。

（2）授業内容

　授業内容は表5の通りである。2022年12月からの2週間に、全6回の授業（1回45分）を行った。6回全てで歴史家体験活動を設定し、児童は学習問題に対する解釈を見出す活動を行った。

（3）授業の実際

ア 【第1時】時間探
検活動「タイムトラ
ベラーごっこ」、編
集的活動「歴史家
ごっこ」

第1時はまず、教
科書に掲載された幕
末期に関する資料5

表5　授業内容

時	本時の目標	歴史家体験活動	振り返り
①	黒船来航当時に生きた人々に興味をもち、追究しようとする。	タイムトラベラーごっこ 歴史家ごっこ（脚本づくり）	あなたの脚本のでき具合は、どうか。
②	幕末に生きた人々に着目し、学習問題をつかみ、学習計画を立てる。	歴史探偵ごっこ	今日の授業に見出しをつけよう。
③	新しい国づくりの必要性について調べ、発表する。	歴史家ごっこ	今日の授業を漢字一字で表そう。
④	当時の人物の取り組みや社会的事象について調べ、その特徴をまとめる。	歴史家ごっこ	あなたの疑問を解決するためには、あと何が必要ですか
⑤	学習問題について調べ、自分の説をまとめる。	歴史探偵ごっこ	あなたの探偵具合はどうでしたか。
⑥	自分の説を伝え、グループで当時の年表をまとめる。	歴史家ごっこ（年表づくり）	

枚の中から気になる1枚を選び、読み取った情報を共有する活動を
行った。その後教師からの「あなたはタイムトラベラーです。歴史家
の一人となって、絵の中にタイムワープをしてみましょう。」の指示
に対して、黒船が日本に来航した際の資料に注目し、絵から聞こえて
くる声や音を想像した。さらに、絵の中で気になる人にも注目をした。
この後、「今見た絵の場面を大河ドラマの一場面として一分間分の脚
本を作ります。あなたならどのようなお話にしますか。ナレーション
や会話を入れながら、ノートに脚本を完成させましょう。」の指示に
対して、児童は歴史家活動としてここまでに資料から読み取ったこと
や想像される声や音、注目した人物を使って、当時の歴史を文章化し
た。振り返りでは、書き上げた脚本の出来具合を問いかけた。

イ 【第2時】探究的活動「歴史探偵ごっこ」

第1時の活動から生まれた疑問をもとに、歴史探偵として解決して
みたい疑問を個々で立て、グループや学級全体で共有する中で学習問
題をつかむ活動を行った。個々で追究したいテーマを設定し、歴史探
偵になって問題解決的学習を進めていくことを確かめた。その後、教
科書にある七つの資料のうち、当時の世の中を表すものを選び、グ
ループで伝えあった。振り返りでは、この日の学びを見つめ、授業の
見出しづくりをした。

ウ 【第3・4時】編集的活動「歴史家ごっこ」

　ここでは、当時がどのような時代であったかを各種資料を根拠にして自分の意見をもつ活動を行った。第3時は四つの資料を用いて自分の意見をまとめた。その後、そのような時代に「なぜ、新しい国づくりが必要だったか」を検討した。振り返りでは、授業内容をまとめる漢字一字をノートに記述した。第4時は当時の人物や社会的事象を用いてどのような時代であったかについて自分の意見をまとめた。第3時の学びも生かしながらまとめた個人の意見をもとにグループで話し合いを行い、グループ内で当時がどのような時代であったかの意見をまとめて学級全体に共有した。振り返りとして単元を通しての個々の疑問の解決具合を測り、問題解決のためにあと自分には何が必要であるか見通しを立てた。

エ 【第5時】探究的活動「歴史探偵ごっこ」

　第4時の振り返りをもとに、個人で設定した単元を通しての疑問を解決するための根拠集めを歴史探偵になりきって進めた。各種資料から集めた情報を根拠に、自分の考えをまとめた。振り返りとして自分の探偵具合を測った。

オ 【第6時】編集的活動「歴史家ごっこ」

　第5時までにまとめた自分の意見をグループで共有し、解き明かした謎を生かしてこの時代の世の中のことを紹介する年表づくりをグループで協働して行った。

　グループでの協働の流れは、表6の通りである。グループで作成した年表は完成したグループから掲示した。

表6　第6時の協働の流れ

1 あなたが年表にのせたいと思うものを3つ決める。
2 1で決めたものをグループで出し合う。
3 グループとして年表にのせたいものを、3〜5つ決める。
4 年表を作成する。
5 年表のタイトルをつける。
6 年表の説明を書く。

4. 考察

（1）歴史家体験活動による児童の変化と主体的な学びの評価

　大河ドラマの脚本家になりきって黒船来航の場面の資料を使って脚本作りを行った第1時は、「事実に基づいて書けている」「事実もちゃんと取り入れた」のように根拠を明確にしながら歴史家ごっこに取り組めた。また、「たくさん読み取れた」ことから当時の人々の感情を解釈したり、声や音の想像を生かしたりしながらセリフを書くこともできた。この活動から、児童は「ペリーの目的」「アメリカ船の来航場所」「アメリカと日本の違い」「住民の感情」「当時の人々の生活の様子」に疑問をもった。これらの疑問を第2時はグループで共有し、一番気になる問いをグループで選択したものが資料1の右側にあるホワイトボードである。その問いを選択した理由を学級全体で聞き合う中で、児童からは「何でそんなに幕府を倒そうとしたのだろう」「何でわざわざ打ち壊しのような出来事が起こったのだろう」と言った新たな疑問が浮かび上がった。教師は新たな疑問も受け入れながら、児童に「歴史探偵として解決してみたい疑問を決めましょう」と指示し、各々が解決したい疑問を決定した。第2時までの歴史家体験活動によって児童は各々で当時の社会的事象であるペリー来航や倒幕運動、外国との違い、活躍した人物への興味関心が生まれ、それらに着目した問いを解決しようとする主体性を引き出すことに一定の効果があったと言える。第3時では、教科書にある資料をもとに「なぜ新しい国づくりが必要だったか」を検討した。児童の意見は「外国との関係」に着目するものが多く、不平等条約の改正や日本の国

資料1　第2時の授業後の板書

187

際的地位を向上させるためには「国内の混乱の解決」「人権問題の解消」など、国内の課題解決のために新たな国の仕組みが必要と判断する子が多かった。

　一方で、判断の根拠が客観的でなかったり、正確とは言えない子もいた。児童同士の協働だけでは解釈に不安が残る解釈型学習の課題が浮き彫りとなった。そこで、第4時は大学生（日本史専攻社会科教育ゼミに所属の大学生4名）をゲストティーチャーとして招き、新たな資料を用いて「この時代はどんな時代と言えるか」についてゲストも児童とともに時代背景を探った。本時の学習課題に対する児童の解釈を分析すると、記述された動詞は「とどろかせる」「追いつく」「倣う」「関わる」「近づく」のように他者との関係性に着目したものが多かったことが分かった。当時の社会的事象が他者との関係性から起こったものであると認識しているということである。第4時の児童の振り返りを見ると、ゲストの意見に驚き意見を深化させることができたことや、現代の社会的事象と比較して思考することができたことが分かった。また、「本当にインターネットの情報が当たっているのか本で調べたい」「税のことについて調べたい」「この時代に何が進化していったかを調べる」のように、自分が設定した疑問を解決するための情報を収集し、解釈を深めようとする児童が多く、他者との対話が主体的な学びに効果があったと言える。第4時で問題解決までの見通しを再構築した児童は、第5時で追究活動を進め、解釈をまとめた。授業の振り返りで「あなたの探偵具合はどうでし

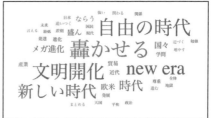

図2　児童の解釈を分析したもの（上）スコア順，（下）出現頻度順

たか」と問うと表7のような反応があった。自己評価の高い児童の理由を見ると、疑問を解決できたことや根拠を明確にできたことが挙げられている。自己評価が低かった児童も理由を見ると「根拠をもっと出して」のような知識技能に関わるもの、「まとめる力をもっとつけたい」「残りの35％は、想像力と考える力だ」のような思考判断表現に関わるものなど、社会科における資質・能力を高めようとする記述が書かれている。

歴史家体験活動に着目した解釈型歴史学習は児童が見通しを持って主体的に問題解決的学習に取り組む点で効果があったと言える。

表7　「あなたの探偵具合はどうですか」

自己評価	探偵具合	理由
高	100％	衣食住について調べたらスッキリしたから100％
	完璧	いつもよりたくさん書けたし、自分の疑問も書けたから。
	前より15％くらい上がった気がする	前よりも証拠をもとに自分の考えが出せたので15％くらい上がったかなと思います。残りはもう少し他の探偵と話して深めたいで
中	中米探偵	プロまで残りレベル20。プロになるために習得しないといけない技…自己評価力、情報力。自分で評価できず人に任せてしまったから。二つの情報で決めつけてしまった。
	80％	ちゃんと調べれたけど、まとめる力をもっとつけたいから。
	70％	鉄道のことをよく知ったし、明治の始めの方はよく知ったから。
	70％	グループのみんなに伝えたいことがたくさんあるけど、うまく分かりやすく説明できているかまだよくできていないような気がするから。
	70％	大体は調べれたが、最後のひと押しが足りないと思ったからで
	五つ星中の三つ星	完璧な証拠を出すことが難しく、先生に伝わっていない可能性が高いから。ネットに頼りすぎていたから。
	65％ぐらい	自分のテーマに沿ってわかったことなどがあまり書けなかったのとテーマが難しかったのです。
	65％	事実からいろいろな考えが出て良かったと思う。でも確実なものを突き止めるところまではいかないから。
	65％くらい	ノートにしっかり書けていても、相手からや班の人から見たら話し合いなどができてないのかなと思ったからです。残りの35％は、想像力と考える力だと思います。
	普通	自分的に事実を書けている気がするけど事実でユニークな案を書けていないから普通探偵。
	まあまあ	少しテーマについて調べることができた。
	60％	意外に多くがついてまとめれたから。
低	新米探偵	調べてまとめることはできたけど、証拠があまり書けなかったから。次からは教科書や資料を使い、証拠をしっかり書けるようにしたい！！
	新米探偵	探偵とは理由と根拠・主張を分かりやすく伝えられる人のこと！だから、私はまだ詰めが甘いと思う。
	新米です	確かにできたっちゃできました。ですが、友達の意見を聞いて最終的に考えがまとまったから、まだまだ自分の探偵は少ないと思ったから。まだまだこれから！！
	20％	根拠をもっと出してみんなにしっかり言うのがまだ足りてないと思いました。

振り返りとして回答のあった児童のものを一部抜粋して氏家が表にしたもの。

（2）抽出児童が捉える歴史を学ぶ意味

表8　抽出児童Aの記録

	考え	理由	振り返り
第3時	世界に発信して物を輸入したい	江戸時代は百姓が85％で明治より貴族や武士が多く、差別が多かったため、不満が多く、日本が固まっていなかったけど、固めて、日本が世界と結んでいかなければいけなかった。人口も増え、三千四百八十万人になり、物を輸入したかった。	「平」・昔は身分の差があってピラミッドみたいだったけど、身分の差がなくなって平になったから。
	どんな時代と言えるか	理由	振り返り（あと、何が必要か）
第4時	尊重	鉄道や教育などの設備や電気など、人々が日常で必要なものが発達して人の意見を尊重（昔はいうこと を聞いてばかり）している時代。	外国と不利な条約を結んでしまったが、日本人のおかげで自由を取り入れることができた。この時代に起こった外国との出来事やどう対処したか調べたい。
	探偵具合	理由	
第5時	前より15％くらい上がった気がする。	前よりも証拠をもとに自分の考えが出せたので15％くらい上がったかなと思います。残りはもう少し他の探偵と話して深めたい。	
	あなたの歴史探偵レベルは？	自分の考えと相手の考えが違った場合、あなたはどう感じる？	歴史の授業で大切にしていること
単元末アンケート	ア　よかった・他の探偵の班の人とよく話し合うことができて、意見を共有し、色々な意見を吸収し、たくさん使うことができたからです。	とても嬉しくて、ワクワクすると感じます。理由は、自分の考えとは違う意見を聞いて、「そんな発想なかった」と想像を膨らますことができるからです。	私が大切にしていることは、前の授業を振り返って色々な資料などを参考に色々結びつけて考えることを大切にしています。理由は、前の授業で習ったことを疑似的に見て、本当の事実が出てきたり、「前はこうだった…」と深く考えることができるからです。

　授業観察においては、１名の児童を抽出し、歴史家体験活動に基づいた解釈型歴史学習と主体的な学びの接続を検証する。Ａ児は社会科に対して苦手意識があり、特に自分の意見をもつことに自信が持てない児童である。本単元におけるＡ児の記録が表８である。日本がなぜ外国と不利な条約を結んでしまったのかについて疑問をもったＡ児は、教科書等資料を活用し、条約を結んだことによって外国との関わりが生まれ、国内が近代化されたメリットに気付くことができた。また、資料２のグループで協働して作成した年表にはＡ児が気付いたメリットが記載された。問題解決の過程で歴史家体験活動が知的な遊びとして効果を発揮し、Ａ児の追究意欲を引き出し、根拠を求める主体性を生み出した点で効果的であったと言える。

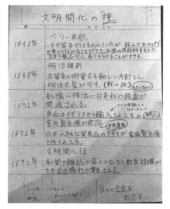

資料２　第６時でＡ児のグループが作成した年表

5.　歴史を学ぶ主体としての子ども

　今回の授業実践例をもとに、歴史家体験活動に基づく解釈型歴史学習が与える児童の主体的な学びへの効果として、以下の２点が明らかになった。まず、知的な遊びとして位置付ける歴史家体験活動を年間通じて行うことによって、歴史を学ぶことの楽しさと同時に追究する価値のある問いを見出す力が育まれていったことである。変化の激しいこれからを生きる子どもたちの自ら問いを立てる力を、歴史を描く活動が引き出していった点で、本研究の意義がある。もう一点は、対話を通じて思考を深め、他者と関わり合いながら学ぶことの良さを実感し得る点である。学びの主体同士の対話、ゲストティーチャーとの協働といった他者との関わりは、他者がいるから成り立つ社会科特有の学びと接続するものであり、そのような学習をマネジメントして実現させた点で、本研究

の意義がある。今後も年間を通じて遊びと学びを連続させる協働的学習マネジメントを検討し、学ぶ意味を見出すことができる社会科歴史学習としての効果を高めたい。

【注・参考文献】

（1） 星瑞希「『歴史を学ぶ意味』に関する実証研究の日米比較研究―『学力から意味へ』の批判的検討―」東京学芸大学社会科教育学会『学藝社会』第34号，2018年，p.3。

（2） 鉅は先行研究をもとに，歴史学者が唯一の歴史の生産者・消費者ではないことの認知の広がりについて取り上げ，子どもも歴史の生産者・消費者であると位置付けた。鉅悠介「子どもは歴史の何を，なぜ重要だと考えるのか―"Historical Significance" 概念の教室への導入に向けて―」全国社会科教育学会『社会科研究』第91号，2019年，p.14。

（3） 前掲注（2），p.23。

（4） 子どもの実態を把握した上での学習課題の設定や追求する価値のある問いを問うことは，子どもが歴史に真に取り組む上で欠かせないとしている。前掲注（2），p.23。星瑞希，鉅悠介，渡部竜也「歴史する（doing history）の捉え方の位相―多元的社会における歴史教育のあり方」日本教科教育学会『日本教科教育学会誌』，第42巻，第4号，2020年，p.29。

（5） 氏家拓也，土屋武志，真島聖子「協働的学習マネジメントに基づく遊びと学びの連続―児童解釈型歴史学習の実際―」愛知教育大学『愛知教育大学教職キャリアセンター紀要』第7号，2022年，pp.143-149。

（6） 原田智仁「コンピテンシー・ベース・カリキュラムのための歴史的リテラシーの指導と評価―『歴史家のように思考する』フレームワークを手がかりにして―」兵庫教育大学『兵庫教育大学研究紀要』第49号，2016年，pp.109-118。

（7） 原田智仁「中等歴史教育における解釈学習の可能性―マカレヴィ，バナムの歴史学習論を手がかりに―」全国社会科教育学会『社会科研究』第70号，2009年，pp.1-10。

（8） 星も「歴史学者の追体験としての歴史授業を生徒が意味づけることには限界があるのかもしれない」と述べ，解釈の是非とともに主体性の継続に疑問を投げかけている。星瑞希「生徒は教師の歴史授業をいかに意味づけるのか？―『習得』と『専有』の観点から―」全国社会科教育学会『社会科研究』第90号，2019年，pp.25-36。

（9） 前掲注（5）。

（10） 土屋武志「多文化社会における解釈型歴史学習の役割」愛知教育大学歴史学会『歴史探究』第57号，2011年，pp.1-16

7 第6学年・子どもや教師が世界と共に つながる社会科学習

白井　克尚（愛知東邦大学）

1．問題解決学習を創出する社会科授業開発研究

　本節では、第6学年・子どもや教師が世界と共につながる問題解決型の社会科学習の開発の在り方について具体的な事例をもとに提案する。事例として取り上げるのは、筆者が2004年度に、地域の社会科教員研究サークルにおいて協働で開発した第6学年社会科「もっと知りたい！一番近い国韓国！」の実践である。

　筆者が本実践に取り組んだ愛知県三河地域では、問題解決学習が歴史的に根付いている[1]。そうした問題解決学習の意義とは、探究過程の中で、子ども同士がつながり、世界・地域と共に出会う場となることである。また、問題解決学習の創出のために教師同士が学び合う文化を形成することにもなる。とりわけ、愛知県三河地域において問題解決学習が根付いている理由の一つには、各自治体単位で教育研究サークルが組織され、教師同士が学び合う場が形成されていることがある。筆者は、本実践の開発に際し、旧宝飯郡（現豊川市に合併）で組織されていた「社会科（小）サークル」に所属し、地域の社会科教師と共に社会科授業開発研究[2]をおこなっていた。そうした中で、後述するような子どもが世界と共につながる問題解決型の社会科学習が実現した。では、そのような問題解決学習の創出を可能にした愛知県三河地域における社会科授業開発研究は、どのような取り組みであるのか。

　以上のような問題意識に基づき、本稿では、問題解決学習を創出した社会科授業開発研究の実態に迫りたい。そのことを通じて、社会科教師の力量形成の問題にも示唆を与えることになろう。

2．社会科（小）サークルにおける社会科授業開発研究の概要
（1）教育研究サークルの基本方針

　2004年度、筆者は、郡単位で組織されていた社会科（小）サークルに所属し、共同研究としての社会科授業開発研究に基づいて取り組んだ。宝飯郡社会科（小）サークルにおける社会科授業開発研究の基本方針は、以下の通りであった[3]。

> ○　みんなで実践を持ち寄って「研究」しよう。
> ○　ひとりひとりの「力」になるようにしよう。
> ○　研究の積み上げができるようにしよう。

　この資料からもわかるように、宝飯郡においては、協働で社会科授業研究を行う教員文化が根付いていた。とりわけ、他校の教員が集まって研究構想や単元構想、授業案を共同で協議し、検討する点が特徴的であった。

（2）実践研究の目標の決定

　この基本方針に基づいて、年間を通じて共同研究を行い、実践研究の目標、仮設と手立てを決定し、単元計画、授業案を協働で作成していった[4]。

> 6月22日　第1回推進委員会　研究構想の検討
> 7月30日　サークル夏季研修会　単元構想検討
> 10月8日　研究会の持ち方についての検討
> 10月14日　宝飯郡教育研究会総合発表会　単元構想検討
> 11月24日　第3回推進委員会　授業案検討
> 11月30日　社会科サークル研究社会　授業研究会
> 1月31日　実践報告

　本実践研究で目指したのは、さまざまな考え方を認めあうことができる子どもの姿である。そのために、異なる考え方に触れ、違いを違いとして認めることが大切になると考えた。また、考えを深めていくために、友だちの意見を聞くことのよさに気づかせたいと願った。

193

　そして、主題に迫るための有効な教材を模索したときに、「韓国」についての学習が構想された。日本とは異なる文化についての理解を深めることは、共生社会をめざした生き方を考えるきっかけになると考えたためである。さらに、社会的に話題となっている韓国の文化を教材として取り上げることにより、子どもたちの興味・関心を生かしつつ、学ぶ喜びを分かち合う学習が可能になると考えた。以上の理由から、韓国という教材を通して、目指す子ども像を、協議の上、次のように設定した。

> ・韓国の人が日本とは異なる文化を大切にしていることを理解し、考え方の違いを尊重することができる。
> ・韓国の文化を追究する活動において、友だちの意見を聞きながら、自分の考えを深めることができる。

（3）実践研究の仮説と手立ての開発

　次に、このような目標に迫るために、子どもなりの視点から、異なる考え方に気づかせる必要があると考えた。また、人とのかかわり合いを大切にする支援を行うことにより、考えを深めていくことができると考えた。そこで、研究の仮説と具体的な手立てを、協議の上、次のように位置づけ、実践研究を行っていくことにした。

> 仮説①　子どもの興味・関心にもとづいて学習を支援していけば、異なる考え方に気づくことができるであろう。
> 仮説②　子どもたち同士で考えをかかわり合う場を大切にしていけば、それぞれの友だちの考えのよさに気づき、考え方の違いを認めるようになるであろう。

> 手立て①' 韓国の文化について詳しく調査する活動、調べたことを表現する活動、体験活動を単元の中に位置づける。また、韓国からのゲストティーチャーを招き、異なった文化を持つ人との触れ合いを通して、韓国についての理解を深める場を設定する。
> 手立て②' グループによる話し合い、クラス全員による話し合い等、さまざまな話し合い活動を取り入れる。また、話し合い活動においては、「ふり返りカード」により、自分の考えを常に見つめ直させる。

（4）単元構想図の作成

　以下、社会科授業開発研究に基づいて作成された単元計画（10月16日段階）を示す。この単元計画は、子どもの問題解決の過程を中心に構想されている点に特徴がある。

	ねらい（時間）	学習活動・学習内容	教師の支援
導入	◆韓国の人々のくらしについて知ろう。（1）	◎韓国のおみやげや製品、パンフレット等を集め、知っていることを話し合う。	◇子どもが自ら集めた実物資料を教室や廊下に掲示し、単元全体を通じて意欲化を図る。 ◇金属製の食器、チマチョゴリ等の実物資料を持ち寄り、体験できるようにする。
韓国の人々のくらしについて知ろう	◆韓国の地理、歴史について知ろう。（1）	◎韓国の位置、地形、気候、日本とのつながり（歴史、産業等）、人々のくらしについて知る。 ◎くわしく調べたいことについて、発表する。	◇地図やグラフを実際にかく作業を通して、理解できるようにする。 ◇ワークシートを利用して、くわしく調べたいことをまとめることができるようにする。
	◆韓国の人々のくらしについて調べる学習計画を立てよう。（1）	◎興味・関心に応じてコース（食、子どもの生活、家庭生活等）を選択し、学習計画書を作成する。	◇ワークシートを利用して、調べ学習の計画を立てることができるようにする。 ◇新聞、絵本、パンフレット、劇、模型等の表現方法を知らせる。
	◆韓国の人々のくらしについて調べよう。（4）	◎課題別グループに分かれ、図書室、コンピュータルームを利用しながら、表現物を作る。	◇資料収集に当たって、図書室やインターネット、ビデオの活用等の幅広い調べ活動ができるよう支援する。
	◆韓国の人々のくらしについて調べたことを発表しよう。（2）	◎自分で調べて表現したことをもとに友だちと交流する。	◇他の課題の調べた事を聞くことにより歴史的・地理的な関連性や共通性に目を向けるようにする。
まとめ	◆これからの日韓交流について考えよう。（2）	◎望ましい日韓交流について考えて文章にまとめ、これからの日韓交流のあり方について自分なりの考えを持つ。	◇学年全体、学校全体で交流できるよう、小西祭で「韓国体験資料館」を開き、表現物を展示できるようにする。

3. 実践の概要

(1) A児をとらえる

ここからは、実践の具体について述べていきたい。

> 金曜日の夕方から、ホームスティでカナダから
> アダム君が家に来ました。アダム君は一週間日本
> にいるそうです。カナダなんて今まで知らなかっ
> たけど、印象がかわって、カナダの人も日本人と
> あまりかわらないんだなあと思いました。一週間
> のうちにもっとカナダのことを教えてもらいたい
> です。　　　　　　　　（9月12日　A児の生活日記）

この文章は、カナダからの留学生を家に招待したときのA児の生活日記である。A児は、ホームスティ体験を通して、「印象がかわって」「もっとカナダのことを教えてもらいたい」という素直な思いをもった。しかし、気になったのは、「カナダなんて」ということばである。国際交流について、やや突き放した考え方をしているように思えた。

そこで、A児に対して、さまざまな考え方に触れ、それぞれの考え方を認めることができるようになってほしいと願った。

(2) 今一番ホットな国・韓国について知っていることは？

今年に入ってから、子どもたちの会話の中に、韓国の有名人や食べ物などが日常的に登場するようになった。韓国のTVドラマ「冬のソナタ」が、ブームになっているからであろう。そこで、単元の導入として、「今一番ホットな国・韓国について、知っていることは何ですか？」と投げかけ、子どもの「韓国」に対するイメージを探ることからはじめた。

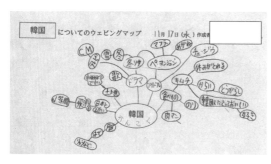

図は、A児における「韓国」についてのウェビングマップ[5]である。ここから分かるように、

A児は「韓国」に対するイメージとして、「服」→「はで」「食べ物」→「キムチ」などという狭い分野の知識しかもちえていない。どうして韓国の人が、日本とは異なる文化を大切にしているのか、そうした考え方の背景にまで目が向いていないようであった。

　また授業の中では、「韓国の食べ物は辛い」「韓国の人は日本人と顔がよく似ている」というように、あたかも韓国の全てがそうであるかのようなステレオタイプ的な発言も見られた。こうした発言は、韓国に対する知識の少なさに理由があると考えた。そこで、事実に基づいて韓国の文化の背景となる考え方について気づきを深めていってほしいと願い、調べ学習を行っていくことにした。

（3）韓国ツウになろう！

　調べ学習を行うにあたり、「韓国ツウになろう」ということばがけをして、自分が興味をもったテーマについて課題をもつことができるように支援を行った。子どもたちが興味を持ったテーマは、韓国のスポーツ、食べ物、衣服、ハングル、流行ドラマなどであった。

　韓国の衣服について、インターネットや図書資料を用いながら調べ学習を行ったA児は、資料のように「韓国の人はふだんからチマ・チョゴリを着ていると思っていたけど、特別な行事があるときに着るということが分かりました」という感想を学習カードに書いた。しかし、「チョゴリがどうして着られているか？」という課題については、目を向けていないようであった。

> 　韓国の服は、「ハンボク」という伝統的な民族衣装ということが分かりました。「ハン」は韓国、「ボク」は「着るもの」という意味です。韓国の人はふだんからチマ・チョゴリを着ていると思っていたけど、特別な行事があるときに着るということが分かりました。
>
> 　　　　　　（11月24日　A児のふり返りカード）

（4）中間発表会を開こう

　次に、個の調べ学習を互いに共有し、同じ土俵にのせるため、中間発表会を開いた。今後の調べ学習に対して、友だちからアドバイスをもらうことができると考えたためである。Ａ児は韓国の服について、見本をビニール袋で作って着て見せ、劇によって韓国の普段の生活について演じて発表した。しかし、Ａ児は、中間発表において、「韓国の人がどうしてチョゴリを大切にしているか？」という質問に対して、答えることができなかった。授業後のふり返りにおいてＡ児は、次のような感想を書いた。

> 　今日の中間発表では、ＢさんやＣさんと作ったチョゴリを使って劇と説明をしました。発表は堂々とできたけど、チョゴリのよいところについては、うまく説明することができませんでした。
> （11月26日　Ａ児のふり返りカード）

それぞれ知識は得たものの、Ａ児のように、韓国の文化の背景にある考え方について、理解していない子は多かった。この中間発表会から分かったことは、インターネットや図書資料からは、韓国の人における衣服に対する考え方について、十分な調べ学習を行うことができなかったということである。

　こうした子どもたちに、韓国の文化の背景にある考え方について、気づかせる必要があると考えた。韓国においてチョゴリが大切にされているのは、寒い気候、儒教の考え方、食事文化の違い等の理由がある。このことへの気づきをもたせるために、お互いが調べてきたことをもとに意見をかかわらせる機会をもつことにした。

（5）日本と韓国の考え方の違いについて話し合おう

> Ｔ１：韓国の食事風景を例に考えると、日本とどんなところが違うかな？
> Ｃ１：金属の食器、スプーンで食べる。
> Ｃ２：器を持ち上げないで食べる。

韓国においては「男の人はあぐら、女の人は立てひざ」で食事をするという風習がある。

```
Ｃ３：男の人はあぐら、女の人は立てひざ。
Ｃ４：父親が食べるのを見て食べ始める。
Ｃ５：全部は食べないで、少し食べ残す
Ｔ２：では、なぜ、食事マナーが違うと思います
　　　か？
Ｃ６：文化が違うから。
Ｃ７：政治の仕組みが違うから。
　　　　　　　　　　　（中略）
Ｃ８：韓国では、お父さんが一番えらい人だから
　　　一番最初に食べ始める。お父さんを敬う考
　　　え方があるからじゃないか？
Ｃ９：つけたしで、儒教の考え方。
Ｃ10：食事が違うから。
Ｃ11：つけたしで、韓国は熱い物を多く食べるた
　　　め、金属の食器じゃないかな？
Ｃ12：つけたしで、気候が違うから。韓国は寒く
　　　て、日本は割と暖かいから。
Ｃ13：日本が木の食器なのは、日本は木が多いか
　　　らとか？
Ｃ14：教科書にも韓国は岩場が多いって載ってい
　　　るよ。
Ａ児：あと、女の人が立てひざなのは、服がちが
　　　うから。立てひざじゃないとチョゴリが汚
　　　れたり、工夫したら、マナーが異なったん
　　　じゃないのかな？
　　　　　　　　　　　（中略）
Ｔ３：では、韓国の人を日本の家に食事に招いた
　　　ときには、どうしますか？
Ｂ児：日本の食事マナーを教えてあげて、日本の
　　　マナーで食べる。韓国のマナーも教えても
　　　らう。
　　　　　　　　　（授業記録　11月30日）
```

このことは、韓国の儒教の考え方、オンドルの影響、チョゴリの着易さの面ともかかわっている。こうした日常生活における食事マナーの違いは、子どもたちにとっても意識しやすいと考えた。そこで、事前に韓国ドラマ「冬のソナタ」の食事風景に関する場面を視聴し、韓国の女性は食事のときに立てひざをして食べるという事実を、資料を元に伝え話し合いをおこなった[6]。

この話し合いにおいて子どもたちは、「なぜ、食事マナーがちがうか」（Ｔ１）という問題について、活発に話し合う様子が見られた。また、「儒教の考え方」（Ｃ９）「気候が違う」（Ｃ12）という具体的な事実をもとに考える子どもの姿もあった。これまで調べてきたことをもとに、お互いに意見をかかわらせることにより、韓国と日本の文化の違いにまで目を向けることが可能になったためだと考える。Ａ児は話し合いのふり返りにおいて、次のように自分の考えを書いた。

> 　今日はみんなの意見を聞いてとっても勉強にな
> りました。日本と韓国は、食事マナー一つとって
> も、全然ちがうところがあるんだなあと思いまし
> た。なぜ、こんなに文化がちがうかについて、い
> ろいろと分かったと思います。
> 　あと、実際に韓国の人を食事に招いたときには、
> 私は、Bさんのように日本の食事マナーを教えて
> あげて、韓国の食事マナーも教えてもらいたいと
> 思います。実際に韓国の食事風景を見てみたいと
> 思いました。　（11月30日　A児のふり返りカード）

　話し合いからはＡ児が、韓国の気候や儒教という伝統的な考え方によるチョゴリの特徴に気づいた様子が分かる。また、「日本の食事マナーを教えてあげて、韓国の食事マナーも教えてもらいたい」

（B児）ということばのように、日本と韓国のそれぞれのマナーについての考え方を認める姿も伝わってきた。

　この授業の後に子どもたちの多くは、「実際に韓国の文化を体験してみたい」という感想をふり返りの文に書いた。そのために、児童の思いを生かした体験活動を、次時に計画し、行うことにした。

（6）体験！発見！韓国文化！

　子どもたちの思いを生かして、韓国からの留学生の方をゲストティーチャーとして招き、インタビューや体験活動を行う交流の場面を設けた。

> 　体験で印象に残ったことは、チマ・チョゴリを
> 着たことです。日本の着物に似ていました。でも
> 違うことは、チマ・チョゴリを着たときに、日本
> の着物よりも着方がかんたんだったことです。本
> 当に立てひざがしやすい服だなあと思いました。
> 　　　　　　　（12月3日　A児のふり返りカード）

ゲストティーチャーのＳさんからは、ハングルや食文化についての説明をしていただき、その後、韓国の楽器演奏やサムルノリやチョ

ゴリを着る体験を行わせていただいた。体験活動においてＡ児は、チマ・チョゴリを着せていただき、自分が興味をもったテーマについて楽しそうに活動することができた。上の文は、チョゴリ体験をした後のＡ児の感想である。

　「本当に立てひざがしやすい服だなあと思いました」という文章からは、A児がチマ・チョゴリの特徴を、体験を通して感じ取ることができた様子が伝わってくる。また、日本の着物とチマ・チョゴリについて、似ているところに気づいたということも興味深い。日本の着物についても見直し、韓国のチョゴリと日本の着物の、それぞれの背景となる考え方に気づいたことが分かる。

（7）日本と韓国の国際交流のあり方について考えよう

　Sさんとの交流活動を通して、さらに自分たちの問題として韓国と日本の交流のあり方について考えていって欲しい。このような願いから、体験学習のお礼もかねて、Sさんに手紙を書く活動を行った。

> 　Sさんへ
> 　この前はいろいろ韓国のことを教えてくれてありがとうございました。私が一番印象に残ったことはハンボクを着られたことです。
> 　私たちは韓国のことについて知らないことがまだたくさんあります。同じ人間同士、お互いの文化についてよく話し合って、理解すれば、仲良くできると思いました。　　（12月5日　A児の手紙）

　手紙の中の「同じ人間同士、お互いの文化についてよく話し合って、理解すれば、仲良くできると思いました」ということばからは、A児が、韓国と日本のこれからの交流の問題を自分たちの問題として考えていることが分かる。とりわけ、「お互いの文化についてよく話し合って」ということばからは、A児が韓国と日本、それぞれの考え方を尊重する姿が伝わってきた。手紙を書く活動を通して子どもたちは、これからの日本と韓国の交流のあり方を、身近な問題としてとらえることができたように思う。

（8）世界の人と手をつなごう

　資料は、A児の「韓国」についてのウェビングマップである。韓国の文化について、気候や儒教の考え方にまで視野を広げ、追究を深めていることが分かる。「一番近い国・韓国」とは、日本とは違った文化があ

る国であるということを、親しみをもって理解したようであった。韓国の学習を通して、韓国と日本のそれぞれの文化を認めることができるようになったという点において、A児の異文化についての見方が育ってきたことを感じた。

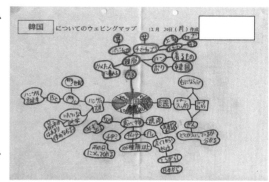

4. 実践研究の成果と課題

(1) 実践研究の成果

　韓国の文化についての調査活動や、表現したことを発表する活動、韓国からのゲストティーチャーとの交流活動を単元に組み入れたことにより、子どもたちは生き生きと意欲的に活動することができたように思う。また、子どもの興味・関心にもとづいた調べ学習をさせたことにより、子どもたちは文化や経済の面でかかわりの深い韓国の文化について親しみを持って学習することができた。このことは、先入観にとらわれない人間関係の基礎を培っていく上で、重要なことであると考える。異なる文化をもつ人と、すすんで交流していくことは、今後の国際化社会において必要な市民的資質であると考える。

　さまざまな話し合い活動を単元の中に組み入れたことにより、意見の交換を活発に行うことができた。また、お互いの意見をかかわらせることで、友だちの考え方のよさに気づき、視野を広げ、韓国と日本の文化の背景になる考え方に気づく子も出てきた。話し合いの後に、ふり返りカードを記入させたことは、追究課題を見直すという点において有効であったと考えられる。このように、さまざまな考え方を認めあうことは、共生社会をめざした生き方の第一歩につながったと考える。

（2）実践研究の課題

　実践研究の課題として、韓国一か国を重点的に取り上げたため、学習指導要領に示されているように「日本と経済や文化などでかかわりが深い国数か国を取り上げる」まで学習を網羅できなかったことが挙げられる。また、社会科学習を通じて、実際の行動や意欲の評価まで測定できなかった点は、課題である。

　しかし、この韓国を事例とした社会科学習を通して、さまざまな考えを認め合うという形で、異文化についての見方が、子どもたちに育ってきた。それゆえに、この学習で培ったものの見方・考え方が、今後の学習において役立っていくことを期待している。

（3）社会科授業開発研究のまとめ

　宝飯郡社会科（小）サークルは、研究のまとめとして以下の成果と課題を記した。「子どもたちに自分の興味や関心のある韓国の事柄について、インターネットや図書資料で調べ学習を行わせたり、韓国留学生の方をゲストティーチャーとして招き、韓国の文化のお話をしてもらうことによって、より具体的な韓国文化の様子を子どもたちに味わわせてみた。どちらも子どもたちにとって興味深い体験活動となり、各自の問題意識を掘り起こし意欲的に問題解決に取り組む中で、子どもたちが『学ぶ喜び』を感じ取っていったのではないかと考える。」「子どもたちに『学ぶ喜び』を感じ取らせるためには、問題解決の過程で、『子どもたちが悪戦苦闘するような共通の課題』を設定するべきであると考え、共通課題を設定した。課題の内容は、よかったが、そこへの迫り方には、まだいくつかの課題が残されているので、来年度は、その辺りにも焦点を当てて、さらなる研究を推進していきたい。」[7]このような記述からは、地域の教員たちの社会科授業開発研究に対する共通の願いがうかがえる。

　それは、子どもたちに「学ぶ喜び」を分かち合わせたい、よりよい社会科授業づくりを行っていきたいという切実な願いである。

5. 問題解決学習を創出する社会科授業開発研究の特質

　愛知県三河地域における宝飯郡社会科（小）サークルにおける筆者の実践事例をもとに、問題解決学習を創出する社会科授業開発研究の特質として、以下の三点が明らかになった。

　第一に、社会科授業開発研究を通じて、子どもの問題解決学習を中心とした単元計画を地域の教員による協働で作成していた点である。具体的には、地域の教員による協働で、子ども達がさまざまな考え方を認めあう、共生社会をめざした生き方を考えるきっかけになる、学ぶ喜びを分かち合うといった学習が可能になるような単元計画を構想し作成していた点に、その意義がある。

　第二に、社会科授業開発研究を通じて、子どもの思考変容を軸とした学習指導案の作成を、地域の教員による協働で行っていた点である。とりわけ、子どもの話し合いを中心とした本時の学習指導案を、サークル員同士で共同で作成したことや、子どもの考えの変容を座席表を活用して共同して見取っていたことが特徴的である。具体的には、地域の教員による協働で、目指す子ども像を設定し、その目指す子ども像に向けて、学習指導案の作成や座席表の活用を行っていた点に、その意義がある。

　第三に、社会科授業開発研究を通じて、実践の仮設と手立てを構想し、授業分析を通じてその意義と課題についての検討を地域の教員による協働で行っていた点である。具体的には、地域の教員による協働で、実践研究における仮説と手立てを設定し、社会科授業分析を通じて、その成果と課題について検証していた点に、その意義がある。

　このような協働的な性格[8]をもつ、愛知県三河地域における社会科授業開発研究が、今後の社会科授業づくりに示唆する点は大きい。とりわけ教員の超多忙化が叫ばれる現在において、教師同士がつながり、子ども同士も共につながる問題解決学習の創出を可能にする社会科授業開発研究は、グローバルな文脈においても普遍的な価値をもつだろう[9]。私たちは、その在り方に学ぶ必要がある。

※　本節は、白井克尚（2004年度）「さまざまな考え方に触れ、よさを認め合う子の育成―6年『もっと知りたい！一番近い国・韓国』の実践を通して―」愛知県教員組合『第55次　教員研究愛知研修会レポート』（2005年）所収の実践記録を、本書の目的に即して加筆・修正したものである。

【注・参考文献】

(1)　木村博一「地域教育実践の構築に果たした社会科教師の役割―愛知県三河地域における中西光夫と渥美利夫の場合―」全国社会科教育学会『社会科研究』第70号，2009年，pp.21-30。白井克尚「問題解決学習を創出した社会科授業研究の論理と実際―愛知県新城市立新城小学校の授業研究システムを手がかりに―」日本社会科教育学会『社会科教育研究』第135号，2018年，pp.27-39等を参照。

(2)　本節で扱う「社会科授業開発研究」とは，社会科を対象として「教育内容編成そのものを問い直し，再編成していく契機として教授・学習のあり方を研究する」（森分孝治『現代社会科授業理論』明治図書，1984年，p.18）という行為に限定して論じている。

(3)　社会科(小)サークル「社会科(小)サークル研究のまとめ」宝飯郡社会科部『平成16年度 社会科集録』第30集，2004年，p.3。

(4)　社会科(小)サークル「平成16年度 社会科(小)サークル研究活動の歩み」前掲宝飯郡社会科部『平成16年度 社会科集録』，p.2。

(5)　ウェビングマップとは，子どもの興味・関心を基にして，トピックを次々と展開させて作成した図のことである。ウェビング法を生かした授業づくりの視点に関しては，關浩和『ウエッビング法―子どもと創出する教材研究法―』明治図書，2002年を参照。

(6)　この授業づくりの視点に関しては，以下の図書を参考にした。臼井忠雄『国際理解・日本と韓国―6年・世界の中の日本』日本書籍，1992年。

(7)　社会科(小)サークル「平成16年度 研究のまとめ」前掲宝飯郡社会科部『平成16年度 社会科集録』，p.4。

(8)　的場正美は，愛知県新城市立新城小学校における授業構想を例に，教師たちが協働して三枚重ねで複線型学習指導案を作成していることにその意義を認めている（的場正美・池野範男・安野功編『社会科の新しい使命～『小学社会』のめざすもの』日本文教出版，2013年，p.61）。

(9)　Shirai Katsuhisa. (2019). Lesson Study to Create Social Studies Lesson Plans in Japan: The Case of "Logic of Triple-stacking" at Shinshiro Elementary School, The Journal of Social Studies Education in Asia, Vol.8, pp.15-25.

中学校・生徒が生き生きと学び合い、考えを練り上げる社会科授業の創造

松久　一道（知多市立八幡中学校）

1. はじめに－論文のテーマ

　「なぜ」、「どうして」という問いを出発点に、友達と学び合い、「なるほど、そうか」とつぶやく生徒。自分の考えの変容を振り返り笑顔を見せる生徒。このような生き生きとした生徒の姿を見ることは、教師としてこの上ない喜びである。これまでの社会科授業において、教師が一方的に知識を教えていた授業では上のような生き生きとした生徒の姿が見られないことが多かった。そこで、生徒の疑問を生かして課題を設定し、その課題について、グループで話し合う場を設けるようにしたところ、生き生きと活動する姿が見られるようになった。この経験から話し合う場の設定は欠かせないと感じた。

　学習指導要領（2017年告示）の中でも「主体的・対話的で深い学び」の実現に向けた授業改善が求められている。そのために必要な視点として、文部科学省の「新しい学習指導要領等が目指す姿」の中で次のように述べられている。

。思考力・判断力・表現力等は、思考・判断・表現が発揮される主体的・協働的な問題発見・解決の場面を経験することによって磨かれていく。

　そこで、自分の考えをもたせた上で「主体的・協働的な問題発見・解決の場面」を授業の中に継続して取り入れることを通して、生き生きと仲間と話し合い、考えを練り上げる生徒を育成できると考えた。

2．実践の概要

（1）主題設定の理由

　これまでの実践を通して、協働の場面で求められる話し合いとは、意見の出し合いの段階からもう一歩思考を深め、考えを練り上げる話し合いであると感じた。考えを練り上げるためには、話し合う前に個人の考えを整理することと多面的・多角的な考えを取り入れやすい話し合いの方法を取り入れることが必要だと考えた。そこで、新しく二つの手だてを取り入れることとした。一つ目は、話し合う前に考えの根拠を明確にするための「マインドマップ」の作成である（手だて１）。二つ目は、マインドマップを基にした「ジグソー法」と「ワールドカフェ」という話し合う方法である（手だて２）。これら二つの手だてを取り入れたことで、単なる話し合いではなく、他者との協働を通して、問題意識の高まりや認識の広がりや定着を具体的に進めることができた実践について述べる。

（2）主題に迫るための手だて

手だて１：生き生きとした【主体的な】学びに対する手だて

ア　主体的な学びを促す「マインドマップ」

　協働の場面で求められる話し合いを行うには、考えを練り上げるための個人の考えを整理する必要がある。個人の考えを整理するためには、必要な知識の習得と整理は欠かせない。そこで、資料から分かったことを「見える化」するマインドマップの作成を手だてとする（説明１）。継続的にマインドマップの作成をする場を設けることで思考整理の習慣化を図り、だれもが自分の考えをまとめることがで

【説明１　マインドマップ】

> 言葉を時系列に箇条書きにする一般的なノート記法とは異なり、中心に主題を配置し、そこから関連するキーワードやイメージを放射状に広げていく方法。形はウェビングと似ている。共通点は、どちらも課題を分析、分類する手法として区分されている。相違点は、マインドマップはある思考を「広げる」が、ウェビングは「つなぐ」が、主たる概念となる点である。

（参考『ふだん使いのマインドマップ』）

207

きるようになることを意図した。

手だて２：考えを練り上げる協働的な【対話的で深い】学びに対する手だて

ア　対話的な学びを促す「ジグソー法」

　一つのテーマに対して、数人で集まり、そのテーマに対して意見を出し合い、一つのテーマに対して、個の考えをより確かなものとする（説明２）。そうすることで、より自分の意見を他者に自信をもって伝えることができる。その結果、他者との対話がよりいっそう促され、生き生きとした話し合いにつながる。

イ　深い学びを促す「ワールドカフェ」

　課題に対して、グループの構成メンバーを変えて話し合わせる（説明３）。そうすることで、課題に対する複数の視点から考えを出し合うことができる。また、複数の視点からの課題に対する考えが出ることで、より自分の考えを練り上げることができる。なお、本実践で行った「ワールドカフェ」は、研修方法として一般的に行われている「ワールド・カフェ」とは若干性質が異なるため、厳密に言えば、「ワールド・カフェ形式（方式）の交流」が正しいといえるが、本論文では「ワールドカフェ」と記述する。

【説明２　ジグソー法】

> 　参加者は３〜５人ずつ、複数のグループに分かれ、グループ毎に対話を行う方法である。あるテーマについて複数の視点で書かれた資料をグループに分かれて読み、自分なりに納得できた範囲で説明を作って交換し、交換した知識を統合する。その結果、テーマ全体の理解を構築したりテーマに関連する課題を解いたりする活動を通して学ぶ、協働的な学習方法の一つである。参加者の対話的な学びを促すことが期待される。

（参考『ジグソー法を考える―協同・共感・責任への学び』）

【説明３　ワールドカフェ】

> 　参加者は３〜５人ずつ、複数のテーブルに分かれ、テーブル毎に対話を行う方法である。そして、一定時間が過ぎたらテーブルのメンバーを変えて、また対話という繰り返しを続ける形態を取る。話し合いのメンバーが少人数であることから、互いの繋がりを意識して相手の話を聞くことができ、自分の意見を言えるために参加意識が高まる。また、グループを変えていくことで、参加者全員で議論しているという一体感が生まれる。その結果、創造性に富んだ価値ある話し合いが行われ、参加者の思考の深まりが期待される。

（参考『ワールド・カフェをやろう』）

3．実践の構想

〈単元指導計画〉　　　「現代の日本と世界（12時間完了）」

〈手だて〉　🕥…マインドマップ　　😊…ジグソー法　　😊…ワールドカフェ

※　本論文では、マインドマップは「第1～3時」を、ジグソー法は「第7時」を、ワールドカフェは「第11時」をまとめた。（下構想図内、色つき時間部分）

▮…単元をつらぬく課題　　▭…追究段階の課題　　▭…課題

単元前の生徒の姿

話し合いの際に教科書の言葉を抜き出して発表するだけで、個の考えの深まりが足りない生徒

つかむ段階

「現代の日本や世界の特色」ってなんだろう

第1時　単元の学習問題をつかみ、学習計画を立てよう　　🕥　😊
どのようにして今のように平和な社会になったのだろう？

深める段階①

どのようにして平和と民主化が実現したのだろう

第2時　第二次世界大戦後の世界と日本ついて調べよう　　🕥😊

第3時　平和国家をめざして行われたことについて調べよう　　🕥😊

第4時　占領下の日本と国民の生活について調べよう　　🕥　😊

第5時　冷たい戦争と世界の動きについて調べよう　　🕥😊

第6時　日本はどのように国際社会に復帰したのか調べよう　　🕥😊
国際社会に復帰した日本はどのような道を歩んだのだろう？

深める段階②

国際化する世界において日本はどんな役割を果たすべきなのだろう

第7時　高度経済成長について調べよう　　エエ

第8時　高度経済成長期の日本を取りまく国際関係について調べよう　🕥😊

第9時　多極化する世界と日本について調べよう　　🕥😊

第10時　先進国日本の課題について考えよう　　🕥😊

第11時　21世紀における日本の役割について考えよう　　🕥　😊

広げる段階

現代の日本や世界の特色を知った今、自分にこれからできることは何だろう

第12時　学習を振り返り、単元の学習のまとめをしよう　　🕥　😊
学習を振り返り、「現代の日本や世界の特色」についてまとめ、自分にこれからできることについて自分の考えをノートにまとめる。

単元後の生徒の姿

資料で読み取った事象について、意欲的にマインドマップを作成し、話し合いを通して、考えを練り上げ、自分の成長や変容を自覚できる生徒

4．実践の概要と考察

（1）生き生きとした【主体的な】学び

ア　主体的な学びを促すマインドマップ

　第1～3時に取り組んだマインドマップについて述べる。

　第1時は、「現代の日本や世界の特色」について学ぶ本単元の導入時である。「近代の特色」を振り返るとともに、現代の特色への興味関心を抱かせることを目指した。近代についての学習（「日本はアメリカと戦争をしていた」「戦争に負けた」という第二次世界大戦の敗北を学ぶ単元）終

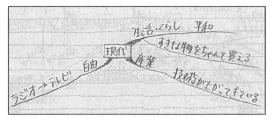

【資料1　ある生徒のマインドマップ Before】

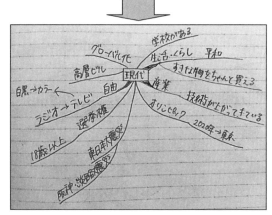

【資料2　ある生徒のマインドマップ After】

了後の多くの生徒の感想に「原爆投下を経て、悲惨な戦争の終わりを遂げた日本はどのようにして、今のように平和で豊かな国になったのだろう」という疑問が書かれていた。そこで、単元の導入に、そのような考えを全体に紹介した。すると、ある生徒が「そもそも何で今のような社会になったのだろう。」という素朴な疑問を発した。「今のような社会＝現代の日本社会」と置き換えた後、「現代（の日本社会の特色）」を中心に、「生活」「産業」というキーワードでマインドマップを作成した。すると、ほとんどの生徒が現代社会について疎く、「平和」という言葉の他、いつも親しんでいる「テレビ」や「ラジオ」など、書き出された語句が

210

数個だけだった（資料1）。その後、友達に聞きたいという思いをもったある生徒は、グループでの追究時に、他者の発言内容を「あ、それもあったね」などと生き生きと反応しながら自分のマインドマップに付け加えていた（資料2：資料1から追加された部分）。ただ、単元導入時ということもあり、浅い知識のみであった。多くの生徒の授業後の感想には「パッと思いつかなかった」と書かれていた。つまり、多くの生徒が特色を思い浮かべることができなかったのである。そのため、単元をつらぬく「課題」を「現代の日本と世界の特色を探ろう」とした。

　第2時のはじめに、第1時に出てきた「現代の日本の特色」の一つである「平和」という言葉を受け、「どうして今の日本は平和なのか」という問いをもつ生徒が多くいた。そこで、教師のねらいとも融合させ、「なぜ、日本は平和な国になったのか調べて説明できるようにしよう」という本時の「めあて（表1）」を設定した。そのめあてに迫るために、「第二次世界大戦後、どのようにして平和になったのか」「どのようにして民主化が進んだのか」という二つの問い（ハテナ？）を「課題（表1）」とした。そして、その課題の解決に向けた個人追究を行った。生徒たちは、二つの課題についてのマインドマップ作成を行った。その後、そのマインドマップを生かしてジグソー法で課題追究し「まとめ（表1）」を作成した。その際に、マインドマップを活用している生徒がほとんどであった。授業後の「振り返り（表1）」に、ある生徒は、マインドマップに書かれた「国際連合」の記述（資料3赤囲み部分）を指さしながら「これって、今もあるよね。教えてもらったから何を目的に作られたか分かっ

【表1　H中学校における用語定義】

め あ て	付けたい力を身に付けさせるための、具体的な達成すべき児童生徒の姿。
課　　題	どうしたら、「めあて」が達成できるかという「ハテナ？」
ま と め	本時の「課題」に対する答えや結論。
振り返り	学びの成果を実感させ、学んだことや意欲・問題意識等を次につなげられるような視点を設ける。（例えば、H島とつなげる　など）

た。日本の平和はこれにも関係するのかな。」と発言した。また、教科書の次ページを見て、「国際連合が作られた後の日本の動きを知っていきたいし、その後の国民の生活について学んでいきたい。現在の日本に治安維持法がなくなって本当に良かったと思うし、これからも平和なままであってほしい。」と述べていた。このように、マインドマップへの記入や活用しているときの生き生きとした様子から次時への期待が高まっていることが分かり、生徒たちの興味関心が強くなっていることがうかがえた。

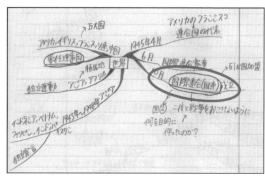

【資料3　ある生徒のマインドマップ】

【資料4　ある生徒のノート（before）】

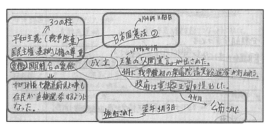

【資料5　ある生徒のノート（after）】

　第3時も、全員の生徒が各自のノートにマインドマップを作成することができた。ただ、この時点では、多くの生徒が、教科書に書いてあることを書き入れるだけであった（資料4）。そこで、全体に対して、マインドマップには、教科書をただなぞる言葉を記入するのではなく、頭の整理に役立つような書き方をするのだと伝えた。自由にワードをつなげることが自分自身の学びを深めるから関連していると感じた語句をどんどんつなげていくこと

と、文章で書くよりもキーワードでまとめていくことを全員にアドバイスした。

　資料5は、そのアドバイスを受けた後、協働を経て作られた先の生徒のマインドマップである。この生徒は、このアドバイスを生かし、用語をつなげた（線部）。また、他者からの学びを付け加えた（赤囲み部分）。さらに、キーワードの色を意図的に変えるなど自分の思考の広がりを整理する工夫を加えた。授業後、この生徒は「語句を書くだけなら、時間もかからない。語句を見るだけでも、ポイントを押さえられるし、イメージが浮かぶ。マインドマップはつなげているときが面白い。明日からのノート作りが楽しみ。」という意欲的な感想を述べていた。

　以上のように、マインドマップに取り組ませることで、だれもが自分の考えをまとめることができるようになり、次に述べる協働の場面につながる手立てとなった。この後もほとんどの授業においてマインドマップを作成し、様々な話し合いの場面で生徒たちは活用した。

（2）考えを練り上げる協働的な【対話的で深い】学び

ア　対話的な学びを促す「ジグソー法」（第2・3・5～10時）

　第7時に取り組んだ、ジグソー法について述べる。

　前時（深める段階①の最終時の第6時）の振り返りで「国際社会に復帰した日本は、その後どうなっていったのだろう」という言葉がある生徒のノートに書かれていた。その問いと教師のねらいを融合させ、「深める段階②」（『単元構想図』参照）の課題を「国際化する世界において日本はどんな役割を果たすべきなのだろう」とした。

　その後、高度経済成長の様子が分かるグラフを拡大して提示し、「何が読み取れますか」と発問した。生徒の「国内総生産が増えている」という発言を生かし、日本経済が成長している時期があったことを周知した。その後、何か疑問があるかどうかを尋ねると、ある生徒が「どうして、こんなに成長したのか。」と教師のねらいと関連する発表をし

た。そこで、本時のめあてを「高度経済成長の理由とその影響を説明できるようにしよう」と設定した。また、そのめあてに迫る課題を「なぜ、この時期に経済が成長したのか」と設定した。このように、ジグソー法を用いた「協働の場面」に向けて、本時のめあてと課題を生徒の発言と教師があらかじめもっていたねらいと融合させて創り上げた。

本時の課題の解決に迫る追究課題として右の3点を生徒の発言から引き出した。Round1の個人追究場面では、生徒1〜3は、「b 高度経済成長期の人々のくらしの様子」について学びを深めた。資料6は、Round2の授業記録の一部である。このグループでは、生徒2が、教科書の本文の「中流意識」という言

課題
a　高度経済成長とは何か
b　高度経済成長期の人々のくらし
c　高度経済成長のマイナス面

生徒1：高度経済成長期の人々のくらしの様子について、教えてください。
生徒2：オリンピックが開かれ、新幹線が開通した。また、「中流意識」が広がった。
生徒3：中流意識って何。
生徒2：くらしが便利になり貧困世帯も減少したんだ。お金持ちでも無く貧乏でもないって思うことだと思う。便利になったから。
生徒1：なるほど。それ書いてなかった。便利になって人々の意識が変わっていったんだね。
生徒2：生活が豊かになったと同時に、社会保障制度も整えられたんだよ。
生徒3：社会保障制度って何。
生徒2：健康保険や年金のことだよ。
生徒3：これが社会保障制度のことなのか。
　　　（教科書該当部分を指さしながら）

【資料6　Round2における協働場面】

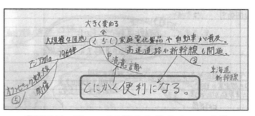

【資料7　Round2後の生徒1のノート】

葉を伝えた。すると、それを受けた生徒3が「中流意識って何」と尋ねた。生徒2の答えを聞いた生徒1は、「なるほど」と声に出しながら自分のノートに「便利になる」とノートに記録し、関係している語句と矢

印をつなげた（資料7囲
み部分）。また、健康保
険や年金が「社会保障制
度」だということを知ら
なかった生徒3は、生徒
2の発言を受け「これが
社会保障制度のことなの
か、（グループに戻った
ら）伝えよう。」と教科

【資料8　Round 2の様子】

書該当部分を指しながら自分のマインドマップに記入した。生徒1はよ
り他グループの生徒に伝わりやすくするために協働してまとめを考えた
後、自分から進んで黒板の前に出て行き、「まとめ」を板書した（資料8）。
Round 3（資料9）では、生徒3はRound 2で生徒2の発言から得られ
た「社会保障制度」についても自分のマインドマップを見せながら自信
をもって説明することができた。

　これらのことから、自分一人だけでは得られない知識の取得と共に、
一人一人の自信が育まれたことがわか
る。ジグソー法によって、自分の学び
を他者に伝えようという思いを強め、
生き生きとした話し合いにつながった
と考えられる。なお、このようなジグ
ソー法は、主に課題が三つ出たときの
追究時の追究方法として取り入れた。

【資料9　Round 3の様子】

イ　深い学びを促す「ワールドカフェ」（第4・11・12時）
　第11時に取り組んだ、ワールドカフェについて述べる。これまで日本
や世界の現状を学んできたため、自分の考えをある程度もてるように
なった。そこで、第11時に、他者の考えを知り、自分の考えを深めるた

めにワールドカフェを行った。

第11時のめあてと課題は右のように生徒の疑問を生かし設定した。

はじめに、全員が教科書を読み、課題a、bについて関連のある部分に線を引かせた後、ワールドカフェで追究を進めた。

Round 1 では、ホームグループで、課題a・bに対するマインドマップの作成を行った。

（生徒1）のマインドマップからは、世界紛争が問題になっていて国連平和維持活動が必要だとの認識があり、戦争をしないためには核を廃絶するための努力を続けグローバル化を推し進めていく必要があるとも考えていることが分かる。グローバル化については予習で調べてきたことをホームグループの生徒に伝えていた。

Round 2 で、（生徒2）の「今、日本は『非核三原則』を守っているし、本当に原爆を体験しているから、世界各国へ『核兵器をなくそう』ということには説得力がある」という意見を聞き、生徒1は戦争をしないために核兵器をなくすことと、「非核三原則」という方針を結び付けて考えることができた（資料11）。

また、（生徒3）が、「1992年に世界の紛争

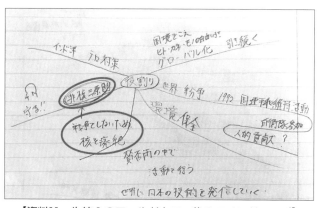

【資料11　生徒1のワールドカフェ後のマインドマップ】

地における人的貢献に応じるように求められた日本は初めて自衛隊を紛争地に派遣し、応じた。その後も、人的支援には賛否両論がある。私は世界の紛争をなくしていくには、非核三原則を守っていくのと同じように、国連の平和維持活動に参加するのには意味があるのではないか」と述べた。それを聞き生徒１は、「賛否両論のある自衛隊を派遣させる平和維持活動という人的貢献に対しては疑問をもちつつも、グローバル化が引き続く世界の中で日本が世界の平和の維持への貢献については今後も考えていくべき課題だ」と話し合いの中で述べていた。（資料12）

　Round３で、再びホームグループで意見を交流するときには、国連平和維持活動における人的貢献については、まだ疑問に感じていたが、「人的貢献には世界のテロ対策も含まれるのだ」という他者の考えを聞き「そういう捉え方もあるのか」とつぶやきながら「イ

【資料12　Round２での追究の様子】

ンド洋」「テロ対策」も自分のノートに書き加えた。

　ワールドカフェ後、生徒１のグループに発表させた。（資料12）以下、発表内容の要約である。

　以上のように、生徒１は、ワールドカフェでの他者との対話を通し、他者の考えを知り、問題意識が高まり、自分の考えを練り上げることができたといえる。

　第４時、第12時にも、同じようにワールドカフェに取り組み、生徒は考えを深めていた。なお、第11時のように、

> ・世界紛争の解決などに向け、世界で唯一の被爆国として、「非核三原則」という方針を守り続けることや核兵器の廃絶を世界に発信していくこと。
> ・地球温暖化などの世界規模の環境問題が騒がれている中で、世界トップクラスの技術力も世界に発信していくこと。
> ・国連平和維持活動への日本の貢献方法については、自衛隊の派遣を含めて、今後さらに考えていく必要がある。

【資料13】

追究課題が一つか二つの場合にこの方法で追究しやすいと感じた。

5．研究の成果

　手だての有効性の検証を全体の生徒の感想の分析から行う。

（1）手だて1：生き生きとした【主体的な】学びに対する手だての有効性

ア　主体的な学びを促す「マインドマップ」

　右の資料12の生徒は、マインドマップは「自分の思考が見えてくる」
と述べている。

そして、マイン
ドマップに書か
れていることを
他人に「伝える
ことによって思

【資料14　生徒の感想】

考が広がり、楽しさも倍増」とも述べている。また、多くの生徒が「つ
なげて考えるのは面白いし、頭に入りやすい」と感じている。マインド
マップ導入後には全員が意欲的に楽しみながら描いていたことから、関
心意欲が高まっていた。つまり、マインドマップは主体的な学びを促す
ために効果的であったといえるだろう。

（2）手だて2：考えを練り上げる協働的な【対話的で深い】学びに対
する手だての有効性

ア　対話的な学びを促す
「ジグソー法」（第2・
3・5～10時）

　ジグソー法に対しての
生徒の感想（資料13）か
ら、生徒自身もジグソー

【資料15　生徒の感想】

法が対話的な学びを促し、それによって表現力もついたと実感している。

イ　深い学びを促す「ワールドカフェ」

　生徒の感想（資料14）から、ワールドカフェによる他者との交流は、各自の学

【資料16　生徒の感想】

びが深まるために効果的であったといえるだろう。

　また、ある生徒は実践後、社会科の授業の枠を超えて地域をよりよくしようという島民の願いを集約する行事「Hサミット」における話し合

いでも、資料15のような意気込みで参加し、自分で考えを臆することなく島民の

【資料17　生徒のHサミットへの思い】

方々に伝え、よりよい地域社会を創り上げていこうという姿が見られた。この姿は、これまでの社会科授業実践での協働的な学びの経験の積み重ねの成果であるといえるだろう。

　以上（1）（2）から、研究の仮説は検証されたと考える。

6．おわりに－新たな授業実践の創造をめざして

　本実践では、主体的に学ぼうとする意欲、態度や問題解決力、思考力・判断力・表現力、協働する力等を高めるという視点をもち、マインドマップという思考の整理法やジグソー法、ワールドカフェといった協働的な活動を工夫して取り組んだ。その結果、生徒の各種資質・能力の高まりを実感でき、生き生きと協働的に考えを練り上げる生徒を育成することができた。このことからマインドマップ、ジグソー法、ワールドカフェの有効性を確認できたといえよう。主体的・対話的で深い学びの実現のために、今回の研究で得た実践方法の成果を生かし、より生き生きと協働的に考えを練り上げる生徒の育成を目指す授業を創造していきたい。

9 中学校・生徒が地域と共につながる 公民学習の実践

金　成智（半田市立青山中学校）

1．多様性を認めあいながら合意形成できる社会を目指して

　中学校の生徒たちは、30数名が同じ空間で一日を過ごしている。本来、多様な個性を持った生徒たちである。しかし学校という集団生活を送るうえで自己を抑制する場面が多い。それは学習面でも見られる[(1)]。

　将来、彼らが社会に参画するとき、さまざまな立場の人々と共に生きるうえで合意を形成する必要がある。多様な価値観をもつ人びとと共に合意形成し、社会をつくる公民的資質が必要となる。未経験のことに対して人は尻込みしてしまうものである。社会に出る前に、さまざまな人どうしで合意形成する経験を、学校生活や授業でたくさん積む必要がある。

　現代社会の課題を解決するものはお金や政策だけに限らない。例えば2019年に亡くなったペシャワール会中村哲さんの生き方[(2)]に触れるなどして、人との出会いや関わりによって、人生観や幸福観を見つめ直し、課題のとらえ方を変えることで解決策が見つかることもあるだろう。

　そのためにも生徒の個性を生かしたり、多様な立場から社会を見つめたりすることが、未来を切り開く鍵になるはずである。

2．生徒と地域がつながるために
（1）単元構成の工夫

　生徒にとって身近な社会は、家庭であり、学校であり、地域である。地域といっても市町村は身近と言えるが、都道府県以上の規模となると遠い存在と感じられ、「自分とは縁がない・自分ひとりの力では何とも

ならない」という認識をもつ生徒も多い。「民主主義の学校」である地方自治を、その言葉通りに活用し、公民的資質を養いたい。

　生徒が政治の学習内容を身近にとらえるためには、学習の流れも工夫したい。多くの教科書では「現代社会→政治→経済→国際社会」の順になっている。これを「現代社会→経済→政治→国際社会」に変える。現代社会をとらえる枠組み「対立と合意、効率と公正」を身につけた後に、経済を扱うことは、生徒の思考に沿った構成となる。また、身近な消費者としての立場から生産者である企業との関係を扱い、その後、市場経済では行き届かない財・サービスを財政が担っているという構成も、スムーズに政治の学習へと移行できるだろう。さらに、財政の主体である政府（国・地方）のあり方はどうなっているのかは、学習課題として問いを立てやすく、政治を学習する興味関心も高まるはずである。「対立と合意、効率と公正などに着目して考察、構想し、表現」するという政治の学習内容も、経済を学んだ経験を生かすことが期待できる。

（2）自分事として多様性を認識するための手立て

　中学生である生徒たちを、中学生の生活レベルや思考の範囲から超えさせたい。そこで、ロールプレイの手法を取り入れる。なりきる立場はくじ（立場くじ）でおこない、同じ立場どうしのグループ（立場グループ）をつくる。実際に住むまちの人口構成で、大まかな「立場くじ」の割合を設定する。例えば男女比は約1：1である。生徒自身の性にかかわらず、くじで決まった性になりきる。これだけでも盛り上がるし、自分とは異なる性の立場から社会を見ると、新たな発見や疑問が生まれることも多いだろう。性別以外にも、年齢や外国籍の住民の割合、就業形態なども同様にくじの割合を設定する。

　社会事象を自分事としてとらえ、さまざまな立場から社会を見て合意形成する経験をもつことで、将来、社会参画するための公民的資質を養うことができるだろう。

3．実践の概要

（1）単元について

　①単元名「私たちと地方自治の未来」

　②単元を貫く問い

　　多様な立場の人びとみんなが「半田市はよいまちだ」と言えるまちにするにはどうしたらよいか

　③指導計画（6時間完了）

表1

第一次	①地方自治のしくみを理解する	基本情報をおさえる	全体
第二次	②自分が大人になったときの「理想の半田」を描こう	生徒自身の希望・要望	全体 個人
	③くじで決定した立場になりきって、「理想の半田」を描こう	立場決定 予想	立場グループ
	④実際の立場の人にインタビューしよう	身近な大人との対話	
	⑤対話から学んだことを「理想の半田」に取り入れよう	予想の修正	
第三次	⑥「理想の半田」を実現するための政策をつくろう	他の立場グループから学ぶ・合意形成	全体

　立場グループごとに活動を進めるが、生徒たちの学習を机上の空論で終わらせないための手立ても必要である。地域の方との、生身の人としての出会いや対話を通して、「この方の立場なら、このように考える」「あの方の思いを根拠に、こう結論づける」と思考することを期待する。職場体験でお世話になった方や、学校に出入りしている業者さん、ＰＴＡの方や、読み聞かせボランティアの方など、多くの大人に接する機会はある。アンケートやインタビュー、ゲストティーチャーとして招いてお話を伺うなど、対話の機会を設ける。

　単元のまとめとして、立場グループで深めた理想の半田を持ち寄り、

実現するための政策を学級全体でつくる。合意形成の経験をさせるチャンスであると考えた。

（2）実践について
〈第1時〉地方自治のしくみを理解する

第1時では、「半田市はよいまちか」を生徒に問いかけ、単元を貫く学習課題をつかませました。学習の前提となる、地方公共団体の政治のしくみ、住民の権利や義務を基に地方自治の基本的な考え方について理解させる。「議会と首長の関係」「地方と国の関係」「住民の政治参加のしくみ」を重点に、基本知識を整理した。とくに「私たち住民が主体」という視点をとらえさせた。

〈第2時〉自分が大人になったときの「理想の半田」を描こう

第2時では、自分たちが住むまちの理想像を描かせ、生徒自身の希望や要望を引き出しながら、まちの課題に意識を向けさせた。（以下、○印は、教師の発問や指示。・印は生徒の発言）

〈第2時〉授業記録

○「半田市はよいまちだ」と言えますか。まちの魅力と課題を調べよう。
・山車・祭り・赤レンガ建物・ミツカン・新美南吉
○他のまちにはないものですね。他にいいところはありませんか。
・住みやすさ・田舎でもないし都会でもない両方ある
○では、困っていることや問題となっていることはありませんか。
・少子高齢化の影響で…児童生徒数減・働く人が減って税収が減る・空き家・空き店舗・後継者不足
・中心部に魅力が少ない
・車がないと移動が不便・バスやJRの便数が少ない
○「半田市総合計画」[3]と「半田市市民意識調査」[4]を見てみよう。
・交通の利便性が高いって本当かな。市民意識調査だと、「公共交通」は「重要だけど不満」の群にあるよ。

<『半田市市民意識調査結果』11ページ〉
・「あまり重要でないけど高い不満」が「空き家対策」と「中心市街地のにぎわい」だ。これを解決すると、他にもいい影響がありそうだ。
・でも、このアンケートの回答数が少ない。市民の一部の声でしかないから、実際の意見を聞きたい。
○よい気付きです。その通りですね。半田市に住む大人の方に直接聞く機会は必要ですね。
○自分が大人になったとき（3～10年後）、この町がどうなっていてほしいですか。「理想の半田」を考えよう。
・いまのままで、特に不満はないかな。
・でも人口は減っているし、高齢化は進んでいるから、何か対応しておかないと「このままの満足」は得られないんじゃないかな。
・学校でもお店でも、人が少なくて寂しいのは嫌だな。にぎやかで活気のあるまちになってほしい。
・子育てしやすくて仕事もしやすいまちがいいな。これからの未来をつくるのは子供たちだから。
・新しい病院にいくのが、車がないと不便になりそうだ。
・まちの真ん中に大きな商業施設をつくって人を集めればいいと思う。
・給料もある程度はほしいけど、働く場所が自宅から離れていると不便だし、効率も悪い。市内や近隣のまちで働けるような環境がほしい。
○住んでいる人みんなが「半田市はよいまちだ」と言えるようにするにはどうしたらいいのか、これから学習していきましょう。

資料1

〈第3時〉くじで決定した立場になりきって、「理想の半田」を描こう

　第3時では、実際のまちには多様な立場の人が暮らしていることを前提に、自分事としてとらえるためにくじで立場を決め、そこからまちの理想像を考えさせた。

〈第3時〉授業記録

○さまざまな立場になってこれからのまちづくりを考えてみよう。どんな立場があるかな。まずは仕事から考えてみよう。
・会社員・フリーター・公務員・農家・ユーチューバー・IT社長
○仕事以外には？
・男性と女性・高齢者と若者

○それ以外にはありませんか。（半田市総合計画「多文化共生社会」の外国籍市民の内訳[5]を示す）
・外国人が4千人以上いる。半田の人口は約12万人だから3％位だ。
・ブラジル人やベトナム人が多いね。
○この人たちは、「日本国民」ではありませんが、日本で働き、税金を納め、子どもを育てたり家族を養ったりしている「半田市民」です。（在留資格別人口[6]を示す）
○「技能実習」という言葉を聞いたことがありますか。
・ニュースで「何か問題になっている」とは聞いたことがある。でもよく分かりません。
○最長5年間日本で働き、母国へ帰ったら身につけた技能を役立てるという、本来は国際貢献が目的の制度でした。しかし、制度と実態がズレていて、実際は労働力不足を解消するために利用されているのが問題となっています。
・「在留資格」で見ると500名以上は技能実習で半田市に住んでいるね。
○「世界がもし100人の村だったら」に倣って、「半田がもし35人の中学生だったら」、これまで挙げた立場の人たちはこの学級だとどのくらいになるかな。半田市の年齢別人口の割合などから考えよう。

資料2

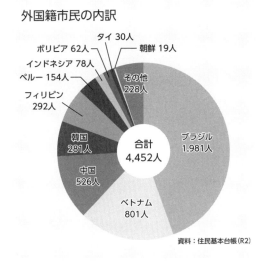

外国籍市民の内訳

タイ 30人
ボリビア 62人　　朝鮮 19人
インドネシア 78人
ペルー 154人　　その他 228人
フィリピン 292人
韓国 281人　　合計 4,452人　　ブラジル 1,981人
中国 526人
ベトナム 801人

資料：住民基本台帳(R2)

図1　外国籍市民の内訳

在留資格	人数
医療	1
教育	1
企業内転勤	8
技能	40
留学	6
家族滞在	272
特定活動	43
特別永住者	208
永住者	1,914
日本人の配偶者等	236
永住者の配偶者等	79
定住者	785
技能実習1号イ	2
技能実習1号ロ	208
技能実習2号ロ	193
経営・管理	13
技術・人文知識・国際業務	419
高度専門職1号ロ	2
技能実習3号ロ	111
介護	2
特定技能1号	134
経過滞在	1
合計	4,678

図2　在留資格別人

〈立場くじについて〉

　愛知県半田市の場合、実際の割合では少数の外国籍の住民は、人口約12万人のうち約4,500人なので、3％に満たない。35人学級だと1人もいないことになる。しかし、学区によって外国人児童生徒が多い地域があり、コンビニの店員として働く外国人や街で見かける外国人は珍しい光景ではない。また、本単元のねらいである多様性を考えるうえでも重要な要素である。そこで、立場グループ1班（2～4名）をくじで外国人の立場として、選挙権をもたず、行政からのアナウンスも届きにくく、非正規雇用であることが多い状況から社会を見ていった。

　学級を2～4人×8班の立場グループに分ける。立場くじは2段階実施した。1段階目は性別・年齢・外国籍。2段階目は就業形態である。

第1段階（性別・年齢・外国籍）
・性別くじは、「男女比1対1」で全員くじをひく
・年齢くじは、「高齢者3：生産年齢5」の割合で、15歳未満は単元の趣旨から、対象としない
・外国人くじは、「1班形成できる人数（2～4名）は外国人：その他は日本人」とする

第2段階（就業形態）
「正規雇用労働者」×3班
「非正規雇用労働者」×1班＝「外国人」は2段階目のくじを引かず全員この
　　　　　　　　　　　　　　　　　立場に
「経営者・自営業者・農家・漁師」×1班
「無職・年金受給者」×3班＝「高齢者」も2段階目のくじは引かず全員この
　　　　　　　　　　　　　　　立場に

資料3

○将来、皆さんがどんな立場になるかは分かりません。その立場になりきって社会を見ることで、自分では思いつかない発見や疑問も見つかるでしょう。くじ引きで決定した立場グループごとに、いまのまちの課題や、これからまちづくりを考えよう。

◇正規雇用労働者グループ
・いまの仕事を続けられるような経済の安定。
・子どもや高齢者を支えるだけの余裕がほしい。

◇非正規雇用労働者(＝在日外国人)グループ
・女性、外国人、非正規雇用労働者って、めちゃ立場弱い。
・まずはお金。自分の生活でもギリギリなので、税金や社会保障関係費などを減らせる
　だけ減らしてほしい。
・まちにすむ外国人向けのお知らせをしてほしい。

◇経営者・自営業者・農家・漁師グループ
・経営者は、従業員に給料を払い、税や社会保険料も納めないといけない。まちに役立
　ててほしいけど、あまりたくさん払いたくない。
・農家にとっては、自分たちがつくった野菜などを地元の人にたくさん食べてほしい。

◇高齢者グループ
・収入はないので、自分が貯めてきたお金と年金に頼ることになる。だから毎日買うも
　のへの消費税はきびしい。医療費などの自己負担は減らしたい。国の仕事だけど、ま
　ちでも助けてもらえるといい。
・バスが不便。タクシーなど他の移動手段を気軽に使えるといい。

資料4

〈第4時〉実際の立場の人にインタビューしよう

　第4時は、立場グループごとに、実際にその立場の方をゲストティー
チャーにして「半田市はよいまちか」を共通のテーマにしてインタビュー
をする。身近な大人との対話を通して、学習課題を自分事としてとらえ
させたいと考えた。

○同じ立場のゲストティーチャーにインタビューして、自分たちの提案
　を聞いてもらったり、感想を聞いたりしよう。

◇正規雇用労働者グループのゲストティーチャー：ＰＴＡの方
・半田市はよいまち。安心して住みやすいから。
・自分の仕事や家族のことで責任が重くなってくる。地域の手伝いも、できる限りやっ
　ている。自分に関わる多くの人の幸せが自分にとっての幸せにつながると感じている。
・仕事の都合で、平日の夜と土日しか、地域との関わりがもてない方も多い。いろいろ
　な方法で協力できるチャンスがほしい。
・子どもを気軽に預けられる場所が近くにほしい。実家と保育園だけでなく、近所の方
　と関わりがもてると、困ったときに支え合うことができると思う。

◇非正規雇用労働者(＝在日外国人)グループのゲストティーチャー：国際交流ボランティアの方
・半田市はよいまち。仕事もあるし、いい人が多い。日本人は「いい人」がほとんど。でも、制度がきびしい。一度うまくいかなくなった外国人はやり直しが難しい制度があり、帰国することが多い。いつまでも「お客さん」で、いつか帰国する存在として扱われ、「日本にずっと住む同じ住民」までの壁を感じる。その壁は制度面だけでなく、「いい日本人」からもそう感じる。
・親族や同じ出身地という縁で来日して、仕事や住まいも近くで見つけた。日本語を身につけている程度で仕事も子育ても大きくちがう。
・選挙権はない、人数も少ないから、意見が通らない、少ない収入から税金納めて、それが高齢者の年金に回される・・・。
・子育てや学校の相談は、せまい外国人コミュニティで助け合っている。人数が少ない国の人にとっては、問題が起きたときうまく解決できないまま問題が大きくなることもある。

◇経営者・自営業者・農家・漁師グループのゲストティーチャー：イチゴ農家の方
・半田市はいろいろな種類の作物を生産しやすい環境がいいところ。
・コロナ禍や原油高騰の助成金はありがたかった。自力だけでは苦しく、救われた。
・市は第6次産業に力を入れているが、どの農家でもできることではなく、規模や個性によって合う・合わないはある。
・人手不足はどの業種でも耳にする。うちの仕事も外国人が働いてくれないと成立しない。

◇高齢者グループのゲストティーチャー：地域ボランティアの方
・祭り・自治会・ボランティアなど地域とのつながりが大切にされているのが半田のいいところ。
・現役世代が少なくて自分たち高齢者が負担だけの存在になるのはイヤ。
・体も動かせるし、経験も知識もある自分たちは、手伝えることはどんどんやりたい。
・高齢者が元気であれば、医療費や社会保障関係費の支出も減る。健康面だけでなく、やりがいのあることに参加できるまちが望ましい。
・自分の体が思うように動かせなかったり、耳が遠くなってコミュニケーションがとりづらくなったりと、生活や人との関わりが自分だけでは厳しい方もいる。人と関わる機会をすすんでつくりたい。

資料5

〈第5時〉対話から学んだことを「理想の半田」に取り入れよう

　第5時は、前時での学びを生かして「理想の半田」をよりよくするために、第3時に予想して描いた「理想の半田」を、立場グループごとに具体的で実情に合ったものに修正した。

○多様な立場からもう一度「理想の半田」を見直そう。ゲストティーチャーから学んだことを生かそう。

◇正規雇用労働者グループ

・半田は住みやすいので、維持したい。そのためには人口の維持や産業を盛んにする必要がある。

・地域と関わる機会を増やし、子育てなどで支え合えるまちにしたい。

◇非正規雇用労働者(＝在日外国人)グループ

・「日本にずっと住む同じ住民」までの壁を取り払いたい。半田市総合計画の共生社会の項目は理想的だけど、税金の使い道を調べてみた。[7]多文化共生相談員への給料がほとんどで、あとはイベントへの補助。

・市としてできることにも限界がある。お金や制度でなく、身近にいる外国の方への理解を深めたり、出会って交流したりして壁を壊す。

・外国籍の住民に地方議会の選挙権は認められないのかな。住民投票を認めている地方自治体もあるよね。

・選挙に限らず、意見を聞ける場所、困ったことを相談できる窓口がほしい。自治会や市議会にも声が届くように。

◇経営者・自営業者・農家・漁師グループ

・多くの種類の作物を作れる利点を生かして地産地消をすすめたい。

・就農支援は若者が興味をもったり、始める後押しになったりする。でも、始めるだけでなく続けられるように、生産者どうしのつながりや機械や燃料のお金を借りやすくするのも大切。

・外国人の方が働きやすい、住みやすいまちにすると、労働力も確保しやすい。

◇高齢者グループ

・地域のつながりを維持する。

・健康な高齢者が多ければ、いいことばかり。力強い協力者になるし、医療費などの財政支出も抑えられる。

資料6

〈第6時〉「理想の半田」を実現するための政策をつくろう

　第6時は、立場グループで描いた「理想の半田」を持ち寄って、実現するための政策を考えさせる。予算や人材が限られていることを前提に、どの立場も納得できる政策をつくることを目的として、単元を貫く問い

に答えを出した。

○自分以外の多様な立場になりきってこのまちの未来を考えてきました。最後はクラス全員で「理想の半田」を考え、実現するための政策をつくろう。住んでいる人みんなが「半田市はよいまちだ」と言えるようにするにはどうしたらいいのだろうか。

・宗田理の小説『ぼくらの天使ゲーム』に「老稚園」というアイデアがあって、お年寄りが小さい子どもの面倒を見る。働ける高齢者の方がいて、正規雇用労働者の方が子どもを気軽に預けられる場所がほしいって言っていた。そこをうまくマッチングする。
・人ができることは、関わり方やつながる機会を設ければ協力し合って解決できる。お金がないと解決できないこと(農業への補助や企業の誘致など)には、予算が必要。
・人に働いてもらうのも全部ただではない。予算を回してほしい。
・経済の成長をめざすよりも、成熟した社会をめざすべき。生活水準を落とさずに、やりがいや生きがいが得られるまちが理想。
・年齢、性別、国籍に関わらず、気軽にみんながまちのことを考えたり参加したりできるまちにしたい。選挙権のない18歳未満の子どもも、外国籍の人も含めて参加する機会が必要だと思います。選挙の時だけでなく、同じまちに住む人みんなで、まちを動かせたらいい。

資料7

4．地域とさらにつながるために

　本実践で見られたように、生徒たちが自分の住むまちの課題や理想について様々な立場から考え、「半田市はよいまちだ」と言えるようにするにはどうしたらいいのだろうかと、具体的に考えていく姿こそ、地域とつながることだと考える。

　実践を更に発展させるために、学習の成果を提案・発信するという展開も考えられる。ゲストティーチャーの方や市役所職員の方、校内の他学年や市内中学生を対象に、報告や提案、そして対話の機会を設ける。身近な社会との関わりは、将来自分の住むまちを自分たちの手でつくっ

たり変えたりする力につながるはずである。

【注・参考文献】

(1)　歴史の授業「旧石器時代と新石器時代，どちらが幸せか」という学習課題では，食料の調達が安定した新石器時代よりも，「みんなで大型動物を狩るのが楽しそう」「食料を求めて移動する生活がワクワクする」といった理由で旧石器時代を選ぶ生徒がいる。このような素直な意見を授業でどう位置づけるか。「常識」や「当たり前」が前提となって「変わり者」というひと言で片付けてはいないだろうか。そもそも，素直な意見が出ないような授業になってはいないだろうか。

(2)　中村哲『岩波ブックレット　アフガニスタンで考える　国際貢献と憲法九条』岩波書店，2006年。「このアフガニスタンでの事業をおこなうことによって，少なくとも私は，世界中を席巻している迷信から自由でいられるのです。（中略）お金さえあれば幸せになれる，経済さえ豊かであれば幸せになれる，というものです。（中略）貧しいアフガニスタンの人びとの顔は，決して暗くはありません。そしてもう一つは，武力があれば，軍事力があれば，自分の身を守れる，という迷信です。武力が安全をもたらすのかどうか，丸腰でおこなう用水路建設での私たちの経験が教えてくれます。（中略）その迷信から自由であることによって，人間が追い込まれ，極限状態になったときに，これだけは必要だというものはいったい何なのか，逆に，これはなくてもいい，というものは何なのか，そう言うことを考えることができます。」(51ページ)

(3)　『第7次半田市総合計画2021-2030概要版』

(4)　『半田市市民意識調査結果』
　　 https://www.city.handa.lg.jp/kikaku/7sogo/documents/shiminishikichosa-kekka.pdf

(5)　『第7次半田市総合計画（令和3年度〜令和12年度）』83ページ

(6)　半田市ホームページ「半田市外国人の人口」の「在留資格別人口」（令和5年8月1日現在）
　　 https://www.city.handa.lg.jp/shimin/shise/toke/jinko/gaikokujin.html

(7)　『はんだ市報』令和5年度5月号，『令和5年度半田市主要事業の概要』（予算説明会資料）

コラム

子どもが地域・世界と共につながる
社会科学習のために

グローバル時代に求められる金融経済教育

西尾　圭一郎（大阪公立大学）

　グローバル化が進み、第三次産業革命と呼ばれる情報通信技術の発達によって大きく発展した現在の社会では、経済が占める影響力は人類史上かつてないほどに拡大している。そうして発展した現代の特徴の一つは「金融化」と言えるだろう。現代の経済のあらゆる局面において常に金融が登場するようになった。

　実体経済に対する金融の存在感が大きくなっていることの一つの局面として、貿易額と為替取引の規模の比較がある。2021年の1年間の世界の貿易総額は約22.4兆ドルであった。それに対して2022年の1日あたりの外国為替取引が7.5兆ドルとなっている。1年間の貿易額が3日間の為替取引と同規模になっているのである。グローバル化が進んでいる現在では、海外の出来事は当然のように自分たちの身の回りに影響をもたらす。また、携帯電話の普及がすすみ、多くの人にとって、モバイル決済などのキャッシュレス決済ツールが身近になった。大学進学への奨学金や学生ローンの利用も一般化し、今ではリテールの金融取引は大手金融機関の重要な収益源となり、個人のローンなどを基にした証券化商品の登場も高校の教科書に載るようになっている。

　こうした状況下では、海外を含めた様々な金融上の出来事が身の回りに影響を及ぼすことになる。直近で言えば世界的なインフレーションに対する各国の金利上昇と、それを受けた円安、それによるさらなる輸入物価の上昇というインフレーションのサイクルがある。世の中の身近なことに、海外の出来事や金融の仕組みが大きく関わっている、ということを早い段階で認識しておくことが、経済社会を理解するために重要に

なってきている。そのため、学校教育の中で金融や投資について学習する機会を持つことを望む声も高まっている。OECDなども、より良く生きるために金融の知識が重要であることを指摘している[1]。

　金融広報中央委員会の調査では、若者の金融リテラシーはあらゆる面で全世代平均を下回っている。この状態は、世代間格差をもたらす。若者の経済的不利益は政治参加などの面でも喧伝されているが、金融面でも言えることなのである。そのような状況下では、金融の知識が不足しているという状態がもたらすことの一つには、格差の問題がある。金融の知識は貧困や格差といった問題を理解するためにも重要である[2]。貧困の再生産などを視野に入れると、金融の知識は投資によるリスクマネーの提供や資産運用といった話に限らず、人々がより豊かな、より良い社会を作るためにこそ必要であると言える。

　では、そうした時代に何を教えていくべきか。世情に乗れば投資や資産運用といったわかりやすい金融取引に目が行きがちである。しかし、最も重要なのは、金融はあくまでも社会のインフラである、ということである。デジタル化や金融の肥大化といった状況から、新しいことに注目が行きがちであるが、社会との接点の在り方が変われど、結局のところ金融や金融機関が社会に提供していることはそれほど変化していない。目先の知見だけでなく、金融が持つ本質本的な機能と、それを知らないことが何をもたらすのか、そういった知識と意識とを共に学習するということが重要なのである。それこそが金融のリテラシーとなるのである。

(1)　OECD/INFE, "High-level Principles on National Strategies for Financial Education," OECD，2012.
(2)　西尾圭一郎「金融排除と金融包摂」日本証券業協会メールマガジン，vol.215, https://www.jsda.or.jp/edu/web_curriculum/images/mailmagazine/Vol.215_20220728.pdf.

さまざまな世界の子ども＝共通点や相違点

大棟　耕介

（NPO法人日本ホスピタル・クラウン協会　理事長）

1．クラウン（CLOWN）という職業

　クラウン（CLOWN）、道化師を生業として30年となる。多くの日本人が我々を「ピエロ」と呼ぶが、それはクラウンの中にあるキャラクターの一つであり、日本においてサーカス、遊園地やイベントで見かける道化師たちは、ほぼ「クラウン」である。

　基本、ハレの舞台、環境の名脇役として笑いを誘い、観客や会場全体を温めていくことが仕事であるが、被災地、戦地そして病院など、マイナスに傾く非日常空間でもパフォーマンスをすることがある。

　その活動は、アメリカのウィスコンシン州大学ラクロス校のカリキュラムで学ぶことができた。アメリカでは病院、特に小児病棟でクラウンが当たり前に存在し、パフォーマンスをしている文化がある。長期療養の子どもは白い壁のなかで、一日に会う人も少なく、治療というNOを言えない環境で生活をしている。外部刺激は通常に比べ半分ほどだと想像できる。

2．ホスピタル・クラウンの活動

　2004年にＮＰＯ法人日本ホスピタル・クラウン協会を立ち上げ、確実にホスピタル・クラウンの活動を広げてきた。現在北海道から沖縄まで96病院を150名の協会認定クラウンたちが、長期療養の子どもを中心にパフォーマンスをしている。

　新型コロナウィルスがまん延する前の2019年は年間延べ3000名ほどのクラウンが、３万人以上の子どもたちにパフォーマンスをしている。多

くの病院は月に１〜２回、平日の午後に定期的に訪問し、個室に入りマジックやバルーンアートなどをしている。

　夏祭りやクリスマス会のイベントで行う一過性の刺激でなく、定期的に訪問し、関係を作っていく。クラウン特有の相手を主役にする技術を使い、子どもたちに選択肢を持たせ、能動性、社会性、創造性に刺激を与えていく。実際に、子どもたちの口数は増え、大きな声が出るようになり、前のめりにコミュニケーションをとってくれる。

3. ホスピタル・クラウン活動の効果

　ホスピタル・クラウンの活動で心がけていることは、子どもの病名、病状も聞かず、その時の子どもの状況に合わせてパフォーマンス内容を決めていくこと。そして「病気の子ども」ではなく「子ども」に意識をしている。確かに辛い状況下ではあるが、あえて外で会う子どもと同じように接することを意識している。それによって本来の子どもらしさを取り戻す。

　クラウンは病気を治すこともできないし、家族や友人になることもできない。あくまで第３者である。しかし閉鎖的な環境に外からの風を持ち込み、日常にあえて少しだけ非日常を持ち込む。家族、子どもにとっては、親戚の叔父、叔母のような存在なのかもしれない。

　やり過ぎず少し軽めなパフォーマンスをすることにより、クラウンが帰った後も余韻、余熱が残り、次回の訪問を待ち遠しくなるようだ。実際に子どもだけでなく、保護者、医療従事者も笑顔になり、彼らからの評価も高い。

4. 日本と海外でのクラウンパフォーマンスを経て

　現在、WCA(ワールド・クラウン・アソシエーション)のリージョン・ディレクターを５期連続拝命している。クラウン・オブ・ザ・イヤー、レガシー・オブ・ラフターとして表彰もしていただいた。年に一度のコ

ンベンションでは、コンペティションの審査員をしたり、クラスも受け持っている。数十年前までクラウン文化がなかった日本において、組織化して活動を広めたノウハウ、被災地や病院内でのパフォーマンス方法を指導している。もともとイベントの出演で渡航経験が多いこともあるが、積極的にホスピタル・クラウン文化を海外に広めようとしている。日本では唯一、ウクライナ、ロシア、ベラルーシの3国の小児病院でパフォーマンスをした経験があるし、アメリカは毎年数回、モンゴル、中国などなど。面白い国ではブータンも訪問した。

　クラウンは言葉を発しないイメージがあるが、それは日本人だけが持っているものだ。多くのクラウンはパフォーマンスの中で話す。もちろん、話をせずに進めることもできる表現力を持っているし、対象の表情を読むので、ノンバーバルパフォーマンスも可能だ。ジャグリング、バルーンやマジックのスキルもあるので、海外でのパフォーマンスが、日本よりも難しいと思ったことはない。

5. 日本と海外の子どもたち

　言葉や文化は違えども、クラウンとして言えることは「世界中の子どもたちは同じ」である。国内でも子どもの属性、性格をいくつか分類する。その平均に差違はあるかもしれないが、病院の中で辛い状況になっても明るく元気、社交性のある子どももいれば、友達と一緒に学校に通う子どもにも笑顔が少ないこともある。

6. 世界でのホスピタル・クラウン活動から

　病院での活動は、クラウンが病院を訪問する活動ではない。闘病中の子どもたちがクラウンを病院に招待する活動と考えている。「VISIT」と「INVITE」の違い。つまり主語が変わる。

　国内外、数校でクラスを受け持っている。自身の話す量が少ない時ほど、時間の評価が高い。学校においても、クラウンは第3者、外からの

風であると思う。

　クラウンは触媒である。

　子どもにとって、目の前に立つ大人が、子どもの学びの意欲を削がないことを意識するとともに、大人同士、また社会と繋がる活動を継続していることが重要であると考える。

アウシュヴィッツからの問い

石岡　史子
（NPO法人ホロコースト教育資料センター　代表）

　「戦争の責任は、偉い人たちや政治家、資本家だけにあるのではありません。そうなんです、責任は名もない一般の人たちにもあるのです。」[3]この言葉から、思い浮かぶ問いを自由に出し合ってみる。事前の知識はなくてもいい。「誰の言葉ですか？」「戦争はなぜ起きるんだろう？」「子どもにも責任はあるのかな？」「責任ってどう取ればいいんですか？」ある中学校で、様々な問いが挙がり、最後にふと次のような問いが生まれた。「一般の人たちにも戦争の責任があるとしたら、一般の人たちにも戦争を止めることはできるのか」自分の問いと誰かの問いがあらゆる方向に放たれ、呼応し、思考が深化していく瞬間を間に当たりにした。

　教育者が問いかけるのではなく、学習者の中から問いを引き出す「問いづくり」[4]というこの手法を取り入れながら、当NPOでは、第二次世界大戦時のナチ・ドイツによる虐殺、ホロコースト[5]の歴史を教材にした人権・平和教育に取り組んでいる。冒頭の引用は、アンネ・フランク[6]が隠れ家で日記に書いた言葉だ。中学生たちは、自分と同世代の少

女の言葉であることを知り、問いの答えを探しながら、歴史の解説に熱心に耳を傾ける。探究心が高まっていく様子に手応えを感じている。

アメリカの市民運動から生まれた「問いづくり」は、問いをつくり、分類し、変換し、最後に最も重要な問いを選ぶという簡単なアクティビティで構成され、学校教育の中だけでなく、企業や街づくりの現場でも実践されている。一人ひとりの発問を平等に尊重する民主的なルールのもとで、主体的に思考する力を育むことがねらいだ。

2000年春に、ナチ・ドイツの最大規模の収容所アウシュヴィッツの博物館から、ハンナ・ブレイディという名前が記された一つのスーツケースが筆者の元に届いたときから、子どもたちの発する問いの力を感じてきた。かばんを見ながら「中に何が入ってたんだろう？」「運ぶのは重かったかな？」「家族はどうなったんだろう？」「ハンナはどんな子だったのか？」と問いを交わしながら、600万のユダヤ人犠牲者の一人ではなく、確かに生きていた一人の人間としてハンナの姿に子どもたちは思いをめぐらせていた。そして、これらの問いは「もっと知りたい」「誰かに伝えたい」「平和について話し合いたい」という思いの原動力となり、その後、虐殺を家族でただ一人奇跡的に生き延びていたハンナの兄が見つかることになる。この経緯は、児童書[7]や映画になり、これまで『ハンナのかばん』は全国1,300ヶ所を超える学校を訪ねてきた。

小学生や中学生だった子どもたちが今では大学生または教員となり、当時の問いを今も内に温めつつ、最近では筆者が企画するポーランドやドイツを訪ねるスタディツアーに参加をしてくれるようになった。虐殺の地アウシュヴィッツに立ってみると、答えよりも、問いが与えられる。同じときにアジアに侵略した日本の加害の歴史はどうやって向き合っていくことができるだろう。一人ひとりの命と人権が尊重されるように民主主義を機能させるにはどうしたらいいのか。

ロシアのウクライナ侵攻に続く戦争や、国内の差別やヘイトスピーチなど様々な困難があるなかで、私たちはさらに大きな問いにぶつかる。

「私にできることはあるのだろうか」そんなとき、問いの方向を少し変えてみて、思考することをあきらめない力を育んでいきたい。「私はどんな世界を生きたいのか」と問いながら。

【注・参考文献】

(1)　アンネ・フランク著，深町眞理子訳『増補新訂版アンネの日記』文藝春秋，2003年より。

(2)　問いづくりを開発したライト・クエスチョン研究所による著書は日本語訳『たった一つを変えるだけ クラスも教師も自立する「質問づくり」』（新評論刊）が出版されている。

(3)　ナチ・ドイツ及びその占領下で約600人のユダヤ人が虐殺された。他にも障害者や同性愛者の人々が犠牲となった。

(4)　ユダヤ系ドイツ人の家庭に生まれ，迫害を逃れてオランダに移住。強制収容所で15歳で死亡した。アムステルダムの隠れ家で書いた日記は世界的なベストセラーとして読み継がれている。

(5)　カレン・レビン著『ハンナのかばん アウシュビッツからのメッセージ』ポプラ社刊，2002年。

在日ブラジル学校から眺める日本社会

牧野　佳奈子

（一般社団法人DiVE.tv　代表理事／愛知教育大学　非常勤講師）

　私は今、外国にルーツをもつ若者の支援活動をしながら、たまに日本人の高校生や大学生に多文化共生のレクチャーをしたり、インターンシップ等を受け入れたりしている。

　外国にルーツをもつ若者とは、両親または片親が外国出身であり、成長過程において複数の文化の影響を同時に受けながら育った若者のことをいう。愛知県には、6〜12歳の外国籍者が約1.5万人、13〜15歳が約

６千人、16〜18歳（留学および技能実習の在留資格者数を除く）が約5.5千人暮らしており、各年齢層とも東京に次いで全国２位となっている。日本国籍で外国にルーツをもつ者を含めるとさらに多い。

背景には製造業で働く日系ブラジル人等の永住化があり、愛知県の場合は1990年頃から増加の一途を辿っている。しかし如何せん教育現場や自治体の対応が追いついておらず、今も各現場が試行錯誤しながらより良い体制づくりに尽力している状況である。

そんな中で無視できない存在となってきたのが在日ブラジル学校の存在だ。県内にはブラジル政府に認可されている学校が10校あり、そのうち６校が中等教育課程（日本の高校に相当）を有している。もともとはブラジルと日本を頻繁に行き来する家庭の子どもや、将来ブラジルで進学や就職をしたい（させたい親の）子どもが多かったが、今は一変し、８割以上が卒業後も日本に残っている。毎年高校を卒業する生徒の数は、６校合わせて100人強。その多くが、日本語能力や進路指導の不足が原因で、結局は親と同じく派遣労働に就いている。

さらに残念なのは、そうした生徒の約３分の１は日本の学校からの転校生という事実だ。公立小学校や中学校でいじめにあったり、馴染めなかったり、日本の高校に進学できなかったりした生徒たちが、日本社会に対して何かしらネガティブな感情を抱いた状態でブラジル学校に転入してくる。中には日本語能力が非常に高い生徒もいるが、日本語能力が高い生徒ほど卒業後はブラジルへの帰国を希望する傾向があるようにさえ見受けられる。

日本は少子高齢化による人材不足が深刻なのにも関わらず、日本育ちで永住資格ももっている若者たちが行き場を見つけられず、彼らが本来もっている能力も体力も思考力も弄ばれているという現実。在日ブラジル学校だけでなく、日本の学校に行けなくなった、もしくは進学できなかった若者を含めると、その社会的損失はあまりにもおびただしい。

その改善に向けた取り組みのうち、多文化共生の分野では特に日本語

教育の充実が急がれている。しかし、在日ブラジル学校の生徒たちと日々接していると、日本語教育よりもむしろ日本に対する興味や肯定的感情を高めることの方がよほど重要ではないかと思える。若者の場合は特に、「仕事のため」という生活上の動機が弱く、かといって「友達と遊ぶため」という純粋な動機も、同郷の友達やゲームなど遊びの幅が増えるほど弱まっていくからだ。

　とすると、どうすれば日本に対する興味を喚起できるのか。

　重要なのは「文化」と「社会」を教えることだが、単にそれらを紹介するだけでは押しつけになりかねない。その背景にある価値観や理論、それが発達した経緯、他国との違いなど、ひとつひとつの項目がもっているストーリーを語ったり調べさせたりすることが、若者の知的好奇心をくすぐることにつながるのではないか。

　それらは一般的に「雑学」と呼ばれ、教育の範囲外に追いやられている。しかしその「雑学」こそが、本来学ぶべき教育内容を装飾するアクセサリーのような役割として、人の心を惹きつけるための重要な要素になるのではないだろうか。

　今後、外国にルーツをもつ人たちは間違いなく増えていく。日本はもはや単一民族国家ではなく、様々な文化背景をもつ人たちとともに「社会」をつくっていく"多文化共生の国"になろうとしている。その取り組みが徐々に広がり、外国籍者の人口比率もますます増えていった時、次に問われるのは日本人側のアイデンティティだろう。

　自分たちの国の「文化」と「社会」を多角的に捉え、深く理解し、さらに進化させる力を育むことは、何も外国にルーツをもつ若者だけに必要なのではない。この国に暮らす全ての人に必要不可欠なことではないかと思う。

5 セクシュアル・マイノリティの子ども と教育

虎岩　朋加（愛知東邦大学）

1. ジェンダー

　ジェンダーは、一般に性別や性差などを意味する言葉として理解されたり、または、身体的な性別を示すセックスと対比させて、社会的な性別などと訳されたりするが、ジェンダーという概念がその本領を発揮するのは、性に関わる日常の現象を理解することを可能にする分析的概念として扱われる場合である。分析的概念としてのジェンダーは、「女」か「男」かのどちらかに人を分けて、それぞれに求められることを意味づけていく知の体系として理解することができる[8]。

　例えば、泣いている男の子に対して「男は泣くもんじゃない」とその行動を規制し、また「女の子は気配りが大事」などとあるべき行動に女の子を導く。または、社会の中に女の領域を生み出したり、男の領域を生み出したりする。さらに私たちの身体理解もジェンダーに基づいている。スポーツの世界ではジェンダーの知が身体分類にまで働きかけ、特定の人物を「女」と「男」のどちらのカテゴリーに分類するかに至っては、ホルモン量の基準までもち出される。

2. 性別二元制の学校

　ジェンダーを通して人々がその言動をおこない積み重ねていく中で、「女」または「男」という二つの性に基づく性別二元制の社会が構築されている。セクシュアル・マイノリティの子どもたちの学校経験を分析するためには、このジェンダー概念の理解が欠かせない。なぜなら、学校も社会の中の制度として性別二元制に根ざすさまざまな実践を蓄積し

続け、それらの実践が学校の公の知として、また暗黙知となって受け継がれているからである。性別を使用した学級集団の統制の仕方、制服など性別ごとにおこなわれる子どもたちへの印付け、性別によって異なる教育課程など表立って使われるジェンダーがあり、また、何気ない言動にあらわれるような教師や子どもの無意識を形成しているジェンダーの知がある。

3．セクシュアル・マイノリティの子どもたちが安心して過ごすには

　性には一般に、性自認、性表現、割り当てられる性、性的指向の4つの側面があると理解されている。多数の人々は割り当てられた性に対する違和感をもって過ごすことはないし、また、性的指向は異性愛である。セクシュアル・マイノリティの子どもたちは、自分の性自認が割り当てられた性と一致しないことから、性別違和をもったり、また、性的指向が異性愛とは異なるために、自分のセクシュアリティについて苦悩する。

　既述のように、学校は性別二元制に根ざす実践が絶え間なくおこなわれている場所であるので、性的違和をもつ子どもたちに重大な苦痛を引き起こしたり、身体的不快感を与えたりする。また、性別二元制に根ざす実践は異性愛を前提としているので、異性愛とは異なる性的指向をもつ子どもたちの自己認識を不安定にさせる。概して性別二元制の学校は、セクシュアル・マイノリティの子どもたちの経験する諸現実を考慮していないという意味で、彼らをいないものとして取り扱っていると言える。これらの子どもたちが安心して学校で過ごすためには、関わる大人たちのジェンダーに関する正確で豊かな知識が欠かせない。

【注・参考文献】

（1）　ジョーン・W・スコット、『30周年版ジェンダーと歴史学』（荻野美穂訳），平凡社，2022年。

6 市民が提案するSDGs教育

三輪　昭子（一般社団法人SDGs大学　学監）

　私は現在、一般社団法人SDGs大学という市民がつくった組織の初代学長を経て学監という位置にいる（2019年9月法人創設、2023年8月現在）。この組織が生まれたきっかけと、学びたいと集まった市民たちが望んだ学びの形について、このコラムで述べる。

1. つながる疑問がつくる学び

　誰が口火を切ったのか。その告知は突然にやってきた。SNSの発信情報はfacebookを通じて「SDGsとは何か。みんなで勉強しよう」というもの（2018年7月）。その呼びかけで集まってきたのは35名。集合場所は名城大学ナゴヤドーム前キャンパスに設置されている「社会連携ゾーンshake」。そこはパブリックスペースとなっていて、地域コミュニティ、企業、大学などの交流・活動拠点として、名城大学の教職員、学生、内外の多様な人々が交流できるように仕掛けられていた。舞台は用意された。

　当時、そこに集まった誰もが予想外の人数の多さに驚きを感じていた。共通の想いは「SDGsを学びたい人は多い」ということ。「SDGsには何かある！」という期待感であった。

2. 知りたかったのは、現場の声

　初回の集まりの中で、学習すべき内容や方法は定まっていなかったが、SDGsの気になるところについて語り合う、あるいは17の目標について気になることを共有することで、情報交換を行った。

　当時の私は、愛知学泉大学の准教授の職を退職したばかり。社会科学

246

系の教育関係者ということで声を掛けられ、その後の学習形式を検討し、勉強会として設定した19〜21時の2時間の構成を協働で創り上げた。

　その際に考えたことは、ここに集まってくる人たちは何を学びたいのか、ということ。SDGsについて学ぶのだとわかっていても、その学習内容としてふさわしいのは何か。そこで参考にしたのが、JICA広報誌の『mundi』であった。けれども、それだけでは不十分と感じていた。

　このパブリックスペースにやってくる人々の来場理由を探る必要があった。

3．対話が創る学習機会

　1ヶ月に2回、定期的に勉強会を行うことになった。㈱電通の調査では、2018年のSDGs認知率が約15％であったから、まずは概論的に学ぶ時間を導入部分に、「現場の声を聴く」のをメイン、その後はスピーカーの話に関わるワークショップ。スピーカーとなった人が発した問いかけ、問いかけがないのなら感想を伝え合う場となった。

　このワークショップは対話で学ぶ時間で、スピーカーの「現場の声」について深める役割を果たした。また、生涯学習につながるものだった。

　この形式が定着し、2時間を①SDGs概論とスピーカーのテーマの話題、②スピーカーの現場の声、③ワークショップと枠づけ、模造紙が大活躍だった。好評だったのは、机上の空論でない、現場の声。社会人として知り得たこと、視察や見学で見聞したことを発表する場であった。

4．資格講座の誕生

　学習会を東海SDGsプラットフォームと名付けた。口コミで現役の大学生や、若い世代の社会人の参加もあった。彼らから継続的な学びを重ねた成果を得たい、学んだ証として資格が欲しいという声が出た。法人化を機にSDGs学習者を「カタリスト」と名付け、草の根的にSDGsと市民をつなげる触媒にしていこう。そんな想いで資格を誕生させた。

あとがき

　本書は、2025年3月に国立大学法人愛知教育大学を退職される土屋武志先生の学恩に感謝し、新たな門出を記念して編まれた本である。

　土屋先生は、1995年10月に愛知教育大学に着任されて以降、数々の功績を国内外に渡り残されてきたが、そのなかから特筆すべき功績として次の三つを紹介したい。

　土屋先生の功績の第1は、教員と研究者の養成である。土屋先生のゼミには、毎年、数多くの学生が詰めかけ、社会科歴史教育研究に取り組んでいる。その背景には、社会科歴史教育に対する学生の強い問題意識と社会科歴史教育に関する土屋先生の深い見識、さらには、幅広く誰でも受け入れる土屋先生の大らかな人柄と寛容さにあると考えられる。土屋先生の下には、社会人になってからも、遊びに来たり、学びに来たり、人生相談に来たりする卒業生が後を絶たない。土屋先生のゼミから研究職を目指して大学院へ進学し、これまで、10人の卒業生が大学の研究職に就いている。これは、土屋先生が、学生一人ひとりの伸びようとする姿を後押しし、「自分の道は自分で切り拓く」ことに、最大限のエールを送り、励まし続けてきたからである。

　土屋先生の功績の第2は、留学生の受入と国際交流である。土屋先生は、ゼミ生の受入のみならず、留学生の受入についても尽力され、アジア地域を中心に数多くの留学生を受け入れてきた。留学生の学びたい思いを大切にし、留学生の日本での生活のお世話や教育研究への助言、さらには、母国に帰国した後もつながりを保ち、様々なケアをおこなっている。国際交流では、韓国やインドネシアを中心に、学術交流から学生交流まで幅広く関わり、それぞれの国の歴史や文化に敬意を払い、宗教やアイデンティティなどの多様性を尊重して活動している。本書のサブタイトルである「地域・世界と共に」を土屋先生自らが体現してきたのである。

　土屋先生の功績の第3は、国や地域の行政、学校、企業やNPOとの連携である。土屋先生は、社会科歴史教育の専門家であるが、様々な分野の方々と連携し、人と人をつなぎ、新たな価値を発見し、多様で豊かなネットワークを築き上げてきた。本書コラムを執筆されたNPO関係者をはじめ、トヨタ自動車、中日新聞社、中部電力、日本文教出版など企業の方々、文部科学省やユネスコ、JICAなどの国の公的機関の方々、地域の自治体や小中高等学校の方々と精力的にコミュニケーションを図り、活動の輪を広げてきた。近年では、インドネシアと日本をつなぐ人的ネットワークのハブ的な役割を果たし、ライフワークとなっている。

　上記三点の土屋先生の功績に共通するのは、相手を思いやる心・共感力である。おそらく、そこには、土屋先生の「答えのない事態に耐える力」があるのではないかと考える。これは、ネガティブ・ケイパビリティ（negative capability）と言われ、「性急に証明や理由を求めずに、不確実さや不思議さ、懐疑の中にいることができる能力」を意味する（帚木蓬生『ネガティブ・ケイパビリティ　答えの出ない事態に耐える力』朝日新聞出版、2017、p.3）。学校現場では、指導困難、解決困難なことが次から次へと起こっている。そこで教員には、問題にいち早く気づき、的確かつ迅速に対処し、問題を解決することが求められる。しかし、実際には、すぐに解決できない問題や根本的な解決が難しい問題が数多く存在する。これは、学校現場に限らず、地域社会や世界の至る所でも、簡単には解決できない問題に満ち溢れている。答えの出ない問題を探し続け、挑み続けることこそが、学ぶことの本質であり、訳のわからない、解決不能なものを尊び、注意深く観察し、興味を持って味わう態度を育てることが教育である。

　土屋先生は、これからも、相手を思いやる心・共感力と答えのない事態に耐える力を発揮し、様々な困難に立ち向かいながら、地域・世界と共につながって、子どもから大人まで、人種・民族・宗教の垣根を超えて、多くの人々の心に希望を届け続けることだろう。

真島　聖子

【編著者】

土屋　武志	（愛知教育大学）
真島　聖子	（愛知教育大学）
白井　克尚	（愛知東邦大学）

【執筆者】（執筆順）

柴田　好章　（名古屋大学大学院）

藤野　　敦　（国立教育政策研究所）

永田　忠道　（広島大学大学院）

渡部　竜也　（東京学芸大学）

二井　正浩　（成蹊大学）

井ノ尾　功　（元甲賀市教育研究所　所長）

行田　　臣　（豊川市立御津南部小学校）

恒川　　徹　（東京学芸大学附属竹早小学校）

服部　　太　（大阪青山大学）

松本　卓也　（愛知教育大学附属名古屋小学校）

森田幸一郎　（愛知県みよし市立三吉小学校）

植田真夕子　（北海道教育大学旭川校）

氏家　拓也　（武豊町立緑丘小学校）

松久　一道　（知多市立八幡中学校）

金　　成智　（半田市立青山中学校）

西尾圭一郎　（大阪公立大学）

大棟　耕介　（NPO法人日本ホスピタル・クラウン協会　理事長）

石岡　史子　（NPO法人ホロコースト教育資料センター　代表）

牧野佳奈子　（一般社団法人DiVE.tv　代表理事／愛知教育大学　非常勤講師）

虎岩　朋加　（愛知東邦大学）

三輪　昭子　（一般社団法人SDGs大学　学監）

子どもがつながる社会科の展開 〜地域・世界と共に〜

2024年（令和6年）3月1日　初版発行

編著者	土屋　武志／真島　聖子／白井　克尚
発行者	佐々木秀樹
発行所	日本文教出版株式会社

https://www.nichibun-g.co.jp/

〒558-0041　大阪市住吉区南住吉4-7-5　TEL：06-6692-1261

組版・印刷・製本　　大阪書籍印刷株式会社